発話冒頭における言語要素の語順と相互行為

伊藤翼斗

大阪大学出版会

目　次

第1章　複数の発話冒頭要素を分析することの意味 …………………… 1

第2章　発話の冒頭を分析すること ……………………………… 9

1. 会話の性質　13
2. 会話分析研究　14
   2.1　歴史的変遷　15
   2.2　参与者の指向　19
   2.3　行為と連鎖組織　22
   2.4　会話における時間の経過　25
      2.4.1　並び方　29
      2.4.2　投射　32
3. 発話冒頭の重要性　35
   3.1　ターンの構成　36
   3.2　発話冒頭の働き　37
   3.3　冒頭要素の研究　40
4. 発話の冒頭が投射すること　41
   4.1　投射の内実　42
      4.1.1　発話の継続　42
      4.1.2　行為　44
      4.1.3　統語的形状　46
      4.1.4　語の選択　47
      4.1.5　次話者　48
   4.2　投射の役割と各内実の関係　51
   4.3　予測と異なる事態が生じた場合　52
5. 冒頭要素に関わる近接研究領域　54
   5.1　談話標識の研究　55
   5.2　感動詞の研究　56
   5.3　フィラーの研究　57
   5.4　あいづちと応答詞の研究　58

5. 5　語用論的周辺部の研究　59
　　5. 6　本書の着眼点　62

第 3 章　分析の方法 ………………………………………… 65

　1.　データについて　67
　　1. 1　コーパスの利用の問題点　70
　　　1. 1. 1　参与者の属性や関係の不透明さ　70
　　　1. 1. 2　参与者の属性の偏り　73
　　　1. 1. 3　録音されているという状況が参与者に与える影響　74
　　1. 2　データの概要　76
　2.　分析の手順と概念　79

第 4 章　冒頭要素の二分類 ………………………………… 87

　1.　遡及指向要素と後続指向要素　90
　　1. 1　分類基準　92
　　1. 2　順序規則の全体像　95
　2.　遡及指向要素と後続指向要素の順序　97
　　2. 1　遡及指向要素から後続指向要素へ　98
　　2. 2　隣接性からみた事例の検討　100
　　2. 3　逆順で用いられている事例　105
　3.　連続使用可能性　107

第 5 章　遡及指向要素 ……………………………………… 113

　1.　遡及指向要素の性質　117
　2.　遡及指向要素に関わるこれまでの研究　119
　　2. 1　トラブルへの対処に関わるもの　122
　　2. 2　価値付けに関わるもの　124
　　2. 3　承認に関わるもの　128
　3.　共通する特徴　131
　4.　複数使用と順序　133
　　4. 1　連鎖環境　134
　　　4. 1. 1　トラブルにより遅延していた反応　135
　　　4. 1. 2　想定外を含む反応求めに対する反応　140
　　4. 2　複数使用の必要性　148
　　4. 3　認識の不一致と使用順序　149

第6章　後続指向要素　　　　　　　　　　　　　　　　155

1. 後続指向要素の性質　158
2. 後続指向要素に関わるこれまでの研究　161
   - 2.1　連鎖の起点としての気づきに関わるもの　161
   - 2.2　呼びかけに関わるもの　164
   - 2.3　接続に関わるもの　166
   - 2.4　態度表明に関わるもの　170
   - 2.5　サーチに関わるもの　175
3. 共通する特徴　179
4. 複数使用と順序　183
   - 4.1　断絶　183
   - 4.2　断絶をマークする冒頭要素が用いられる環境　188
     - 4.2.1　挿入からの復帰　188
       問題解決の連鎖からの退出／説明の連鎖からの退出／やり直し／挿入からの復帰と「聞くこと」への動機づけ
     - 4.2.2　関連する複数のものへの言及　205
     - 4.2.3　直前とは異なる新しい連鎖の開始　212
       会話の開始から用件へ／会話の前終結への移行／会話の全域的構造への貢献
   - 4.3　断絶をマークする要素と順序　222

第7章　発話冒頭要素が担う働き　　　　　　　　　　　　227

1. 発話冒頭要素の順序　229
2. 発話冒頭要素の利用　231
   - 2.1　会話に現れる「非文法」　233
   - 2.2　リソースとしての発話冒頭要素　238
     - 2.2.1　自己修復　239
     - 2.2.2　引用　242
     - 2.2.3　立ち遅れ反応　249
   - 2.3　「始まり」をマークすること　254
3. 使われる規則　256
4. 檻としての語順から塀としての語順へ　257

iii

第8章　時間の進行と発話の組み立て ………………………………… 263

1. 行為を示す道具としての順序規則　265
2. 言葉を発するには時間がかかるということ　267
3. 発言するということ　269
4. 発展的研究の可能性　271
5. 学術的意義と実践的意義　274

参考文献　277
あとがき　292
索引　295

凡例　　トランスクリプトの記号一覧

　会話分析では、音声を文字にする際に G. Jefferson が開発した記号がしばしば用いられる[1]。本書は、Jefferson のトランスクリプト記号をもとにしたもので、日本でよく用いられる西阪・串田・熊谷（2008）で示されている記号を多少変更して利用している。

.	：下降調の抑揚。
,	：継続調の抑揚。
?	：上昇調の抑揚
¿	：弱めの上昇調の抑揚。
＜文字＞	：発話の速度がゆっくり。
＞文字＜	：発話の速度が速い。
↑	：直後の急激なピッチ上昇。
↓	：直後の急激なピッチ下降。
（秒数）	：誰も話していない間の秒数。
(.)	：ごくわずかの間。
°文字°	：「文字」が小声でなされたことを示す。
＝	：前後が途切れなく続く。2 行以上にわたる場合、2 箇所つけられる。
!	：弾むような音調。
¥ 文字 ¥	：笑いながらに近い発話。
文 (h) 字	：呼気を含んだ笑い。
[　　]	：隣接する行との重複の開始。終わり。
[[　　]]	：重複の開始と終わり。[　　] が連続して見にくくなっている時に使用。
文 h 字	：呼気を含んだ発話。
h . h	：呼気。吸気。長さによって h の数が増える。
文字-	：直前の語や発話の中断。
文字_	：平板調。
文字:	：直前の音の引き伸ばし。
→	：分析の焦点。
<u>文字</u>	：強調。
((文字))	：文字化者による注釈や説明。
（文字）	：聞き取りが不鮮明。
（…）	：聞き取れない箇所。
（A ／ B）	：A または B と聞こえることを示す。聞き取りが不鮮明な際に使う。
# 文字 #	：かすれ声。

　なお、本書では、分析の焦点（→）の行で用いられている冒頭要素は太字で示している。

文字　　：冒頭要素（ただし、分析の焦点の行のみ）。

1）詳細は Jefferson（2004）を参照されたい。

第1章　複数の発話冒頭要素を分析することの意味

我々は発話をやり取りすることによって会話を成立させている。会話が人と人とを結ぶ社会的な活動である以上、他者と共有された何らかの規則が発話の成立には不可欠であろう。では、その会話でやり取りされる発話はどのような組み立てになっているのか。つまり、発話を作り上げていく時に、どのような語彙を使用し、それらをどのように並べているのか。この点について、発話の冒頭の組み立て、特に言語要素の順序に注目したのが本書である。

　このような発話の組み立ては発話者が自由に行なっているわけではない。我々は誰かと話しているとき、自分の言いたいことを相手に伝え、相手は相手の言いたいことをこちらに伝えるといった具合に、キャッチボールのようなものを想像するかもしれない。しかし、この比喩では、次のような二つの理由から、会話でなされている発話のやり取りをうまく捉え切れていない。

　まず、キャッチボールの比喩では、ボールで表される「自分の言いたいこと」が初めから完成された形としてあり、それを相手に投げるという想定がなされている。しかし、果たして「自分の言いたいこと」は発話を組み立てる前から明確に定まっているのだろうか。あるいは、発話をどのように組み立てるかについて事前に確固としたものがあるのだろうか。発話は一音一音組み立てていく必要があり、完成するまでに時間がかかる。その間に「自分の言いたいこと」や発話の組み立てが変わることもありうるだろう。あるいは発話を組み立てる最中にそれらが明確になっていくとも言える。「おぼろげながらでも、これから言及することがらの到達点と、途中のコースについて、何かの目星はついている。その目星をたよりに、一歩一歩、直前の路を懐中電灯で照らして、足をふみ出して行くように、実現することばは、いつも、実現の直前に確定するのである」とは林四朗 (2013a, p. 28) の言葉であるが、発話が一音一音組み立てられていく時のその一歩一歩は事前に具体的な形で定まっているというよりも、その都度その都度の状況に応じて様々な調整がなされるはずである。そして、発話の

3

第 1 章　複数の発話冒頭要素を分析することの意味

完成に時間がかかることは同時に、相手にも一音一音時間をかけて届くことを意味する。キャッチボールのボールのように、完成されたものが一瞬で届くわけではなく、一音一音届くのである。

　次に、ある発話が完成するまでの間の一音一音は相手に聞かれている。そのことに発話者は考慮する必要がある。例えば、話している最中に相手の視線がこちらを向いていない場合は、話している途中であっても相手の注意を引かなければならなくなるかもしれない。また、相手の様子から今話している内容の中に相手の知らないことが含まれていると判断した場合、補足説明をする必要が生まれるかもしれない。このように、発話は相手が個別具体的な存在であることを考慮に入れて組み立てられる（Sacks & Schegloff, 1979）。キャッチボールの比喩では、投げたボールを途中から別のコースに変更することや、途中から別の球に変えるといったことはできないため、ここでも会話でなされている活動をうまく捉え切れていない。

　このように、会話ではその瞬間ごとの状況に対応した形で発話の組み立てがなされることになる。キャッチボールの比喩は会話の「イメージ」を大雑把に掴むものとしては特に大きな問題とはならないだろう。しかし、会話の研究を行なう際には、このような会話の性質を考慮しなければならない。本書では、発話の冒頭を分析するにあたって、会話分析の手法を採用している。これは上に挙げたような会話の性質を会話分析では自覚的に分析の中に取り入れているためである。

　会話分析の先行研究では、会話において発話の冒頭が非常に重要な位置であることが指摘されてきた。発話の冒頭は、その発話がなされる前の状況とこれから続く発話がどのような関係であるのかについて示すことができる（Sacks, Schegloff & Jefferson 1974）だけではなく、これから続く発話がどのような統語的形状を持って産出されるのか、あるいはどのような行為を担うのかを予告することができる（Schegloff 1987）位置なのである。前の状況とこれから続く発話の関係を知ることは、発話全体をどのように理解すべきかにとって強力な情報となりうるし、これから続く発話の形や行

4

為がどのようなものであるのか事前にわかるならば、いつ発話の順番を交替すれば良いかに関する情報を聞き手は手に入れることとなる。会話は発話の順番を交替することで成り立っている（Sacks, Schegloff & Jefferson 1974）ため、いつ順番を交替すれば良いかに関わる情報は会話の進行にとって決定的に重要となるのである。会話分析の分野において、発話冒頭の研究は近年徐々に増えてきており、特に2000年以降数多くの研究がなされるようになった（Heritage 1984, 1998, 2002、 Heritage & Sorjonen 1994、串田 2005a、Mori 2006、Sidnell 2007、Hayashi 2009、Schegloff 2009、Schegloff & Lerner 2009、平本 2011a、串田・林 2015、高木・森田 2015、劉・細馬 2016, 2017、遠藤・横森・林 2017 など）。これらの研究によって、発話の冒頭が会話においてどのような重要な働きを担っているのかが明らかになってきたと言える。しかし、これらの研究は、ほぼ全てが個別的な言語要素を対象としてきており、複数の言語要素が使用される際の秩序や規則などはまだほとんど明らかになっていない。実際の言語使用においては、発話冒頭要素が複数用いられることが珍しくなく、個別的な要素を見ているだけでは言語使用をトータルに扱うことが難しくなるだろう。そのため、要素を単独で取り出して見るのではなく、実際に複数使用されているままの状態で観察することが重要となる。そうすることで、実際の言語使用により接近可能になるものと思われる。本書は、複数の発話冒頭要素が使用される際の順序について分析するものであり、これまでの発話冒頭の研究が光を当ててこなかった領域である発話冒頭要素の複数使用に足を踏み入れるものである。

　本書は次のように構成されている。

　第2章では、発話冒頭を分析するとはどのようなことなのかについて見ていく。まず、上に書いてきたような会話の性質について詳しく論じ、そのような性質を重視して、分析に取り入れている会話分析の手法について紹介する。会話分析の歴史的変遷について概観した後、参与者の指向、行為と組織連鎖、会話における時間の経過、そして投射というように、会話分析の重要な概念や視点について説明していく。その後、会話分析では発

話の冒頭をどのように扱ってきたのか、そして、どのようなことが明らかになってきたのかについて述べる。また、会話分析の研究だけでなく、発話冒頭要素に関わってくる他の分野の先行研究も併せて紹介する。具体的には、「談話標識」、「感動詞」、「フィラー」、「あいづちと応答詞」「語用論的周辺部」の五つに分け、これらの研究と本書がどのように異なるのかについても検討したい。

第3章では、分析をどのような手順で行なっていくのかについて説明する。本書では、データとしてコーパスを利用するため、まず、会話分析の研究にコーパスを利用することについて論じる。その後、本書で扱うデータの詳細を示す。そして、手順の説明をしていく中で必要な概念である「発話」や「TCU（turn-constructional unit; Sack 他 1974）」なども併せて紹介する。

第4章では、発話冒頭要素が複数使用されるとき、それらが配置される順序があることを述べる。その順序を説明するのに、冒頭要素を「えっ」などのように前の発話に反応して、自身の認識の変化や判断を示す「遡及指向要素」と、「なんか」などのように、それ自体では発話を構成せず、直後に自分の発話が続くことを予期させる「後続指向要素」に分類することが有効であることを主張する。また、発話の冒頭で、後続指向要素は複数使用できるが、遡及指向要素は基本的に一つまでであることも併せて見る。

第5章では、遡及指向要素について詳しく述べる。先ほど、遡及指向要素は基本的に発話の冒頭で一つまでしか用いられないと述べたが、状況によっては複数使用されることもある。それがどのような状況なのか、そして、複数使用される際の順序はどのようになっているのかについて検討していく。

第6章は後続指向要素について記す。後続指向要素は発話の冒頭で複数使用可能であるが、その際の順序を説明するのに数多くある後続指向要素をどのように分類すればよいかについて見る。

以上の第4章から第6章までで、発話冒頭要素が複数使用される際の順序について大まかな展望図を示すことになる。続く第7章では、これまでの章で見てきた順序規則が、会話参与者を外部から縛っている規則というよりは、むしろ会話参与者によって使用される規則であることを論じる。

　最後の第8章では、ここまでの章で示してきた内容についてまとめ、結論を述べる。発話に時間がかかるという現実的な制約を我々はどのように処理しているのか。そして、その制約の中で発言するとはどのようなことであるのかについて考察する。また、本研究が今後どのように発展していくかについて見た上で、本書の意義を確認する。

　以上が本書の見取り図である。最後に、各章について筆者がこれまで書いてきた論文との関連について示しておきたい。

　本書の全体は筆者の博士論文である伊藤（2014）を下敷きにしたものである。書き足りない部分や分析に問題がある部分などを中心にかなり多くの加筆修正を行なった。また筆者のその後の研究も加えている。その他の研究については以下に示す。

第1章の一部	伊藤（2015b）の記述の一部を加筆
第2章の4	伊藤（2015b）の内容を加筆修正
第4章	伊藤（2011a, b）の内容を大幅に加筆修正
第5章の一部（冒頭から3まで）	伊藤（2012b）を大幅に修正

　　　　　　特に、伊藤（2012b）の内容を再度検討し、扱っている対象（遡及指向要素の下位分類）の分類内容や扱い方に大きな変更を加えている。

第6章の2.3	伊藤（2012a）の一部を抜粋し、加筆
第7章	伊藤（2013）を加筆修正
2.2.2の一部	伊藤（2016, 2017a, b）の一部を抜粋し、加筆
3	伊藤（2011b）の一部を加筆

第2章　発話の冒頭を分析すること

会話分析は発話の組み立てや行為に観察される参与者の指向を分析の基軸とし、会話という相互行為がいかに達成されているのかを明らかにするものであるが、このような観点は会話分析以外の研究をしている読者にとってはいささかわかりにくいものであることが予想される。そのため、まず本章では会話分析が何を重視し、会話をどう捉え、どのようなことを明らかにするのかを一つ一つ順を追って見ておく必要があるだろう。その上で、発話の冒頭に関して会話分析がどのようなことをこれまで明らかにしてきたのかについて示す。また、発話冒頭で用いられる言語的な要素として本書が扱っている諸要素に関連する研究についても概観する。本書が対象としている言語的な要素は非常に多岐に渡るため、関連する研究も、例えば談話標識や感動詞、フィラーといった具合に、様々な観点から行なわれてきている。これらの研究を概観した上で、本書の視点とどのように違うのかについて論じていきたい。

　さて、本書は日常会話を研究の対象としている。日常会話は人々にとって社会生活の基盤となるものである（Schegloff, 1996b）。高木・細田・森田（2016）[1]は日常会話がこの基盤になりうる理由について、以下の六点を指摘している（pp. 1-2 を要約して示す）。

1）社会生活を営み人間関係を構築し維持できるのは、日常会話の積み重ねによる
2）人々が誕生して最初に出会い経験するのが養育者との日常会話である
3）制度的場面の会話と比べて日常会話は非常に様々なことが行なわれる場である
4）日常会話は時代の変化に左右されない非常に安定した形の相互行為

1）この書籍の各章は、高木、細田、森田がそれぞれ別の箇所を執筆しているが、その後様々なすり合わせをしたため、この書籍全体が「協働作業」である旨が記されている。そこで、この書籍を引用するときは、三者の連名で記載し、引用した箇所を含む章の執筆者を下線で示すこととする。（この注と同様の内容を参考文献のリストにも示しておく）

第 2 章　発話の冒頭を分析すること

である[2]

5）日常会話の規範は暗黙のうちに了解しており、意識的に学ぶものではない

6）文化の形成およびその継承の基礎となったのは口語による日常会話である

　このように、日常的になされている会話によって我々の社会生活は機能しているのである。そのため、会話とはどのようなものであるのかについて、まず見ておく必要があるだろう。

　その際の足がかりとして、会話でのやりとりが「書き言葉」[3]とどのような点で異なるのかについて 1 で論じる。その後、2 で会話分析という手法の視点について詳しく説明していく。具体的には、会話分析の歴史的変遷を概観した上で、会話分析が参与者の指向、行為と連鎖組織、会話における時間の経過について重視していることを論じる。続く 3 では、本書が焦点を当てている発話冒頭に関してこれまでどのような研究がなされているのかについて見る。このことを通じて、発話の冒頭が会話の進行にとって非常に重要な位置を担っていることを示していきたい。この位置が重要である理由はいくつかあるが、特に、続く発話がどのような形や行為をもって産出されるのかを予示・予告できる位置であるということはとりわけ重要である。そのことを詳しく見るために、4 では、発話の冒頭が予示・予告するものには具体的にどんなものがあるのか論じる。最後の 5 は会話分析の知見以外で本書に関連する先行研究を概観する。

2）使われる語彙や文法は時代とともに変化するかもしれないが、相互行為のやり方（例えば、会話の中でだれが次に話すかといったターンの割り振りのやり方など）に関わる基本的なメカニズムは時代が変わってもほとんど変化することがないという意味である。

3）なお、本書では「書き言葉」を、文章として書かれた言葉と想定している。例えば、小説や論説文、公文書、手紙などの文章で使用される言葉である。このように想定しているのは、このような言葉が本節のすぐ後に書かれている「相手がいること」と「時間が経過すること」という会話の性質と異なるものであるからである。

1. 会話の性質

　会話が書き言葉と異なる点については、いくつか考えられる。一つの大きな違いとして、会話においては相手がその場に（あるいは電話の向こうに）いることが挙げられる。相手がいるため、発話の途中で相手が割り込んでくることや、相手の発話と重複してしまうこともある。あるいは、相手にわかるような表現を用いるなど、受け手に適した言葉の使い方（recipient design; Sacks & Schegloff 1979）をする必要が生まれるだろう。もう一つの重要な違いとして考えられるのは時間の経過である。文章は読む段階において通常最初から最後まで既に完成しているが、会話のやり取りでは、一音一音時間の経過とともに展開していく。そのため、会話において時間の経過は見過ごすことができない性質であると言える。上に挙げた、「相手がいること」と「時間が経過すること」という会話の性質[4]のため、発話一つとっても、発話者がその発話を最初から最後まで自由に一人で計画通り言える保障はなく、発話を組み立てていくこと自体が他の参与者の振る舞いに左右されることとなる。それゆえ、発話の完成は発話者が単独で成し遂げるものではなく、他の参与者との相互行為の結果なのである（Goodwin 1979, Lerner 1991, Schegloff 1996a, 林 2005 など）。

　これまでの伝統的な言語学の研究の大半は書き言葉を対象としており、上に挙げた会話の性質は考慮する必要がなかった。それゆえ、串田・定

　4）この、「相手がいること」と「時間が経過すること」は、会話の進行において幅広く参与者に指向される「間主観性」（intersubjectivity）と「進行性」（progressivity）の保持に関連すると思われる。説明が不十分であることを承知でそれぞれを一言で言うなら、「間主観性」とは、相手の見ているものや考えていることが、自分にも、そして他の人にもわかることであり、「進行性」とは、会話が前へと進んでいることである。この「間主観性」と「進行性」の関係については、Heritage（2007）などを参照されたい。

第2章　発話の冒頭を分析すること

延・伝 (2005) が指摘するように「これまでの多くの言語学的研究では、「話し手は言いよどんだりつっかえたりしない」「文頭から文中、そして文末へと、文を話していくための時間は、話し手に常に保証されている」「文頭から文中、文末へと、文を話していく際の時間の経過は無視できる」といった前提がしばしば暗黙裡に設定されて」(p. ⅱ) いた。しかし、会話の研究を行う際には、これらの前提は一旦取り払う必要がある。

　以上のような相互行為としての会話の性質に明確な自覚を持っているのが、Sacks により創始され、その後 Schegloff らによって発展した会話分析である。本書は、発話の冒頭で用いられる言語要素の順序を研究対象としており、発話冒頭要素の順序を見ていく中で、時間の経過は非常に重要な視点であると考えている。また、相互行為がどのように発話冒頭要素の順序に影響を与えるのか、そして、その順序規則が相互行為においてどのように利用されるのかについて明らかにすることを目的としている。そのため、上で述べてきたような会話の性質を重視している会話分析によるアプローチを本書では採用した。次節では、この会話分析について詳しく説明する。

2.　会話分析研究

　既に述べたように、会話分析は伝統的な言語学とは異なる視点で分析を行なうものである。そのため、言語学的な記述に慣れている読者にとっては様々な戸惑いや混乱が生じ得ることが予想される。また、会話分析は会話の達成について相互行為の結果であるというスタンスを取っている。このことは、第1章で見たキャッチボールの比喩のように、発話者が考えたことを言い、聞き手がそれを受けて考えたことを答えるというような素朴な会話の理解とは異なった観点から分析を行なうことへと繋がっている。

2. 会話分析研究

そのため、素朴な会話の理解のまま本書の記述に触れた場合、やはり多くの戸惑いが生じてしまうだろう。これらの戸惑いを減らすためにも、本節では会話分析の視点に少し踏み込んで触れておきたい。以下では、まず、会話分析がどのような文脈の中で創始され、その後どのような変遷を辿ったのかについて簡単に述べる。伝統的な言語学とは異なり、会話分析は社会学の中で生じた領域である。そのため、相互行為的達成としての会話がいかになされているのかを明らかにすることが目指されることとなるのである。次に、会話分析のアプローチについて紹介する。一言で言うなら、会話分析は「人が会話をどのように成し遂げているのか」を明らかにすることを目的としている。この目的のために、会話分析ではどのようなことを重視しているのかについて説明する。具体的には、参与者の指向、行為とその連なり、時間の経過についてである。特に、時間の経過については、本書全体を通して主軸となる視点であると言える。

2.1 歴史的変遷

　歩道を歩いている時に、向こうからも人が歩いて来たとしよう。このような事態に遭遇しても多くの場合、我々は向こうから歩いて来た人にぶつからずに、すれ違うことが「当たり前」のようにできる。これはおそらく、「一方が先に進行方向から少しずれた場合、もう一方がそれとは反対の方向に進行方向を少しずらす」というような双方による秩序立った振る舞いによって達成されていると思われる。この秩序だった振る舞いは当事者たちには「当たり前」であるがゆえに、それを行なう際[5]にはトラブルでもない限り、当事者たちの意識には上ってこないだろう。つまり、この「当

---

5) 具体的には、進行方向から「ずれた」ことを相手にわかるように視線や頭、あるいは体全体の動きによって示すこと、相手のそれまでの進行方向から「ずれ」があるかどうかモニターすることが予想される。

第2章　発話の冒頭を分析すること

たり前」が達成できるのは「気をつけられているが、気づかれていない」
(seen but unnoticed; Garfinkel 1967) 振る舞いによってなのである。このような、我々が「当たり前」のようにできていることが、どのような秩序だった方法で成り立っているのか解明することを目的とするのが、Garfinkel が 1950 年代から 1960 年代にかけて行なった研究で創始した「エスノメソドロジー（ethnomethodology）」である。

　同時期に Goffman は、自分が一人しかその場にいないと思っている時の振る舞いと他者がその場にいるときの振る舞いが異なることに注目し、他者がいることで個人にどのような拘束力が働くのかを探求していた。Goffman は、このような複数の人がお互いをモニターする可能性のある環境を指して「社会的状況」と呼び、その中での「相互行為秩序」(interaction order) が人々の振る舞いの中にどのように立ち現れてくるのかの解明を目指した (Goffman 1964)。このような研究を通して、Goffman は「個人間の相互行為場面を社会学の課題として定式化した」(渡辺克典 2015)。一方で、そこで扱われているデータはインタビューやフィールドノート、あるいはフィクション作品からの引用など様々なものであったが、自然発生的な相互行為の詳細を検討するには多くの部分を記憶に頼っているため、方法論として問題が残った。

　このような Goffman の相互行為秩序の視点を方法論的にも深めつつ、エスノメソドロジーの影響下に生まれたのが、Sacks の創始した会話分析である。会話分析が目指しているのは、我々が「当たり前」に出来ている「会話」は、参与者同士のどのような相互行為的な振る舞いによって達成・維持されているのかを明らかにすることであると言えよう。会話分析の基本的な考え方は、言いよどみやつっかえ、言い間違い、呼気、吸気、発話のスピード、視線等に至るまで、相互行為は「あらゆる点で秩序立っている」(Sacks, 1992：I-484) というものである。このような秩序を解明するために、自然発生的な相互行為を録音・録画した上で、観察するだけでは見逃してしまうような微細な振る舞いや、後になって内省するのでは思い出

せないような些細な振る舞いを、繰り返し検討するのである。Sacks の構想した会話分析は研究の手法でありながら、一方で、Schegloff や Jefferson との数々の共同研究（Sacks & Schegloff 1979; Sacks, Schegloff & Jefferson 1974; Schegloff, Jefferson & Sacks 1977 など）を通して、相互行為の連鎖分析として一つの研究分野を確立した（串田 2010）。Sacks の死後、会話分析を牽引してきた Schegloff は、近年、これまで会話分析が扱ってきた主題について以下の①〜⑥を挙げている（Schegloff 2007）。ここでは、会話分析の研究範囲を概観するために Schegloff が示したそれぞれの主題を見ておきたい。各主題の下に、その主題で解明しようとしていることを簡単に記しておく。

①ターンの交替（turn-taking）

発話のターンはどのように交替していくのか、その交替のメカニズムが個々の発話にどのような影響を与えているのか等。

②行為の構成（action-formation）

ある行為がその行為として相手にわかるのは（例えば「依頼」をしたとして、それが相手に「依頼」だとわかるのは）、どのようなリソース[6]によってなのか等。

③連鎖組織（sequence organization）

複数のターンが結束性を持って（coherent）連なるとき、それはどのようにして連なるのか、連なったターン同士の関係はどのようなものか等。

---

6) ここで言う「リソース」とは、「相互行為の中でさまざまな行為や活動を成し遂げるために利用可能で、かつ相手にとって観察可能な、言語的素材（語彙、統語構造、韻律）、発話に直接伴う非言語的素材（発話のテンポ、音の大きさ、音の長さ、音調、声質、間隙、吸気、呼気、発話の位置、など）、およびその他の身体的素材（視線、表情、頭部の向き、上体の向き、身振り、動作、など）への総称」（串田 2006; pp. 53-54）のことである。

④トラブル（trouble）

発話の産出・聞き取り・理解にトラブルが生じた際に、相互行為の中でそのトラブルをいかに取り扱うか等。

⑤言葉の選択（word selection）

発話の中で、何かを表すためにある言葉が選択されているとき、その選択はどのように行われるのか等。

⑥全域的構造の組織（overall structural organization）

局所的な相互行為が全体としてどのように構造化され、その全体的な構造が各発話や各連鎖とどう関わっているのか等。

上の①〜⑥のような基礎的な研究を踏まえ、1980 年代から現在にかけて、相互行為の連鎖分析を応用・拡大した研究がなされるようになった。串田（2010）はこのような発展的な研究のうち、次のような三つの主要な流れについて整理している。

A：制度的場面の会話分析
B：マルチモーダルな相互行為分析
C：相互行為と文法

Aの「制度的場面の会話分析」は、特定の制度的な場面での相互行為が日常の会話とどのように異なるのかに焦点が当てられた研究である。特定の制度的な場面とは、例えば教室（Mehan 1979）やニュースのインタビュー（Clayman & Heritage 2002）、医療場面（Heritage & Maynard（eds.）2006，西阪・高木・川島 2008，串田 2011）などであり、制度的場面での相互行為をテーマにした論文集（Drew & Heritage（eds.）1992）もある。もともと会話分析は社会学の一分野であるので、一般の社会学者が関心を持つ制度的場面が相互

行為の分析によってどのように明らかになるのかという方向への発展は至極当然とも言える。

Bの「マルチモーダルな相互行為分析」では、分析に言葉だけではなく、視線や身振りなどの身体的な側面や、道具の使用、人や物の空間的配置なども含めているもので、心理学や認知科学、工学的な関心と組み合わさり、学際的な研究領域へと発展している。例えば Goodwin（1981）、西阪（2008b）などがあり、日本では 2011 年に学術雑誌『社会言語科学』（第 14 巻第 1 号）で「相互作用のマルチモーダル分析」という特集が組まれるほど関心が高い。

Cの「相互行為と文法」では、相互行為の連鎖分析という観点から実際の会話を観察することによって、従来の言語学の文法研究に新たな視点を提供している。代表的な研究として、Ochs, Schegloff & Thompson eds. (1996) や Ford, Fox & Thompson eds. (2002) などが挙げられる。この領域での日本語の研究は Tanaka（1999）、Hayashi（2003）などをはじめ、マルチモーダル分析と同様『社会言語科学』（2008 年：第 10 巻第 2 号）で「相互行為における言語使用：会話データを用いた研究」という特集が組まれるなど、非常に活発である。本書は順序という観点から言語要素に着目しており、その意味でこの「相互行為と文法」研究の系に連なるものである。

以上、簡単にではあるが会話分析がどのように生まれ、どのような研究をし、どのように発展してきたかという歴史的変遷について述べた。次節からは、具体的に会話分析がどのような観点でデータを見るものなのかについて説明する。

2.2　参与者の指向

既に述べたように、会話分析は「人が会話をどのように成し遂げているのか」を明らかにすることを目的としている。ここで「人」を主語に置いたのは、会話分析の重要な特徴として、実際に会話をしている人々がどの

ようなことに「指向」（orient）しているのかを分析に組み込んでいるから
である。

　データを分析する際に、参与者の特定の属性（性別や年齢、出身など）や
会話がなされている場面（病院、教室、裁判所、学校など）、状況（録音され
ている、実験に協力している、テレビに出演しているなど）といった社会的な
文脈はどのように記述に組み込めばいいのであろうか。このことに関して
Goffman（1964）は、社会的文脈の組み合わせを前提にして状況を捉える
研究手法を痛烈に批判している。それは、参与者同士の相互行為の「外部」
にあるものを分析に含めてしまう危険性があるからである。本書に関して
言えば、「参与者が男で学生であること」「参与者同士の関係が家族（友達、
先輩後輩）であること」「参与者がアメリカに住んでいること」「会話が録
音されていること」などといった社会的文脈は、データにおいて現象を説
明するのにいつでも用いることができる性質ではないということである。
また、ある人物の属性を記そうと思ったときに、原理的には無限の記述が
可能であることも問題である（Sacks 1972）。例えば、筆者の本書執筆時の
属性を記そうと思えば「男」「次男」「一人暮らし」「未婚」「京都府在住」「島
根県出身」「日本国民」「日本語母語話者」「海外滞在経験者」「テレビ所有
者」などといった、際限の無い記述が可能である。

　これらの問題については Schegloff（1987b, 1988, 1992a）が、参与者が何
に指向しているか（orient）を分析するという指針を立てている。社会的文
脈は上にも述べたように原理的に無限に記述できるものであるが、通常、
会話において一方の参与者が今どんな社会的文脈を参照しているのかは、
もう一方の参与者に容易にわかる。例えば、講演会で司会者が「資料をま
だお持ちでない方いらっしゃいますか」と聴衆に話すとき、まず、司会者
は聞き手の「資料を持っている人」と「持っていない人」という属性に指
向していることがわかる。また、このような質問を聴衆に向けて話してい
ることから、あるいは丁寧な言葉によって公式の発言として発話を組み立
てていることから、自身の「司会者」という属性に指向していることもわ

かる。聞き手は、その質問に対して「手を挙げる」「手を挙げない」という行動を取ることによって「聴衆」という属性に指向している。このような参与者の振る舞いは、「講演会」という場面ないし状況に指向しているものであろう。このようなことは、本人たちにも、第三者にも、容易に観察可能であろう。このことから、参与者は自身の振る舞いの中に、今自分がどんな社会的文脈を参照しているのか、つまり何に指向しているのかを他の参与者にも観察可能な形で示しているはずである。よって、ある社会的文脈を研究において記述に含もうとするならば、参与者の観察可能な振る舞いがその社会的文脈に指向しているかどうかが証拠となる。一方で、参与者の振る舞いにその指向が見出せないのなら、記述に含もうとしていた社会的文脈は、研究者が相互行為の外部から持ち込んだ文脈である可能性がある。外部から持ち込んだ文脈は、相互行為の参与者にとっては意味を持たない可能性のある文脈であり、無限に記述できる文脈の一つに過ぎないのである。先ほどの講演会の例で言うならば、「資料をお持ちでない方いらっしゃいますか」という司会者の質問に手を挙げたからといって、「遅れてきたから」ぎりぎりになって入場してしまい資料を取り忘れたため手を挙げているというような「遅れた人」という記述は、司会者にも聴衆にも観察可能な振る舞いに現れていないため分析には含めることはしないということである。確かに、講演の直前に司会者がそのような質問をするのは、取り忘れた人の救済措置であり、その「取り忘れ」の理由が「遅れてきたから」というのは十分にありうることである。そして、そのことは、アンケートや個別インタビューによって実証されるかもしれない。しかし、それはその場にいる人達の相互行為の外部にある文脈であるだろう。一方で、司会者が慌てて入場してきた聴衆を見て、その人物が座るのを待ち、聴衆全体に向けて「資料をお持ちでない方いらっしゃいますか」と言った場合、「遅れてきた人」のためにももう一度全体に確認しているという記述は十分可能であるだろう。その記述は、司会者の遅れてきた人への視線と、座るまで待つという行動と、質問をそれらの直後にしている

第 2 章　発話の冒頭を分析すること

という発言の配置位置とによって証拠立てられるのである。

2.3　行為と連鎖組織

　会話を相互行為として捉え、参与者の振る舞いを分析していくことになるため、会話分析では参与者の発話がどのような行為を構成しているかを分析において非常に重視している。ここで言う行為とは他の参与者への働きかけのことで、[質問] や [回答]、[誘い]、[依頼]、[承諾]、[拒否]、[非難]、[不満]、[褒め] といった日常の言葉として単語になっているものもあれば、[相手の質問に答える前に確認しておくべきことを聞く](Schegloff 2007)[7]、[悩みを切り出すための準備をする]（戸江 2008)[8] といった日常用語として名前が与えられていないようなものも含む。会話分析では行為を参与者の指向に基づいて、どのようなコンテクストから当該の行為はその行為だとわかるのか、参与者がどのように当該の行為を構成しているのか、ある行為を選択することで他の参与者や会話の展開にどのような影響を与えるのかといったことを研究対象としている。

　参与者自身の指向から行為を捉えるために、「なぜ今それをするのか」（why that now）という問いが重要となる（Schegloff and Sacks, 1973: p. 299)[9]。

7）Schegloff（2007）は相手からの質問や誘いなどで反応が待たれているときに、その反応を行うために必要なことを聞くという行為について説明している。例えば、「ご飯食べに行かない？」に対して「大体何時くらい？」と質問するとき、その「大体何時くらい？」というのは、先の誘いである「ご飯食べに行かない？」に答えるために必要なことを聞いている。最初の質問や勧誘を第一部分とすると、待たれている反応が第二部分となる。「大体何時くらい？」というのは、その第二部分を行うための質問であり、第二部分の前に配置されるので、Schegloff は pre-second と呼んでいる。これは発話の連なり上の位置に注目した呼び名であるが、行為の記述と言っても差し支えないだろう。

8）戸江（2008）は、子どもを持つ母親同士の会話で、「夜何時ぐらいに寝る？」「どうなったオシッコ.」「起きるのは何時ぐらい？」のような子どもについての質問に注目し、それが相手の回答の次のターンで自分の子どもについての悩みを語る場を生み出していることを明らかにした。戸江はこのような質問を「糸口質問」と呼んでいる。

9）会話分析では「なぜ今それをするのか」という問いは、一般的に通常ではない事が起きた時に起動する問いとして用いられるが、ここではこの問いが通常の事が起きている時にも分析の観点

2. 会話分析研究

ある発話に対して「なぜ今それをするのか」という問いに答えるためには、「今」を明確にする必要があるだろう。「なぜ今それをするのか」の「今」とは、どのような発話の連なりの中に当該の発話があるのかということである。この発話の連なりのことを、「発話の連鎖」と言う（以下では「発話の連鎖」のことを単に「連鎖」と呼ぶ）。例えば、「8週間」という発話があったとする。この発話だけ分析しようと思っても、この発話が何をしているのか分析者にはわからない。ところが、次の事例における連鎖の中では「8週間」が何をしているのかが明確にわかるだろう[10]。

　（2-1）［japn4549　02:35-02:37］
　1行目の「サマー」とはQが受講している夏期講習のことと思われる。
　　01 P：何週間なのサマー. ＝
→02 Q：＝ 8週間.

この事例では、「8週間.」というQの発話は、Pの1行目の「何週間なのサマー.」という質問に「答える」という行為になっている。これは、質問の次のターンという位置が「なぜ今それをするのか」の「今」であるからである。では、なぜ2行目が「答える」ことをしていると我々にわかるのであろうか。それは、1行目の「何週間なの」という質問が、答え方を指定しているからである。つまり、1行目の質問は「X週間」という形式のXを埋めるよう相手に差し出しており、2行目はまさにその差し出された形式に沿う形に発話をデザインしている。それゆえ、1行目の質問「に対して」なされた発話と理解されるだろう。このような発話のデザイン上の工夫こそが、先の「なぜ今それをするのか」の「それ」にあたるものである。つまり、2行目の分析をするときに「なぜ今それをするのか」を問

　として利用可能であると考え、説明の為に用いている。
10）本書で用いるデータの概要については第3章1.2に示してある。

23

うことは、「なぜ、質問の次という位置で、質問が求めている形式に沿う形で発話を差し出すことをするのか」ということであり、その答えは「質問に答えているから」となるだろう。

　以上のように、「なぜ今それをするのか」というのは、発話の連鎖上の「位置」と、発話がどのように「構成」されているのかを問うことでもある。このように、行為の分析にあたっては、当該の発話の「位置と構成」（position and composition: Schegloff 2007, p. 20）の解明が重要となるのである。

　位置を特定するときには連鎖について考える必要があるが、連鎖の中で原理的に最小のものとして Schegloff & Sacks（1973）は隣接ペア（adjacency pair）を挙げ、次のように特徴づけている（訳は串田（2006b：p. 64）による）。

(a) 「第一ペア部分（First Pair Part）」と「第二ペア部分（Second Pair Part）」という「二つの成分」からなる。
(b) それぞれの成分は、異なる話者によって産出される。
(c) 第一ペア部分は、第二ペア部分が次のターンにおいて産出されることを要請する。
(d) 第一ペア部分はそれに適合した第二ペア部分が産出されることを要請する。

この隣接ペアの代表的なものとして、［質問－応答］［依頼－承諾／拒否］［呼びかけ－応答］［申し出－受諾／拒否］などがある。この隣接ペアをベースとして、連鎖が拡大することもある（Schegloff 2007）。例えば、「今日夜時間ある？」という質問は、隣接ペアの第一ペア部分であり、次に「応答」を要求する。さらに、この質問がなされた段階で、聞き手には後に誘いがなされることが予測可能である。そのため、「今日夜時間ある？」という質問は、［誘い－受け入れ／拒否］という隣接ペアの前置きとしてなされる隣接ペアの一部であると言える。このような、ベースとなる隣接ペアを前もって聞き手に予測可能にさせる隣接ペアのことを「前方拡張」

（pre-expansion）という。あるいは、ベースとなる隣接ペアの第一ペア部分と第二ペア部分の間に入る「挿入拡張」（insert expansion）もある。例えば、「今日吉田さんに会った？」という質問に対して「誰？」というような修復の他者開始（Schegloff, Jefferson & Sacks 1977）をすれば、「吉田さん。」と答えが返ってくることになり、「会ったよ。」というような答えをすることができる。このとき、「今日吉田さんに会った？」と「会ったよ。」という隣接ペアの間に、「誰？」と「吉田さん。」という隣接ペアが挿入される形となる。また、ベースとなる隣接ペアの後に配置されうるものが「後方拡張」（post-expansion）である。後方拡張は、ベースの隣接ペアの後に「連鎖を閉じる第三部分」（sequence-closing third：SCT）が配置されるものと、別の隣接ペアが配置されるものがある。前者は、「夏休みいつまで？」「9月末。」という［質問－応答］隣接ペアの後に「へー」が配置される場合、後者は「えっ？」「だから9月末。」という隣接ペアが配置される場合をそれぞれ思い浮かべるとわかりやすいだろう。

2.4 会話における時間の経過

既に記したように、会話における時間の経過は会話の進行にとって非常に重要である。シュッツ（1980）が指摘するように「通常どのような言語コミュニケーションも時間的な過程を含む」が故に、時間の経過は「言語の本質的な特質」（p. 204）なのである。そのため、会話分析においては「相互行為の時間的な流れに焦点が置かれてきた」（西阪 2010a：p. 47）と言える。言語学においても、ソシュール（1972）が「要素は順次に現れ、連鎖をつく」り、その「音連鎖は、その第一の特質として線的である」（小林英夫訳による，前者は p. 101、後者は p. 146）と述べており、その線的特質[11]が言葉にとっ

11）一般的に「線条性」と呼ばれる性質である。なお、ここでのソシュールの引用部の「連鎖」とは、会話分析の連鎖組織とは異なり、概ね単語を想定しているものと思われる。つまり、時間の

て非常に重要な性質であることが指摘されている。しかし、伝統的な言語学的研究は、語順に関する研究を除けば、この線的特質に特段の注意を払った分析・記述を行なっていないように思われる。語順に関しては、日本語の文の構造がしばしば以下のようになることが言語学の領域で指摘されている（例えば、仁田 1997、庵 2001 等[12]）。

図 2-1：日本語の文の構造（庵 2001 より引用）

このような構造は、文において各要素がどのような順序で並ぶのかをも示しており、この図は文末に意識が向いた作りとなっているが、文の始まりに注目すると、「対人的モダリティ」→「対事的モダリティ」→「命題」という順序になることが予想される。

　また、文の構造と時間の経過に着目した研究として林四朗（2013a, b）が非常に興味深い。林（2013a）は、一文の言い始めに関わる箇所を「起こし文型」、言い終わりまでに関わる箇所を「運び文型」、言い終わることに関わる箇所を「結び文型」として分類し、それらを基本文型としている[13]。

　林の基本文型の中で本書の関心に密接に関わるのが「起こし文型」である。林（2013b）によれば、「起こし文型」は、「始発型」、「承前型」、「転

　　流れの中で「さ」と「い」と「ふ」という音が線的に流れてきたとき、我々は「財布」という一塊の音として意味を認識する。その一塊になった音を連鎖と呼んでいるものと思われる。

12) 仁田（1997）は対事的モダリティを「事態めあてのモダリティ」、対人的モダリティを「発話・伝達のモダリティ」としている。また、文として成立する際の命題部分の文法カテゴリーの順序も踏まえ、日本語の構造は ［［［［［ヴォイス］アスペクト］みとめ方］テンス］事態めあてのモダリティ］発話・伝達のモダリティ／丁寧さ］となると述べている（p. 142）。また、様々な従属節を対象に研究を行った南（1974）も、この図と両立可能な形で従属節の分類を行なっている。

13) 林の論ではこれら三つに加えて、全体の流れには影響を与えず、局部的に働く「局部文型」あるいは「相」もある。また、「起こし文型」と「結び文型」は「運び文型」に含まれるものとして扱われている点、「起こし文型」は言い始めには関わるが、文の冒頭のみに配置されるわけではない点には注意が必要である。

換型」、「自由形」に分けることができる。「始発型」は文章の流れを作る最初の起動力を持ち、その姿勢を表している文、「承前型」は既にある流れを受け継ぐ姿勢を持った文、「転換型」は流れにストップをかけて新たな構えを示す文であり、それらに含まれないものを「自由型」と林は位置付けている。

さらに、林（2013a）は言語が時間の流れにそって産出される際に、「結び文型」が次のような順序になることを指摘している。

描叙段階：対象の描き方を吟味する段階
判断段階：肯定、否定、過去認定、推量等の判断を行なう段階
表現段階：感動、願望、意志等によって描叙と判断を感情で包んで投げ出す段階
伝達段階：命令、要求、依頼等によって相手に伝達する段階

そして、「もしもし、お願いがあるんですが、実は、あのー、何とかひとつ、その品物を譲っていただくことはできないものでしょうか。」という文を下の図のように分析している。なお、下の図は上から下へと時間が流れていることを示している。

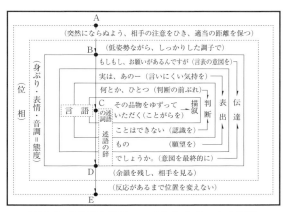

図 2-2：林四郎（2013a, p. 95）による一文の構造

第 2 章　発話の冒頭を分析すること

この図では B → D の言語行動だけでなく、A → B、D → E の非言語行動をも分析の範囲に含めており、当時としては[14]非常に先駆的な研究であったと言える。この図から C → D の間が、描叙段階、判断段階、表出段階、伝達段階という順序になることがわかる。更に本書に密接に関わることとして、B → C にも C → D に対応する段階（伝達→表出→判断→描叙）があることが重要である。つまり、いわゆる「命題」内容に関わる前の文の冒頭では伝達→表出→判断→描叙という順序段階がここでは示されているように思われる[15]。林（2013b）では国語教科書（小学校二年生向けのもので昭和 36〜39 年に使用されたもの）を分析対象として、「起こし文型」の「始発型」を①呼びかけ、②自己内感動詞（「そうだ」「さあ」「しめた」等）、③場面設定（「昔」「あるところに」等）に分けており、①が伝達段階、②が表出段階、③が描叙段階に対応すると述べている（判断段階に対応するものは見いだされなかったようである）。林（2103a, b）には、順序に関して明確かつ分析的、実証的な記述は見いだされないのではあるが、文の冒頭で伝達→表出→判断→描叙という順序段階を想定していることはおそらく間違いないだろう。

　ただし、これはあくまでも「文」あるいは「文章」を対象に行なった研究であり、小説や教科書などの書かれたものや筆者の内省から得られた知見である。本章 1 でも示したように、書かれたものと話された言葉は様々な点で重大な違いがある。そのため、会話における発話の冒頭の順序を見るためには、実際の会話データを用いて、「発話」を対象にした研究を行う必要があるだろう。

　以下、本項では、会話分析が時間の経過をどのように記述に組み込んで

14）林（2013a）は復刊本であり、原著は 1960 年のものである。同様に林（2013b）は 1973 年が原著となる。

15）ただし、林の示す一文の単位と、本書の発話の単位（第 3 章に後述）では相当食い違いがあることが予想される。例えば、図で使われている例文は、林の作例なので音調などがわからず明言はできないが、本書では「もしもし」、「お願いがあるんですが」、「実は、」以降の三つの単位になるものと思われる。

2. 会話分析研究

いるのかについて論じる。具体的には、単位と単位（行為と行為、ターンとターン等）の並び方、そして「投射」という概念について示すことで、会話分析の「時間の経過」に対する考え方を検討していく。

2.4.1　並び方

　会話分析には、時間の組み込み方の一つの方向性として、二つ以上の単位が並ぶ時の「並び方」を考えるという視点がある。例えば、本章2.3で示した隣接ペアなどの連鎖組織は、行為と行為が並ぶ際の並び方に関わるものである。隣接ペアでは、第一の行為が第二の行為を要求しているという関係にある。それゆえ、第一の行為がなされたにも関わらず第二の行為がなされなかった場合、第二の行為の不在として参与者に認識可能になるのである。会話分析において最も重要な知見の一つとして挙げられる「ターンテイキングシステム（順番交替システム）」（Sacks, Schegloff Jefferson 1974）も、ターン（順番）とターンの並び方に関するものであると言える。Sacks達が定式化したターンテイキングシステムは、次の二つの構成要素と一つの規則群からなる。

構成要素1　ターンの構成要素

　ターンを構成するのには語・句・節・文など様々な単位が用いられる。この単位は、現在どの単位が用いられているのか、どこで完了するのかを進行中に概ね予告（project）する。また、話し手はターンを取得すると、少なくとも一つの単位を発する権限を持つ。用いられた単位の完了可能点（possible completion）は、「ターンが替わってもよい場所」（transition–relevance place；TRP）となる。

構成要素2　ターンの配分要素

　ターンを配分する技法は、(a)現在の話し手が次の話し手を選択する方法と、(b)次の話し手になろうとする者が自己選択する方法の二つに分かれる。

第2章　発話の冒頭を分析すること

規則群

(1)ターンの最初の「ターンが替わってもよい場所」において

　(a)ターンが「現在の話し手が次話者を選択する」方法を含んで組み立てられて
　　　いるならば、選ばれた者（party）は次のターンを取る権利・義務を持ち、そ
　　　こでターンが移動する。

　(b)「現在の話し手が次話者を選択する」方法が用いられていない場合、次話者に
　　　なろうとする者による自己選択が行われうる。その際、最初に話し始めた者
　　　が次話者になる権利を獲得し、そこでターンが移動する。

　(c)「現在の話し手が次話者を選択する」方法が用いられず、他の者も自己選択し
　　　ない場合、現在の話し手が続けうる。

(2)上の(1)の(c)に則り、現在の話し手が話し続けた場合、次の「ターンが替わって
　　もよい場所」で再び(1)の(a)〜(c)が適用される。最終的にターンが移動するまで
　　同じことがくり返される。

　例えば、ABC の三人が部屋の中で話していて、A が「あっ、今何時？」
と言ったとする。この発話は、発話の末尾が TRP（ターンが変わってもよい
場所）となる。「あっ今」といった途中の段階ではターンは交替しないこ
とが期待されるし、他の人がそのタイミングで発話をすると割り込んだよ
うに聞こえるだろう。その TRP までに、もし A が B だけに視線を向けて
いた場合、あるいはたまたま近くにいた B に向けられたとわかるような
音量で話した場合、A の視線や音量は上記の規則群の(1)の(a)で書かれてい
る「現在の話し手が次話者を選択する」技法を使っていることとなり、選
ばれた B が次のターンで答えることとなるだろう。では、A が「あっ、
今何時？」を、時計を探しながら言うことで B にも C にも目線が向かっ
ていない場合、音量が B にも C にも向けられているように聞こえる場合
はどうだろう。この場合は、TRP までに「現在の話し手が次話者を選択
する」技法が使われておらず、B も C も次にターンを取ることが可能で
ある。その場合、先に話し始めた方が次のターンを取ることとなる。これ

2. 会話分析研究

らのことが規則群の(1)の(b)で書かれていることである。また別のシチュエーションとして、Aの「あっ、今何時？」という発話に対して、BもCもとっさに時計が見つからず一緒になって部屋の時計を探し始めたため、Aが「あっ隣の部屋の時計見てこようかな」と言った場合を考えてみよう。この場合、「あっ、今何時？」という発話のTRPでBもCもターンを取らないため、現在の話者であるAが「あっ隣の部屋の時計見てこようかな」とターンを継続しているのであり、規則群の(1)の(c)が実行された形となっている。そして「あっ隣の部屋の時計見てこようかな」という発話自体は末尾にTRPが配置されることとなる。そのことが規則群の(2)で述べられていることであり、仮にBが「20分ぐらいじゃない？」と隣の部屋に向かい始めたAに向けて予想を言うという状況を想像するとわかりやすいだろう。

　このターンテイキングシステムは、ターンとターンがどのように並んでいるのかを明らかにしており、時間の経過を記述に組み込んだ好例であると言える。例えば、ある発話の完了可能点までに次話者選択のための技法が用いられているのなら(1)の(a)が採用されることになるが、これは発話の開始から完了可能点までの時間の経過を強く意識した記述となっている。あるいは、(c)で現在の話者がターンを継続した場合のように、(b)の自己選択がなされていない「後」という時間の経過や、次の「ターンが替わってもよい場所」までのこれから経過する時間をシステムに取り入れていると言える。

　なお、Tanaka（1999）によれば、ターンテイキングシステムの基本的な仕組みについては、日本語であろうと英語であろうと、大きな違いはない。一方で、どのような資源によってターンテイキングの仕組みを運用しているのかは、言語的な資源による違いが影響するため、言語間の違いも見られる[16]。

---

16) 例としては、すぐ後の第2章2.4.2の「遅れた投射可能性」（Tanaka, 1999）を参照すると理

第 2 章　発話の冒頭を分析すること

　本書が焦点を当てている冒頭要素の順序も、冒頭要素がどのように並んでいるのかを明らかにすることを目的としているという点で、この「並び方」に関わるものであると言える。

2.4.2　投射

　上のターンテイキングシステムにも含まれている性質であるが[17]、会話分析の概念の中で最も時間の経過を重視しているものは「投射可能性」（projectability）であろう。投射可能性とは「時間の進行の中で言葉が用いられているとき、ある時点までに発せられた言葉は、その発話の統語的形状（すぐ次の瞬間にどんなタイプの統語要素が発話されそうか、その発話はどんな統語構造をとりそうか、など）、その発話の種類（その発話はどんな行為を行うものになりそうか）、その発話の完了可能点（その発話はいつ完了しそうか）、を予示・予告する性質」（串田　2006b：p. 53）のことで、このような予示・予告を「投射」という。上のターンテイキングシステムでは構成要素 1 に発話の持つ投射についての記述があるが、この投射という性質があるために、発話と発話のオーバーラップやターン間の間隙を最小化してターンテイキングを行うことができるのである。投射は、発話が一音一音進行していく最中も時間が進行していることを意識した概念であると言える。

　言語学の分野においても、非常に少ないながら、この投射に関わるような研究がなされている。例えば、寺村（1987）は「その先生は私に国へ帰ったら父の生きているうちに早く財産を分けて貰えと薦める人であった。」という夏目漱石の『こころ』の一文を用い、日本語母語話者に「その先生は」、「その先生は私に」、「その先生は私に国へ」と文節毎に順次提示し、その先を文節毎に予測させるという実験を行なった。その結果、提示の段

　　解しやすいだろう。
　17）構成要素 1 の記述の中にある、ターンを構成する単位が、「現在どの単位が用いられているのか、どこで完了するのかを進行中に概ね予告（project）する」という一文のことである。

32

2. 会話分析研究

階が進めば進むほど、先の予測が正確になっていくことが示されている。一音一音時間とともに展開していくことによって、その先が予測可能になるという性質に目を向けているという点で、寺村の知見は投射に密接に関わる。一方、寺村はこの「予測可能」であることを、聞き手の予測能力として捉えているが、会話分析の「投射」は発話の構造が持つ性質を指す。聞き手は発話の構造が投射するものをリソースにして先の予測をすることができるのである。それゆえ、構造としては予測可能であっても、会話参与者がその構造を投射のリソースにしていない可能性も考慮に入れられることとなる。

　投射に関して次の事例を見ておこう。これは、A（息子）とB（母親）の会話で、直前までAがBに録音する経緯の説明をしていた。

　　（2−2）［japn1612　01:18−01:25］
　　　01 B：［h-］n ど：う？＝あなた,
　　　02　　　テストはどうだっ［た？
　　　03 A：　　　　　　　　　　［tch-.h テスト<u>ね</u>：［：,h：：＝
　　　04 B：　　　　　　　　　　　　　　　　　［う：ん.
　　　05 A：＝＜わかんな：い．＞
　　　06 B：<u>なに</u>言って(h)ん(h)の(h)［(わ(h)か(h)ら-)］

ここではBの「ど：う？あなた,テストはどうだった？」に対して、Aが「テスト<u>ね</u>：：,h：：＜わかんな：い．＞」と答えている部分を投射の観点から注目する。01の「ど：う？」と聞いただけでは何が「どう」なのかAにはわからないが、少なくとも「Aの何らかの状況を聞く質問」が次になされること、その質問がされた時点でBの発話は完了可能点に達することが投射される。その後「ど：う？あなた,テストは」まで聞けば、Bの発話が「Aのテストの出来に関する質問」を投射していることがわかるだろう。更に「ど：う？あなた,テストはどうだった？」まで聞けば、実際

33

第 2 章　発話の冒頭を分析すること

に投射された質問がなされたことがＡにはわかるだろう。実際そこでターンは交替している。それに対して、Ａの「テストね：：」という開始の仕方は、Ｂの質問に含まれる「テスト」という言葉を使うことで、「答え始めている」ことが示され、それゆえ直後に［応答］の行為が投射される。その後、05 では「＜わかんな：い．＞」と［応答］とＢが観察可能なものが続き、そこでターンが交替する。

　投射に関しては、そのメカニズムに言語の文法構造が大きな役割を果たしている（林 2008a）。日本語は SOV 型の言語であり、行為にとって中心的な役割を果たす動詞や、それに付随する終助詞が発話の末尾付近に置かれる。そのため、SVO 型の英語などと比べて投射が遅れるという、日本語の「遅れた投射可能性」（delayed projectability；Tanaka 1999）が指摘されている[18]。例えば、英語では発話の開始で ‘Did you’ とまで聞けば、それが「相手のことを聞く質問」という行為を行っていることが聞き手にわかるが、日本語では「今日ケイコに会っ」まで聞いてもそれが「（今日ケイコに会っ）た」という報告なのか、「（今日ケイコに会っ）た？」という質問なのかわからない。「行為を明確にするためにも、順番交替をスムーズに行うためにも、話し手とその受け手の双方にとって投射が早い時点で可能になるのは利点となる」（高木・細田・森田 2016；p. 298）のであるが、日本語は文法構造から考えると、発話末までどのような行為を行なっているのかわかりにくい。もちろん、投射のためのリソースは文法構造だけでなく音調や連鎖組織、身体動作なども関わってくるため、日本語であっても発話末付近まで全く予測できないというわけではない。Tanaka（1999）の指摘する「遅れた投射可能性」は、文法構造面において発話の前半で投射のためのリソースが乏しいことを指摘するものである。

　この「遅れた投射可能性」への手立てとしてどのような手段が取られているかに関する研究もある。例えば、林（2008a）は後方照応の「あれ」に

18）同様の指摘は Fox, Hayashi and Jesperson（1996）、Hayashi（2003）にも見られる。

34

注目している。例えば、「最近あれなんですよ」という発話の「あれ」は、「あれ」の指示対象が後続発話で特定されることを予告するだけでなく、「最近あれなんですよ」という発話全体の形状によって後続発話が「説明」であることを投射する。つまり、実質的な発話である後続発話がなされる前に、後続発話の行為が投射されることになるのである。あるいは高木・細田・森田（2016）が指摘しているように、語順を変えて、発話の述部にあたる部分をあえて先に配置することで、どのような行為を産出するのか先に示すことできる。そのことによって「遅れた投射可能性」に対処していることもよくあることであろう。本書が対象としている冒頭要素もこの「遅れた投射可能性」への手立てとして見ることが可能である。この点に関しては次節で取り上げる。

　ここまで、会話分析の歴史的変遷と分析の視点について紹介してきた。簡単にまとめておこう。会話分析は、会話参与者がどのように会話を成り立たせているのかという疑問から、参与者の振る舞いに現れる指向に定位した分析を行なう。その中で、参与者の振る舞いがどのような行為を生み出し、行為が他者の行為とどのように連なっていくのかにしばしば焦点が当てられる。また、会話における発話のやり取りは、時間の経過との関わりを持って行なわれることとなる。会話分析では単位と単位（行為と行為、ターンとターン等）の並び方、あるいは投射という概念によって時間の経過を分析に組み込んできたのである。

3.　発話冒頭の重要性

　会話の進行にとって発話の冒頭は非常に重要な位置であることは既に述べてきたが、ここではその重要性の内実についてもう少し詳しく先行研究を交えて論じたい。まず、ターンがどのような構成になっているのかにつ

第 2 章　発話の冒頭を分析すること

いて簡単に見ておく。その後、発話の冒頭が相互行為において重要な役割
を担っていることを、データを示しながら確認する。最後に、発話の冒頭
で用いられる要素に関する研究の中で本書がどのような立ち位置にあるの
かを述べる。

3.1　ターンの構成

Sacks, Schegloff & Jefferson（1974）によると、ターンには通常以下の三
つの部分が含まれており、一般的に 1 から 3 の順番で産出されるとしてい
る。

1：先行ターンとの関連を示す部分
2：現在のターンの中身に関わる部分
3：後続ターンとの関連を示す部分

彼らはこの三つが含まれているものとして次の例を示している（訳は西
阪（2010b）による）。

（2−3）Sacks 他（1974）の事例（30）
　　D：Jude loves olives.
　　　　ジュードはオリーブが大好きなんだ．
　　J：That's not bad.
　　　　別にいいんじゃない．
→D：She eats them all the time. I understand they're fattening, huh?
　　　　彼女はいつもそれを食べているんだ．それって太っちゃうん
　　　　じゃないかと思うんだけど，ね？

ここでは、矢印で示しているDのターンの 'She' と 'them' という二つ

36

の代名詞が、先行する最初のDのターンの 'Jude' と 'olives' との意味の関連を示している。また、矢印のターンの末尾の付加疑問 'huh?' が次話者を選択しているため、次のターンとの関連を示している。

　上の例では矢印で示しているDのターンは二つの発話から構成されているが、ターンはしばしば一つの発話によっても構成される。その際、基本的には発話の冒頭部分が「1：先行ターンとの関連を示す部分」となり、末尾が「3：後続ターンとの関連を示す部分」となる。

3.2　発話冒頭の働き

　上に示したように、会話において発話の冒頭では、前の発話と後続する発話がどのような関係にあるのかを示すことができる（Sacks, Schegloff & Jefferson 1974）。また、発話の冒頭は、前の話者が言ったことと現話者が言おうとしていることの関係を伝える連鎖マーカー（sequential marker）を配置できる主要な位置である（Heritage 2002）。この連鎖マーカーは後続発話が前の発話とどのように関係するかに関して、解釈のための枠組みを聞き手に与える（Goodwin 1996, Heritage 1998, 2002, Sidnell 2007 等）ため、聞き手にとっては発話をどのように理解するかが示されていることとなり、会話の進行にとって非常に重要である。また、発話の冒頭は発話全体の統語的形状や行為について予告がなされる位置でもある（Schegloff 1987a）。

　例として下の発話を見たい。この例では直前に、日本食を食べないのでアメリカに住んでいるのにも関わらず日本食の食材を扱うスーパーに行った事がないとTが言っていた（なお、02 の「わ：：：」は、その情報提供への反応である）。それに続けて、Tが日本茶だけはどうしても飲みたいという話をしている場面である。

　　（2-4）［japn6739　14：30-14：42］
　　　01T：＝i-あの：：[：：,

第2章　発話の冒頭を分析すること

```
02U　　　　　　［わ::［:.
03T：　　　　　　　　［あたしが：でも日本茶はね どうしても::
04　　　n-n-の-飲みたい[[から:,［.hh
05U：　　　　　　　　［[あ：　お［茶ね：.うん［うん.
06T：　　　　　　　　　　　　　　　　　　［う：んジャパン
07　　　タウンのほら,
08　　　(0.3)
09U：うん.
10T：あの［う d-
→11U：　　　［あ ド＜(ガ)シ＞［とか：?
12T：　　　　　　　　　　　　［う：：ん grocery store へ行くのよ.
```

ここでは、Tが「日本茶はどうしても飲みたいから、ジャパンタウンの」
(03−07) と言うが、「ほら」(07) と述べた後 0.3 秒何も話さず「あのう」
と言葉を探しており (10)、「ジャパンタウンの」特定の店を見つけること
ができずにいることを示している。このように、発話者が言葉探しによっ
て発話の進行を滞らせている時には、その発話の受け手であるUは、仮に
その探している言葉に心当たりがあるのであれば、正当に[19] 手助けのため
の手立てを行なうことができる (串田 1999)。また、Tは「ほら」(07) と、
探している対象へのアクセスがUにも可能であることを示しており、Uに
よる言葉探しの手助けが一層しやすい状況である。そのような状況で、11
行目ではUが強めの音で「あ」と知識状態が変化したことを示している
(Heritage, 1984)。このことは、後続発話がその手助けに関わる行為である
ことを予示するだろう。また、後続発話は「X.」「X?」「Xとか?」といっ
たいくつかの限られた統語的形状になることも予測可能であろう。このよ

---

19) ここで「正当に」と言ったのは、仮に受け手が助けの手立てをしたとしても、「割り込んだ」
　と話し手や分析者に認識されないということである。

3. 発話冒頭の重要性

うに、発話の冒頭は発話全体の統語的形状や行為について予告がなされる位置であると言える[20]。以上のことを示したのが下の図である。

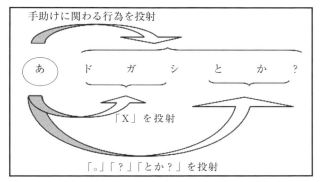

図：行為と統語的形状の投射

　これらのことをまとめると、発話の冒頭とは、前の発話との関連を示すことができる位置であり、かつ、直後の発話がどのようなものになっていくのかを予告できる位置でもあるのである。この二つの点から、発話の冒頭は会話の進行において非常に重要な位置であると言える。
　また、日本語の冒頭要素に関しては、前節で説明した「遅れた投射可能性」(Tanaka 1999) への手立てとして見ることも可能である。串田（2006b）は次のように述べている。

> 「あ」「え」「うん」「そう」「いや」「でも」「だから」など、ターン開始部に配置され、後続するターン構成単位に統語的に連結されていない成分は、ターン構成単位の統語的形状を投射する働きは弱い。しかし、これらはしばしば「どんな種類の行為がこの

---

20) ただし、第2章2.4.2の「投射」の節で説明したように、日本語はSOV言語であり、SVO言語である英語などと比べて、投射の統語構造的なリソースが発話の冒頭では少ない。

第 2 章　発話の冒頭を分析すること

> ターンで行われようとしているか」「どんな要素が現れたらこの
> ターンは完了に向けた動きを始めるか」等を投射しうる。（p. 54）

ここで指摘されているのは、日本語の冒頭要素は統語的形状の投射のリ
ソースとしては強力なものではないが、行為や発話の完了点を投射するリ
ソースにはなりうるということである。冒頭要素のこのような性質は「遅
れた投射可能性」への対策になりうると思われる。なお、発話冒頭要素が
投射する内実については 4 で詳しく検討する。

3.3　冒頭要素の研究

　発話冒頭に関しての会話分析の研究の蓄積はまだ少ないと言えるが、近
年徐々に増えつつある。例えば、"oh"（Heritage 1984, 1998, 2002）、"and"
（Heritage & Sorjonen 1994）、「いや」（串田 2005a、串田・林 2015）、「へー」（Mori
2006）、"look"（Sidnell 2007）、「え」（Hayashi 2009）、"and/but/so"（Schegloff
2009）、"well"（Schegloff & Lerner 2009）、「なんか」（平本 2011a）、「ええと」（高
木・森田 2015）、「コ系指示詞」（劉・細馬 2017）、「なに」（遠藤・横森・林 2017）
などが挙げられる。これらの研究が共通して明らかにしていることは、発
話の冒頭要素は話者の内面がそのまま言葉として出たというようなもので
はなく、相互行為上の仕事を担っているということである。しかし、これ
らの先行研究は、個別的な言語要素に注目しているものである。実際の会
話においては、発話の冒頭に複数の言語要素が用いられることもある。例
えば次の発話では「えっ」と「じゃあ」という二つの言語要素が用いられ
ている。

　（2−5）［japn1773　07：45−07：46］
　　I が恋人と別れたばかりだという話を H にした後。
　→ 01H：［えっじゃあ今結構落ち込んでる：？

この例のように、冒頭に複数の言語要素が用いられている場合、要素と要素の関係はどのようなものなのであろうか。本書では、冒頭における順序に注目し、分析を行なうものである[21]。

　以上、本節では発話の冒頭が、前の発話との関連を示すことができる位置であり、かつ、直後の発話がどのようなものになっていくのかを予告できる位置でもあるため、会話の進行において非常に重要であることを述べた。さらに、この位置での言語要素に着目した研究は、個別的な要素のみに着目しており、複数の要素が用いられた場合についてはまだ明らかになっていないことを指摘した。

4. 発話の冒頭が投射すること

　では、実際に発話の冒頭が投射すること、つまり発話の冒頭が予示・予告することの内実にはどのようなものがあるだろうか。個別の検討に入る前にいくつか注意しておかなければならないことがある。まず、本節では発話の冒頭の投射の内実について様々な観点から検討するため、各項はある側面の並列や上位・下位の関係にあるわけではない。いくつかは相互に関係するものもあり、また、そうでないものもある。このように示すのは、発話の冒頭が非常に多種多様な投射を可能にさせる場であることを明確にしておくためである。また、次のことにも注意が必要である。以下に述べていくことは、全ての発話の冒頭に当てはまる性質というわけではない。例えば、発話の冒頭で行為の投射がなされるからといって、いつどんなと

---

21) 上に挙げた先行研究においても、個別的な要素を検討する際に、他の要素とどのような順序になるかについて簡単に言及しているものはある。例えば、発話の冒頭に用いられる 'look' の働きについて分析した Sidnell（2007）では、'look' と共に用いられやすいものとして 'well' を挙げており、その両方を用いるときは 'well' が先行することが指摘されている。

きも発話の冒頭で行為の投射が行なわれるというわけではない。あくまで
行為を投射する要素が配置できる場所として発話の冒頭を位置づけている
という意味である。このことに関連して、いま一つ指摘しておくことがあ
る。以下で述べていくことは、発話の冒頭のみで行なわれるわけではな
い。先ほどと同じく行為の投射に関して言うならば、行為の投射は発話の
冒頭だけでなされるというわけではないということである。以下、発話の
冒頭における投射の内実について検討していく。

4.1　投射の内実

　発話冒頭要素によって投射されうること、つまり投射の内実について、
以下では発話の継続、行為、統語的形状、語の選択、次話者に分けて見て
いく。これらを通して、発話の冒頭から聞き手が非常に多くの情報を得ら
れることがわかるだろう。また、聞き手が発話全体の理解をしていく上
で、その理解を支える情報が発話の冒頭に含まれていることも、併せて実
感できるだろう。その後に、それらの関係について触れ、投射されたこと
と異なる事態が生じた場合について述べる。この検討によって、投射とい
う概念が、分析者だけではなく会話に参与している当事者達にとって重要
なものであることを論じたい。

4.1.1　発話の継続

　最初に示しておきたいことは、冒頭要素によって他の要素が後続する可
能性を示すことができるということである。つまり、冒頭要素によって発
話が続く可能性を投射することになるということである。あるいは、冒頭
要素には発話が開始されたということを示す働きがある（伊藤 2013、2014）
と言い換えてもよい。当たり前のことと思われるかもしれないが、この性
質によって冒頭要素を聞いた受け手は発話を控え、続く発話がどのような
行為になるのか、そしてどのように終わるのかに関する分析を開始するよ

う方向付けられることになるのである。Sacks, Schegloff & Jefferson（1974）の付加表現（appositionals：訳は西阪 2010b による）もこの性質を利用したものであると言える。付加表現とは、Sacks らによれば well や but、and、so などの発話の冒頭に使われるけれどもあまり多くのことを投射しない要素のことである。発話の冒頭は他者の発話との重なりが生じる危険がある場所であるが、仮にそこで発話の重なりが生じて聞き手が付加表現を聞き取れなかったとしても、付加表現自体が後続部分についてあまり多くのことを投射しないため、聞き手による残りの発話の分析には大きな支障が出ない。一方で、発話を開始してターンを取ろうとしていることは相手に示すことができるのである。

　ここで見ておきたいことは、簡単に言ってしまえば、発話が冒頭要素で終わりではなく、まだ「続きがある」ということを投射する働きである。この「続き」を強力に投射するものと、相対的に弱く投射するものがある。強力に投射するものの例として、下の例を見たい。

（2-6）〔japn4549　02:40-02:44〕
　Qが参加しているサマープログラムについて P が質問している。
　　01 P：いつから始まった↑：？
　　02　　　（0.5）
→03 Q：え：：と 6 月の終わりかな.

この事例では、3 行目の「え：：と」が、そこで発話を完了することはせず、発話の組み立てに「続き」があることを強力に投射している。高木・森田（2015）によれば、質問に対する反応のターンの冒頭で用いられる「ええと」は「今自分に宛てられたその質問に応答するには、ある難しさが伴うが、それでも、応答の産出に最大限努める」（p.106）ことを主張する。この「最大限努める」という主張は、後続部分（応答）が直後に産出されることを強力に投射することに繋がるだろう。一方、「え」に関しては、単独でも

第 2 章　発話の冒頭を分析すること

発話を構成することができるため、先ほどの「え：：と」等と比べると相対的に発話の組み立ての「続き」を投射する性質は弱いと言える。そのため、しばしば「え」と「続き」の発話は間を挟むことなく接着して発せられる。

　　　（2−7）［japn1773　03：22−03：25］
　　　Hが隣に住んでいる女性と、その恋人についてコメントしている場面。
　　　01 I：［まあ 22 歳と 21 歳＞（だ）から＜まあいいかなみたいな.
　→02 H：え日本人同士［：：？

以上のように、冒頭要素には相対的な強弱はあれど、まだ発話が続くことを投射する働きがある。このことから冒頭要素が配置されたとき、発話の組み立ての続きが直後になされることが予測可能になるのである。

4.1.2　行為

　既に本章 3.2 で触れたように、発話の冒頭では、現在組み立てられている発話全体がどのような行為を構成するのかについて投射されうる（Schegloff 1987a）。具体例として（2−8）を見る。この会話が収録された日の前日、ある有名なロックバンドのボーカルが亡くなった。Pが、そのことを知らないQにその訃報を伝えた後の会話である。

　　　（2−8）［japn4549　00：18−00：22］
　　　01 Q：原因は：？
　→02 P：˚.hh˚（.）あの：：（.）心臓麻痺.

ここではQが 1 行目に「原因は：？」と質問しており、それに対してPが 2 行目で「心臓麻痺」と応答している。この 2 行目の発話の冒頭に配置されている「あの：：」という要素について考えたい。この「あの：：」は、

44

話し手が特定の項目を見つけることができていないことを表す「言葉探し」（word search; Schegloff, Jefferson & Sacks 1977）の一種であろう。1行目の質問のすぐ後という連鎖環境で言葉探しを行なうことは、質問に対して言葉を探していることとなり、「あの::」以降の発話が応答という行為を構成することを投射する。さらに正確に言えば、単に応答することだけではなく、特定の死因を含んだ応答がなされることを投射している。このことは、特定の死因を含まない応答である「知らない」などが「あの::」の後には配置されそうにないことからもわかるだろう。上の例のように、冒頭要素によって発話全体の行為がかなり正確にわかる場合もあるが、次の例のように、投射される行為がいくつかの可能性に限定されることもある。この事例では、会話が録音されていることについて、どの会社に頼まれたのかをAがBに聞き、それに対してBが1行目から答えているところである。

　　（2-9）［japn1612　00:21-00:28］
　　　01 B：［これ］はね:, 学校のね:,
　　　02 A：はい:.
　　　03　　（0.3）
　　　04 B：学校の::＜言語学の:,＞
　　　05 A：うん.＝
　　　06 B：＝リサーチ.
　　　07　　（.）
　→08 A：**あ：リサーチ:.＝**

Aの質問にBは1行目から6行目までの発話で、学校の言語学のリサーチとして頼まれたということを伝えている。それに対して8行目でAは「あ:リサーチ:.」と情報の受理を行なっている。ここで注目したいのは8行目である。「あ:」の後に続きうるものとして考えられるのは、「そう

第 2 章　発話の冒頭を分析すること

なんだ」のような単なる情報の受理、「学校の？」のような確認要求、「先
生に頼まれたの？」のような情報要求といったものであろう。つまり、こ
こで「あ：」は、情報の受理だけでなく、確認要求や情報要求も投射して
いると言える。したがって、この事例はたった一つの行為を投射している
わけではないため相対的に緩やかな投射となっている。それでもいくつか
の限られた行為に可能性を限定しているのは確かであるだろう。このよう
に、発話の冒頭では発話全体でどのような行為が構成されそうかというこ
とについての投射がなされる。その投射によって我々は発話全体の行為を
予測することができるのである。

4.1.3　統語的形状

　Schegloff（1987a）の言うように、発話の統語的形状も発話の冒頭で投射
されることがある。このことは発話の冒頭における行為の投射が限定的な
場合を考えるとわかりやすいため、先ほど見た（2-8）の事例を（2-10）
として再掲し、検討する。

　　（2-10）〔japn4549　00:18-00:22〕※（2-8）の再掲
　　　01Q：原因は：？
　→02P：˚.hh˚（.）**あの：：**（.）心臓麻痺.

本章 4.1.2 で見たように、2 行目の「あの：：」は特定の死因を含んだ応
答がなされることを投射している。そのような予告に合致する言語形式
は、「X.」「X だったかな.」「X だったと思う.」「X って言ってた.」といっ
たいくつかの統語的形状に限られるだろう。よって、この発話の冒頭に用
いられている「あの：：」は、たった一つの統語的形状を投射しないが、
いくつかの限られた統語的形状のうちの一つが続くことを投射することに
なる。我々はその投射をリソースとして、現在組み立てられている発話が
どのような形状を成すのか予測可能となる。統語的形状は、発話がどのタ

イミングで終わるのか、つまり、どのタイミングで話者交替ができるのか
について、受け手が分析する上で非常に重要な判断材料となる。この情報
は発話が進行していく中でより明確なものとなっていくものと思われる
が、発話の冒頭から既にこの情報が利用可能なのである。

4.1.4 語の選択

　どのような種類の語が現在組み立てられている発話に含まれるかも、発
話の冒頭から予測可能なことの一つである。具体例として（2-11）を見
たい。この例では、8行目と10行目に注目する。どちらの冒頭にも「え：」
が使用されている。

　　（2-11）［japn1722　24:57-25:12］
　　　01G：↓ウエストバージニア物価高い？
　　　02　　（0.2）
　　　03F：.h ＞物価＜ね：う：ん高い.
　　　04G：高いんだ：＝
　　　05F：＝うん.けっこうね.＝全然安いと思わなかった.＝＞マイアミの方が＜
　　　06　　安いんじゃない？
　　　07G：.hhマイアミすごい安いよ↓な：：.なぜ［か.
　→08F：　　　　　　　　　　　　　　　　　［え：でもLAの方が安いよ.
　　　09　　（0.2）
　→10G：え：高いじゃ：：ん.
　　　11F：LAはタックスが高いんだよ.

ここではマイアミの物価について、「すごい安い」と思っているGと、そ
う思っていないFで意見が対立している。7行目で「マイアミすごい安い
よ↓な：：.」と、マイアミの物価についてGが意見を述べており、8行目
では「え：でも」とFはそれに反論しようとしていることがわかるだろう。

47

第 2 章　発話の冒頭を分析すること

同様に、Gの 10 行目も「え：」と、直前のFの発話に対して意見の不一
致を述べようとしていることがわかる。さて、マイアミの物価が非常に安
いということ、あるいは LA の方が安いということに反論するには、いく
つかの特定の語が使われる可能性が高くなることがわかる。その語とは、
物価の「高い」「安い」という形容詞である。あるいは比較に関わる語と
して「より」や「の方が」といった表現や、比較対象としてマイアミと同
系列の都市や地域の名前も使われる可能性が高い語と言えるだろう。これ
らはいずれも 8 行目や 10 行目で用いられている語である。事例では使わ
れていないが、その他に「安くない」「すごいという程ではない」などの
否定に関わる表現なども使われる可能性が高い語として挙げられるだろ
う。このように、発話の冒頭に配置される言語要素が、現在進行中の発話
において選択されうる語を前以て投射する場合があると言える。

4.1.5　次話者

　これまで見てきたことは、まさに現在組み立てている段階の発話自体に
対して投射していること（発話の続き、行為、統語的形状、語の選択）であっ
た。ここで見ようとしていることは、これらとはまた別の視点であるター
ンテイキングに関わることである。前のターンが聞き取れない、あるいは
意味がわからないといったトラブルがあったときに、我々はしばしば修復
を行なう（Schegloff, Jefferson & Sacks 1977）。その修復を開始する発話におい
て、発話全体で修復を行なうことを冒頭要素が投射している場合、冒頭要
素が配置された段階で、次のターンにトラブル源の話者がターンを取るこ
とが投射される。ただし、「投射」という用語は一般的に自身の発話につ
いて予示・予告する性質を指す時に用いられる。ここで見たいのは次の
ターンの話者、つまり他者の発話について予示・予告する性質であり、投
射の議論に加えるのに違和感があるかもしれない。一方で、ターンテイキ
ングシステムでは 2.4.1 で見たように、「現在の話し手が次の話し手を選
択する」技法をターンの終わり得る位置までに利用していた場合は、その

48

選択された者が次話者となる。つまり、発話の冒頭で次話者を選択することによって、当該の発話が誰に向けられているものであるのかを予示・予告しているとも言えるだろう。厳密には投射の議論に加えるべきかは微妙であるが、ここでは冒頭要素が何の資源になり得るのかに関する広い見通しを読者にもってもらうために、ひとまず投射の一つに含めて論じる。

　具体例を見ておこう。次の会話はＦの今後の学業生活について二人で話している事例である。直前ではＦが「ジェネラル（一般教養科目のことと思われる）取っている間はあたしここで我慢する」と述べている。この「間は」という部分に反応して、Ｇが１行目で「それからどっか行くんだ」と、別の大学に行くのかどうか尋ねている場面である。

　（2-12）〔japn1722　25:34-26:21〕
　　01Ｇ：〔＞あそれからどっか＜行くんだ：.
　　02　　（0.2）
　　03Ｆ：う：んいちおね考えてあるんだけど：,
　　04Ｇ：う：ん.
　　05Ｆ：でもここのジャーナリズムも全然強いのね.
　　06　　（（18行省略））
　　07Ｆ：競争率が激しいんだジャーナリズム..hh
　　08　　（.）
　　09Ｇ：°うそ°.
　　10Ｆ：GPAのポイントが切られてて：,
　　11Ｇ：うん.
　　12Ｆ：何ポイント以上じゃないと入れない°とかね°.
　　13　　（0.3）
　　14Ｇ：↓え：.
　　15　　（0.4）
　　16Ｆ：そうそうそう..hhh〔結構難しいの.

第2章　発話の冒頭を分析すること

```
  17G：                    ［ん？
→18G：えっ今もう入ってるんじゃなくて：［え？
→19F：                  ［入って［るよ.入ってるけ］ど［：,
  20G：                        ［意味がわかんない.］　［うん.
  21F：本当のメジャーに入るのに［(.)あたし今(0.2)プリメジャーだ［［から：,
  22G：            ［あ！              ［［あ：うん
  23    うんうん.＝
  24F：＝本当の入る時は：GPAが関係すんのね.
  25G：うん.
```

　ここで話題になっている大学に所属しているはずのFが、（GPAが）「何ポイント以上じゃないと入れない」（12行目）から「結構難しいの」（16行目）と述べていることに対して、Gは18行目で「えっ今もう入ってるんじゃなくて：え？」と理解に問題があったことを示している。この理解のトラブルに解決を与えるのはFの19行目から24行目（正確には22行目でGが「あ！」および「あ：」と述べていることから21行目まで）の発話である。この18行目に注目すると、「えっ」と発した段階で何らかのトラブルが発生した可能性が観察可能となる。この発話の直前までFがジャーナリズムの厳しさについて説明をしていたため、18行目の「えっ」がこのFの説明について修復を開始しているということが、Fにはわかるだろう。よって、18行目で実際に修復が開始された場合、その解決を与える可能性が最も高いのはFであり、19行目でFがターンを取ることが予測可能となる。二人で会話しているのだから、Gが話した後はFがターンを取るのは当たり前と考えられるかもしれないが、たとえ二人の会話であっても次話者を選択しない形で発話を終えるということは決して珍しいことではない。この「えっ」に関しては、現在組み立てられている発話が完了した後の次話者として相手を選択することを、発話の冒頭の段階で予測可能にしているということが重要なのである。受け手は次話者として話す可能性が

高くなり、その結果、「えっ」を含む発話に対して注意を高めること、次のターンでの発話を準備しておくことといった方向付けがなされるのである。このことは、本書が二者間の会話を分析対象としているためわかりにくいかもしれないが、三者以上の会話を想定すると理解しやすいかもしれない。発話の冒頭で次話者が誰なのかわかれば、そこで選ばれなかった者は発言を控えるよう方向付けられ、実際にターンが移行する際に発話の重なりが生じる可能性が減るものと思われる。

4.2 投射の役割と各内実の関係

前項では、発話の冒頭が投射しうることを様々な観点（発話の続き、行為、統語的形状、語の選択、次話者）から検討した。その結果、発話を組み立てる上で実に多くのことが発話の冒頭で投射可能なことが明らかになった。もちろん、検討した観点の全てがいつもわかるというわけではない。また多くの観点において、当該の発話がどのような連鎖環境の中にあるのかを考慮に入れなければ予測が成り立たないことも明らかであろう。

ここまでに検討した観点、つまり、発話の冒頭が投射することのいずれもが発話の担う行為と切っても切り離せない。行為の構成には多くの場合いくつもの語を連ねる必要があり、必然的に発話がある程度の長さを必要とする。そのため、発話が続くことが冒頭で投射されなければならない。また、特定の行為には特定の統語的形状が用意されていることも多く、そのことが発話の冒頭での統語的形状の投射が可能な理由となっている。さらに、行為の構成には、統語的形状だけでなく語の選択も密接に関わる。それは、様々な要素（語の選択）が特定の形（統語的形状）で配置されることによって、行為を構成する発話が成り立っているからである。次話者選択に関して言えば、修復を開始するという行為が修復を呼び起こすのであるが、その修復はトラブル源の話者によってなされることが選好される（Schegloff, Jefferson & Sacks 1977）ことから、次話者を選択することへと繋

第 2 章　発話の冒頭を分析すること

がっているのである。このように、本書で扱った様々な観点は行為を軸に
見ることで、互いが全く無関係のものではないことがわかる。これまで見
てきたように、発話の継続、行為、統語的形状、語の選択、そして次話者
に関する投射が可能であることからも、発話の冒頭は会話の進行にとって
非常に重要であることは明らかである。このような多種多様な投射が発話
の開始時点で可能なことが、円滑な会話の進行にとって重要な役割を担っ
ているのである。

4.3　予測と異なる事態が生じた場合

　これまで発話の冒頭ではその発話について多くのことが投射されうるこ
とを示してきた。ここでは、この投射から予測可能なこととは異なる事態
が生じた場合について言及しておきたい。一方の話者が、発話の中に組み
込んだ要素から予測できることに反した内容について話した場合、もう一
方の話者が修復を開始することがある。次の事例では I がアパートの隣に
住む女性について H に話している。1 行目の「そいつ」とはその女性のこ
とである。この電話を収録した日、その女性は授業を休んで恋人といたら
しい。なお、その女性は日本人であることがこれまでに明かされている
が、男性の方についてはまだ何も述べられていない。

　（2−13）［japn1773　03：08−03：27］
　　01 I ：ま：：えんかなみたいな：そいつもなんかアメリカ人取るか
　　02　　　日本人取るかで：：,
　　03　　　(.)
　　04 H ：あ：：［ん.
　　05 I ：　　　　［悩んでたみたいで：：.
　　06 H ：うん：どっち取った：？
　　07 I ：たぶんあの調子だともう完全にもう-n-男取ったみ h た h い h.

52

4. 発話の冒頭が投射すること

```
08      (0.3)
09H：へ：：：：.
10 I：も：：s-ニサン年ステイみたい感じじゃね？＝もう：.
11      (0.5)
12H：へ：：：：［：：.
→13 I：        ［まあ22歳と21歳＞(だ)から＜まあいいかなみたいな.
→14H：え日本人同士：［：？
15 I：              ［う：ん.
16      (0.2)
17H：ふ：：ん.
```

1行目から5行目で、アパートの隣に住む女性が恋人としてアメリカ人と日本人のどちらを選択するのかで悩んでいたことがIからHに伝えられている。それに対して、Hは6行目で「どっち取った：？」と、その女性がアメリカ人と日本人のどちらを選んだのか質問している。しかし、7行目でIが答えたのは「男取った」ということである（Iの想定において、何と男を比較して男を選択したと言っているのかデータからははっきりしないが、おそらく、その女性が受講している授業と男を比較したのではないかと思われる）。12行目で「へ：：：：.」と7行目をニュースとして受け取ったことを示している（Mori 2006）が、その反応は0.3秒もの遅延を伴っている（8行目）。これは即座にはニュースとして受け取れない何かがあることがわかるだろう。直前までの流れを考慮すると、その「受け取れない何か」とは、女性がアメリカ人と日本人のどちらを選んだのかに関する情報がないことであると思われる。このような状況でHがその情報を取得するために取れる手段としては、直接Iにそのことを聞くということもあるが、Iが自発的に話すということを待つということも考えられる。9行目で「へ：：：.」とだけ反応しているのは、相手の発話の続きを待って、相手が自発的に話す機会を与えているものと考えられるだろう。7行目から9行目で起きたよう

53

第 2 章　発話の冒頭を分析すること

な、ニュースになりうる項目の提示と遅延の見られるニュースの受け取り、また、そのことによってニュースの拡張を待っているという一連の流れは、10 行目から 12 行目でもくり返されている。つまり、2、3 年ステイするというニュースと、遅延のあるニュースの受け取り（「へ：：：：：：」）が再びやり取りされるのである。注目したいのは 13 行目である。13 行目では「まあ 22 歳と 21 歳＞（だ）から＜まあいいかなみたいな .」と I は新たなコメントをしているが、この発話の冒頭で「まあ」が使用されており、続く発話がこれまでのまとめであることが投射されている（西阪・小宮・早野 2013）。実際、続く発話は 7 行目や 10 行目と異なり、「いいかな」と述べていることで、カップルに対する I の評価あるいは意見となっている。「まあ」がこれまでのまとめを投射するのであるならば、その女性がアメリカ人と日本人のどちらを選んだのかに関する情報が得られる最後のチャンスとなることが予測可能である。しかし、実際 13 行目で得られた情報はそのカップルの年齢だけである。つまり、予測可能なことに反する事態が生じているのである。このような状況で、H は「え日本人同士：：？」と修復を開始している（14 行目）。このように、予測可能なことに反した事態が発生したとき、他の参与者から修復が開始されうる。このことは、投射が予測可能にしていることは、データを研究として分析している者にだけではなく、まず参与者によって会話を円滑に進めるためのリソースとして利用されていることを意味しているのである。

5.　冒頭要素に関わる近接研究領域

　本節では、冒頭要素と関連の深い日本語研究について概観し、本書との違いについて述べる。具体的には、談話標識、感動詞、フィラー、あいづち・応答詞、語用論的周辺部の先行研究を概観していこう。これらの研究

5. 冒頭要素に関わる近接研究領域

領域は互いに独立しているわけではなく、重複している箇所も多いが、概ねの区分として示すものである。基本的には、先行研究の著者が自身の研究をどのように位置づけているかに沿うようまとめている。また、それぞれの先行研究は膨大な数にのぼるため、本節では、近年の代表的な論考に絞って触れることにする。

5.1 談話標識の研究

冒頭要素の多くは談話標識（discourse marker）[22]として扱われていることも多い。日本語の個別的な談話標識についての研究は、椙本（1994：「それで」「で」）、富樫（2002a：「ふーん」）、富樫（2002b：「まあ」）、稗田（2003：「でも」）、山本・楊・佐々木（2008：「だから」）などが挙げられる。複数の談話標識についての論考として代表的なものとして田窪（1992）、富樫（2001）がある。田窪は、感動詞（え、ああ、へえ、ふうん、ああ、ま、あの、その、さあ等）、接続副詞（だから、それで、すると、それなら等）、終助詞（ね、よ）などが日本語においては談話標識に関わるもので「それ自身では、情報内容を構成するものではないが、情報の発出、受け入れに関する話者の処理状態や処理過程の登録、管理に関わるものであり、間接的に文形式を規定する」（p.1099）働きがあることを指摘している。富樫（2001）は、「あっ、えっ、おっ、ふーん、へえ、ほう、はーん、はい、うん、はあ」を知識の獲得を示す談話標識と位置づけ、その本質を話し手の心内での情報処理を示すものであることを示している。

談話標識研究は、談話という複数の文や発話に関係する言語要素を取り扱う領域であるので、本書とも関わりが非常に深いと言える。本書との違

---

22) Schiffrin（1988）は談話標識を「話の単位を括る連鎖依存要素（sequentially dependent elements which bracket units of talk）」（p. 31）としており、oh、well、and、but、or、so、because、now、then、I mean、y'know を分析対象としている。

いとして指摘できるのは、まず、先行研究の多くが話者の心的処理過程を基軸に論を立てているのに対し、本書では参与者双方の相互行為に基づく分析を行っていることが挙げられる。また、発話の冒頭に範囲を絞っているため、談話標識研究が対象としている範囲とは重ならない部分（終助詞や単独で使用された場合等）もある。

5.2　感動詞の研究

　感動詞も本書が対象としている冒頭要素の一部を成している。感動詞の研究は非常に多く、近年の代表的な研究として、田窪や金水による一連の研究（田窪 1992, 2005、田窪・金水 1997）や、森山の研究（1989, 1996）、富樫の一連の研究（2001, 2002a, 2002b, 2005a, 2005b）などが挙げられる。例えば、田窪・金水（1997）では、感動詞を「あっ」「ほら」のような「入出力制御系」と、「ええと」「なんか」のような「言い淀み系」の二つに分類し、心的処理過程から各感動詞の用法について考察している。このように、上記の研究はいずれも話者の心的な情報処理から現象を捉えようとするものである。上の節でも述べたことではあるが、本書は参与者同士の相互行為を分析の軸に据えている点で、分析の観点が異なると言える。また、これらの研究は著者が内省により作成した文を対象としている。話者たちの相互行為を捉える上では、実際の会話を分析対象にする必要があると思われる。実際の会話を分析対象としたものに、対話コーパスを資料にして分析した土屋（2000）がある。土屋は先行文と後続文との関係を感動詞がどのように示しているのかについて分析しており、本書の興味とかなり一致した研究を行なっている。土屋は、「そうですか」や「そうですね」といった「ソウ系コメント」の直後に配置される感動詞を「ふうん系」、「はい系」、「いいえ系」、「あ系」に分類し、先行文と後続文の関係から、「ふうん系」は先行文の受け止め、「はい系」は先行文の対他的受け止め、「いいえ系」は先行文の受け止めと情報発信の予告という機能を明らかにして

いる。ただし、「あ系」に関しては、一語の中にさまざまな事態を含むと
しており、明確な機能は提示できていない。土屋の研究は実際の会話の
データを用いており、そこから先行文と後続文の関係を感動詞から示そう
としている点は特筆すべきであるが、一方で、統語的な形式のみにしか注
目しておらず、話者同士の相互行為には目が向けられていないことが指摘
できる。

5.3　フィラーの研究

「えっと」や「あのー」などのフィラーと呼ばれているものは、一つの
発話の様々な位置で用いられるが、発話冒頭でも使用される。本書では主
に「サーチに関わるもの」[23]の諸要素がフィラーと密接に関わる。フィ
ラーに関しては、田中（1982）、定延・田窪（1995）、野村（1996）、山根（2002）、
小出（2006, 2008, 2009a, 2009b）、川田（2008）、大工原（2005, 2008）、中島
（2011）、宮永・大浜（2011）等、数多くの研究が様々な視点からなされて
いる。フィラーは、田中（1982）によれば「発話の進行を時間的に遅らせ、
発話における困難な情報処理に寄与する」認知的機能と「他者に向けられ
たなんらかの信号」である対人的機能という二重の機能を持つとされる。
また、山根（2002）は「話し手の情報処理能力を表出する機能」と「対人
関係に関わる機能」という、田中の示した二つの機能とほぼ同じものに加
え、「テクスト構成に関わる機能」を指摘し、フィラーの働きはこれら三
つの機能に集約されるとしている。

　本書では発話を行為として捉えていることは既に述べた。「フィラー」
という用語は、それ自体行為の名前ではないため、本書では用いない。ま
た、田中（1982）や山根（2002）が指摘するような発話者の内部で起こる
認知的な側面についてではなく、双方が対人的機能と呼んでいる相互行為

23）詳しくは第6章2.5を参照されたい。

第 2 章　発話の冒頭を分析すること

的な側面に焦点を当て、発話の冒頭に用いられる言語要素の順序を探るものである。

5.4　あいづちと応答詞の研究

あいづちや応答詞と呼ばれるものも、本書が対象としている発話冒頭要素の一角を占めていると言える。応答詞に関わる先行研究は、第 5 章の「承認に関わるもの」で触れるため割愛し、ここではあいづちの研究について概観する。

水谷（1988a）は日本語のあいづちについて、「質的に言えば、文の途中で打つこと、量的には頻度の高さという点で、（他の言語のあいづちと比べて）日本語のあいづちはかなり特殊なものと考えられる」（p. 6：括弧内は筆者による）と述べているが、このことは経験的にも頷けるところである。話し言葉の研究が盛んになるにつれて、この日本語のあいづちの「特殊さ」を明らかにしようとする研究が非常に増えてきた（杉戸 1989、水谷 1983, 1988a, b、堀口 1991, 1997、メイナード 1993、喜多 1996、池田・池田 1996、ナガノ，M.・杉藤 1999、富樫 2002d、大浜 2006、中島 2011 等）。あいづちの定義は研究によって様々であるが、堀口（1997）は様々な先行研究を考慮し、「話し手が発話権を行使している間に、聞き手が話し手から送られた情報を共有したことを伝える表現」（p. 42）とまとめている。また、堀口はあいづちの機能として「聞いているという信号」、「理解しているという信号」、「同意の信号」、「否定の信号」、「感情の表出」という五つを挙げている。同じく非常に多くの国内外の先行研究の整理を行なった大浜（2006）によれば、あいづち（あるいはバックチャンネル）の機能は「聞き手の行動に関する機能」と「ターンに関する機能」の大きく分けて二つがこれまでの先行研究で指摘されてきており、前者は更に「注意」「理解」「反応」「働きかけ」「間つなぎ」、後者は「続行」「調整」という機能に分けられている。堀口と大浜の整理はいずれも特定の形式ではなく「あいづち」に含められ

る形式がそれぞれ担う機能をまとめたものである。その整理の仕方で分類項目は異なるが、大浜の「聞き手の行動に関する機能」と「ターンに関する機能」という二分類はより広い視点に立ったものであると言えるだろう。なお、あいづちという観点から複数使用の順序について検討している研究は管見の限り見当たらない。

　基本的には会話分析の分野では「あいづち」を分析対象にすることが非常に少ない。それは、会話分析が発話を行為として捉えているためであろう。「あいづち」は行為のラベルではないため、「あいづち」という観点からは分析が行なわれることは基本的には無いのである。このようなスタンスから、「あいづち」という用語からの分析は本書でも行なっていない。

5.5　語用論的周辺部の研究

　近年、語用論における「周辺部」研究が盛んに行なわれている。澤田・小野寺・東泉（2017）によると、この周辺部の研究は 1995 年頃に言語学領域で始まったもので、一つの単位（文や発話、ターン等）の命題に関わる部分を概念的核とし、それ以外を周辺部と捉え、発話の冒頭等のような左の周辺部（LP; left periphery）と、終助詞や英語の付加疑問等のような右の周辺部（RP; right periphery）とがどのようなものであるのかについて共時的、通時的双方からのアプローチで解明するものである。書籍として刊行されている代表的なものとして Beeching and Detge（eds., 2014a）と小野寺（編、2017）がある。

　周辺部研究の概観を行なった澤田・小野寺・東泉（2017）によれば、周辺部では、特定の言語形式が文法的機能を持つようになる「文法化」が生じやすい。また、同時に、主観・間主観的な意味変遷も文法化に伴って見られる。さらに、本書で既に見たターンテイキングシステムを指す「やり取り構造」と話題転換や会話の切り出しなど行為に関わる「行為構造」が働く場所であることも指摘している。また、Traugott（2014）は、以下の

第 2 章　発話の冒頭を分析すること

ように周辺部における言語の働きを示している（p. 72 の表に基づいて筆者が
作成、表内の日本語は筆者が翻訳、英語は Traugott による）。

表 2-1：Traugott による周辺部の言語要素の仮説的用法

LP	RP
やり取りに関わる Dialogual	対話者視点に関わる Dialogic
前の談話に繋げる Link to previous discourse	後続する談話に先手を打つ Anticipation of forthcoming discourse
ターンを取る、注意をひきつける Turn-taking/attention-getting	ターンを譲る、終わりをマークする Turn-yielding/end-marking
応答をマークする Response-marking	応答を求める Response-inviting
主観的 Subjective	関主観的 Intersubjective

　ここではかなり広範囲に周辺部の言語要素の用法がまとめられてい
る[24]。ただし、これは英語における一般化である。また、全てのケースに
当てはまるものというより、多くの場合に妥当するものと考えるべきまと
めである。
　一見、ここまで見てきた周辺部研究、特に LP に関わる研究は、本書の
研究領域と非常に親和性が高いように見える。これまで談話標識研究、感
動詞の研究、フィラーの研究といった具合に個別的に探求されてきたもの
から、その枠組みを一旦取り外し、文ないし発話の冒頭、あるいは末尾と
いう発話の組み立てにおける位置から再構築して、分析するというスタン

---

24) この表で使われている Dialogual と Dialogic の違いがわかりにくいかもしれない。前者は二者
　　間に関わるものであり、後者は二者の視点に関わるものである。この二つの用語の使い分けにつ
　　いては Beeching and Detges（2014b）に詳しい。

異なることを論じた。そのことに最も自覚的な研究が、参与者の指向、行為と連鎖組織、そして会話における時間の経過を重視する会話分析であった。本書で焦点を当てている発話冒頭は、前の発話との関連を示すことができる位置、かつ、直後の発話がどのようなものになっていくのかを予告できる（投射できる）位置であるため、会話の進行にとって非常に重要であることが会話分析の先行研究によって指摘されている。この位置でどのような要素が用いられているかに関する研究は近年増えつつあるが、本書のように複数の言語要素が用いられることに焦点を当てたものはほとんどない。会話分析以外で本書に関連する先行研究に関しては、多くは認知的な側面に注目しており、相互行為を重視する本書とは若干視点が異なっている。また、「順序」に焦点を置いた研究もほとんど無いと言える。非常に多くの研究領域が本書と関わってくるのであるが、発話においてどんな位置で用いられているのかという観点で様々な言語要素を再考することで、これまで別々の研究領域となっていたものを一括して扱うことが可能となるのである。

第3章　分析の方法

本書は発話の冒頭において、言語的な要素がどのような順序で用いられているのかを明らかにすることを目的としている。そのために、実際の分析に入る前に本章で具体的にどのようなデータを扱い、どのような手順で分析を進めていくのかについて示しておきたい。

　まず1でデータについて述べる。本書では電話会話コーパスを利用しているが、コーパスをデータに用いる有用性は非常に大きいと筆者は考えている。しかし、コーパスを利用することの問題点について様々な指摘が予想される。コーパスを利用していることで、会話参与者と研究者が直接接することがないため「参与者について、あるいは参与者同士の関係について詳しい情報が手に入らないのではないか」といったものや、本書が利用しているコーパスはアメリカ在住の日本人の会話であるため「参与者の属性が偏ってしまうのではないか」といったもの、あるいは録音を依頼された会話であるために「録音されていると意識してしまうのではないか」といったことである。このような指摘されうる問題点に対する本書の立場もここでは示しておきたい。なぜならそのことによって、単に批判に対するガードをするということに留まらず、第2章で示した会話分析の視点を再確認することにも繋がり、さらに、第2章の流れの中で示し切れなかった会話分析の視点も提示できると考えるからである。その後、本書で使用するデータの会話内容と参与者にも簡単に触れておく。2では分析するに当たって必要となる概念について紹介し、その上で分析の手順を示す。また、その中で、何を一つの「発話」とし、どこまでを「発話の冒頭」と捉えているのかについて本書の立場も併せて述べておきたい。

1. データについて

　本書では TalkBank（http://talkbank.org/）という会話コーパス群の中の

第3章　分析の方法

CallFriend という電話会話コーパスを分析データとして用いる。分析対象を電話会話に限ったのは、ジェスチャーなどの視覚的な情報を含めることで議論が複雑になることを避けるためである。電話会話では、それらの情報について会話参与者は考慮しなくてもよい。それゆえ、会話参与者の指向を見る分析者もそういった情報を除外して分析することができるのである。インターネットで公開されているコーパスを利用する最大の理由は、本書の読者がデータにアクセス可能であるという点である。本書での分析は、会話の音声を様々な記号を用いて、出来る限り元の音声に忠実に書き起こしたデータを作ることから始まる（詳しくは本章2で述べる）。しかし、音の高さや強さ、声色、声の速さといった音調的な特徴の微妙な変化など現実に起きた音声を「完全に」文字にすることは不可能であると言える。しかし、そのような音調的な特徴が参与者同士のやり取りに非常に重要な影響を及ぼしうることはこれまでの研究では数多く指摘されてきている（例えば Hayashi 2009 等）。本書では、会話の進行に影響を及ぼしうる音調的な特徴は出来る限り記号を用いて表記しているが[1]、そうした記号に慣れていない読者にはイメージの掴みにくいものになってしまっている可能性がある。その場合、ぜひ実際の音声を聞いていただきたいと考えている。また、筆者が見逃してしまった重要な音調的特徴があるかもしれない。そのような音調的特徴が、分析を補強することもありうれば、分析に対して反証になりうるかもしれない。つまり、分析の理解を促進させるもの、および、分析が正しいかどうかの一つの判断材料として、読者が実際の音声にアクセスできることは非常に有益なのである。同様の理由から、本書で示す全ての事例において読者がデータの該当箇所にアクセスしやすいよう、該当箇所の開始時間と終了時間を示している[2]。

1）本書でトランスクリプトに利用している記号は、目次の後に一覧として示してある。
2）各データ番号の横に［　］で記載する。例えば［japn6739　19:28 − 20:38］と書かれているものは、CallFriend の japn6739 というデータの 19 分 28 秒から 20 分 38 秒までの箇所をそこで使用しているという意味である。

1. データについて

　まず TalkBank と CallFriend について記しておこう。Talkbank は 1999 年から 2004 年にかけてカーネギーメロン大学とペンシルバニア大学の研究プロジェクトの一つとして作られたものである。TalkBank には様々な会話コーパスが集められており、第一言語習得、第二言語習得、会話分析、教室談話、失語症患者の言語などの研究に利用されている[3]。本書で利用しているデータは、その中の CallFriend というコーパスである[4]。CallFriend は様々な言語の母語話者による電話会話を収集したコーパスで、本書で利用しているものは日本語母語話者同士の電話会話を集めたものである。基本的には協力者はアメリカ在住であり、コーパスの提供者から依頼を受けて協力している。詳しい手続きについては不明であるが、データを聴く限り、依頼を受けた協力者が好きな相手に電話をかけ、その電話を受けた人物が電話に出ると、依頼を受けた協力者との会話が始まる前に音声ガイダンスが流れるようである。その後、会話がスタートするという流れになっている。そのため、会話の冒頭で電話を受けた側がこのようなやり取りを報告することが見られるデータもあり、本書でも、このようなやり取りをしている場面もデータとして利用している。

　さて、このようなやり取りは、通常の電話の冒頭では見られないだろう。そのような意味で、このコーパスならではのやり取りとも言える。ここで見たコーパスならではの特徴をもって、本書で扱うデータが「不自然」であると言えるのであろうか。このような、このコーパスを研究として利用することに関わるいくつかの批判の可能性を取り上げ、本書の立場を以下では述べたい。

3）詳しくは MacWhinney（2007）を参照されたい。
4）具体的には TalkBank の HP（http://talkbank.org/）で CABank → Index to Corpora → CallFriend → Japnanese → Browsable transcripts とクリックしていくとデータを聞くことができる（本書執筆時）。

69

第 3 章　分析の方法

1.1　コーパスの利用の問題点

　このコーパスを研究に利用する上で問題として指摘されるかもしれない
こととして挙げられるのは、①参与者の属性や関係の不透明さ、②参与者
の属性の偏り、③録音されているという状況が参与者に与える影響の三点
が考えられる。以下、それぞれの問題に本書ではどのように考えるのかに
ついて記す。

1.1.1　参与者の属性や関係の不透明さ

　CallFriend で公開されているデータには、参与者の性別や年齢、職業、
現住所、出身、あるいは参与者同士の関係などの詳しい情報が公開されて
いないものが多い。それゆえ、これらの情報が必要な場合は、会話参与者
が会話の中で実際に話している内容から判断する必要がある。参与者の属
性や関係が会話に先立って所与のものとして存在し、その与えられている
属性や関係が個人の話し方を決定しているという視点で研究をしていた場
合、このコーパスのように参与者の情報が相当程度に不足していること
は、研究にとって致命的であるはずである。しかし、本書は第 2 章でも述
べたように、参与者の属性や参与者同士の関係は、会話においてその都度
互いの参与者が分析可能な形で達成・維持している（Sacks 1972）という立
場を取る。それゆえ、参与者が自分のどのような属性を他の参与者に示し
ているのか[5]、あるいは参与者がそもそも他の参与者に自分の属性を参照
させて会話を展開しようとしているかどうかが、その都度の分析の観点と

---

5) 例えば、筆者は原稿執筆時点において様々な属性で記述されうる。男、32 歳、30 歳以上、40
歳以下、成人、島根県出身、京都府在住、ときどき眼鏡をかける人、コンタクトレンズ利用者、
今朝パンを食べた人等、原理的には無限に属性を記述できるだろう。しかし Sacks（1972）が指
摘しているように、状況ごとにどれが利用されるかは異なっている。そして、会話においてその
都度どの属性を利用しているのかは、他の参与者にわかるようになっているはずである。

70

なる。例えば次の事例を見てみたい。Uはアメリカに住んでおり、主婦で、夫は日本人で、隣家とも離れている。そのため、英語を使う機会が少なく、英語が上達しないと言っていた。それに対して、Uよりも英語の運用能力の高いTがアドバイスをしている場面である。

（3－1）［japn6739　19:28－20:38］

```
01T：だ：から[ね：やっ]ぱり：.hhh あの：：う語学の(方)に：上達＝
02U：　　　　　 [うんうん.]
03T：＝したかったらおも<u>て</u>出てないとだめ[<u>よ</u>.
04U：　　　　　　　　　　　　　　　　　　　　[あっそうみたいね<u>：：</u>.＝
05T：＝<u>う</u>：[ん.
→06U：　　　　[そみたい.＝誰か他の人も言ってたわ.そ(れ／う)してから
07　　　英語が上達-(.)[　上　達　し　]たって[ゆってた.]
08T：　　　　　　　　　[#<u>あ：やっぱり?</u>#]　　　[　.h h h ]hh＝
09U：＝[う：ん.
10T：　[<ほん>とにそう.
11　　(.)
12U：ゆっ[てった.
→13T：　　 [あたしなんか今ほら働いてる所がとにかく.hhhh 世界中の
14　　　国から：：人-い-いろんな人が[集まってくとあの：う＝
15U：　　　　　　　　　　　　　　　 [あ：：<u>　</u>
16T：＝なんて：の,.hhh [hhhh]
17　　　((約30秒程度の会話を中略。なお、この間、社名と会社内の言語
18　　　状況について説明されている))
19T：それ[で結局お互いにコミュニケーションするには英語しか：＝
20U：　　 [ふ：：ん.
21T：＝共[[通の：言葉>っていうと<え]]いごしかない[わけ<u>ね：</u>.
22U：　　[[<　そ　：　：　：　<u>ね</u>.>]]　　　　 　[あっ.
```

71

第3章　分析の方法

23U：それは［そうね．］
24T：　　　　［.h h h］h［んだからもう.hhh 英語使わなかったらもうあなた：_
25U：　　　　　　　　　　　［（…）
26　　（0. 2）
27T：なにもできないじゃない．
28U：°そうね：：．°　（（電話機の不調で声が遠い））
29　　（.）
30T：だから：もう必死よね：こうなると．
31U：°あっそうね［↑：．°　（（電話機の不調で声が遠い））

　ここでTによってなされているのは、仕事をすれば英語が上手になるというアドバイスであり、Tの職場環境では英語を使うことに必死になるという話である。
　まず注目したいのは、Tのアドバイスである「語学の（方）に：上達したかったらおもて出てないとだめよ．」（01, 03）に対して、Uが「そうみたいね：：．」（04）と答えていることである。この発話は、Tのアドバイスと同様のアドバイスをUが既に聞いていることを示している。つまり、英語の上達には仕事をすることがよいと［既に聞いた人］として自分を位置づけているのである。6行目の「誰か他の人も言ってたわ」ではその位置づけをより明確にしていると言えるだろう。Tのアドバイスに対して、同様のアドバイスを既に聞いたと示すことは、少なくとも現段階までにそのアドバイスは役に立っていないことを意味するため、Tのアドバイスの価値を低めることになる。そのようなUの振る舞いに対して、Tは13行目以降で自身の職場について説明をしている。
　注目したい二つ目の点は、このTによる13行目の「働いてる所」である。Tは「働いてる所」と言うことで自身を［仕事をしている人］に位置づけている。このことは、先ほどの「語学の（方）に：上達したかったらおもて出てないとだめよ．」（01, 03）という自身のアドバイスが単なる一

72

般論ではなく、実体験からの示唆であることをUに伝える布石となる。実際、以降のTの発話は、英語を使わなければならない状況なので必死に英語を使うことになることが語られている。これは、直前でUによって低められたアドバイスの価値を、再度高めることに繋がる。上に示したデータの他の部分から、TとUが互いの家族構成などを詳しく知っていることや、UがTの家に行った事があるということがわかる。このことから、UはTが仕事をしていることを知っている可能性が高いだろう。にもかかわらずTがここで［仕事をしている人］に自身を位置づけるのは、この場面においては［仕事をしている人］という属性の持ち主として以降のTの話を聞くよう、Uに教示しているためであろう。Tは女性であり、家に庭を持っている。しかし、上のような会話の状況では、Tの［女性］や［庭を持っている人］というような属性はそもそも参照されていない。これらが参照される時には、会話参与者によってその都度相手にも参照可能な形で示されるのである。

　以上の理由で、参与者の属性や参与者同士の関係を予め知らないという分析者の都合は、分析において致命的な問題点であるとは言えない。確かに、参与者に関する情報を分析者がデータに先立って知っていることで、より参与者の目線に立った分析がしやすくなることも事実ではあるが、参与者の振る舞いに参与者の属性や参与者同士の関係が示されるという立場の研究においては、事前情報の少なさは研究において若干の問題に過ぎないと言える。

1.1.2　参与者の属性の偏り

　同様に、属性から行為の解釈をするのではなく、行為によって属性が示されるという本書の立場は、データの協力者の大半がアメリカ在住であるという事等もさして問題にならないことを意味する。

　CallFriend のコーパスを利用することで、必然的にデータ協力者のほとんどがアメリカ在住となり、英語能力が日本在住の人と比べて高く、普段

第3章　分析の方法

の生活で日本語の使用頻度も低いかもしれない。当然アメリカの地理的文化的な知識も日本在住の人と比べて豊富である傾向があるだろう。あるいは、海外で暮らすような人ということで、特殊な人物であるとも言えるかもしれない。これらの点から「データの偏り」を指摘されることも考えられる。

　しかし、既に見てきたように「アメリカ在住」や「英語能力が高い」、「普段日本語をあまり使わない」、「アメリカの地理的文化的な知識が多い」、「海外で暮らすような特殊な人」といった属性は研究者が相互行為の外部から持ち込んだものに過ぎない可能性がある。本章の1.1.1で示したのは、どんな属性がその都度その場で有効となっているのかを参与者の振る舞いから一つ一つ見る必要があると言うことである。実際、先に挙げた属性について会話参与者が指向して会話を展開する可能性も十分にあるのではあるが、どの部分でどの程度指向され会話展開がどうなるのかについては分析してみるまでわからないことである。Schegloff（1991）が言うように、事前に会話の仕方と属性との関連を決めつけてしまえるものではないのである。

　参与者の指向を分析する前から「データの偏り」に見えるものがあるとしたら、属性と発話との関係をどう捉えるのかが本書と異なるということであり、より広く言うならばパラダイム（クーン，1971）の違いがそうさせているのである。

1.1.3　録音されているという状況が参与者に与える影響

　我々の日常に生じる「自然な」会話を分析対象としたいとき、本書が対象としているような録音されたデータは、参与者が録音されていると知っている際に、「自然な」データと言えるのであろうか。

　実際、本書の対象とするデータにおいて、普段の録音されていない会話では起こらないと思われる話題や会話の仕方が見られることもあった。例えば、電話が始まってすぐ、多くのデータで「なぜ録音するのか」の説明

74

がなされていた。また、指定された録音時間に達するとどのように電話が終わるのかが話題に挙がることもあった。あるいは、家族であるにも関わらず最初の数分間デス・マス体を使って話すこと、録音されているという理由で今話している話題は別の機会に話そうという提案がなされることといった場面も見られた。電話の用件に関しても、「録音するため」というデータもあれば、用件が済んだ時点で電話を切ることに向かうという状況が発生せず、できるだけ話を続けようとしているものもあった。確かにこれらのことは、録音がされていない我々の普段の電話会話では見られない特徴であると言えるかもしれない。

　では、これらの特徴をもって、このデータは「不自然」であると考えるべきなのであろうか。確かに、上に挙げたような参与者の振る舞いは、会話が録音されているときに現れて、会話が録音されていないときには現れないものかもしれない。だが、そのことを持ってデータが「不自然」であるとは言えないというのが本書の立場である。なぜなら、上に挙げた参与者の振る舞いは、「会話が録音されている状況」を参与者が指向している場合の「自然」な振る舞いであるからである。上に挙げたような参与者の振る舞いは、参与者が録音されていることに自分が指向していることを他の参与者に観察可能にした結果に過ぎない。他の参与者に観察可能にしているのであれば、分析者にも観察可能であろう。このように、参与者が「録音を意識している」ということ自体、参与者の振る舞いによってその都度観察可能な形で他の参与者に示されることになるだろう。仮に、参与者が「録音を意識している」場合であっても、振る舞いとして示さないのであれば、それは他の参与者にも観察不可能であるため、相互行為には影響を与えないと言える。参与者が「録音を意識している」ことを振る舞いとして観察可能にして「いる」場合、「会話が録音されているという状況」を参与者がどのように扱って会話を進行させているのかを分析することで、データの当該箇所は「自然」なデータになるだろう。反対に、参与者が「録音を意識している」ことを振る舞いとして観察可能にして「いない」

第 3 章　分析の方法

場合、通常の録音されていない会話と同様に分析しうるものであろう。串田（2006a）の言うように、「自然さ」とはデータの収録方法のことだけではなく、むしろデータの見方に関わる問題なのである。

　以上、コーパスを研究に利用する上で問題として指摘されうることとして、①参与者の属性や関係の不透明さ、②参与者の属性の偏り、③録音されているという状況が参与者に与える影響という三点を挙げ、本書の立場を示した。いずれの問題点も、参与者がその都度何に指向しているのかを丁寧に分析していくことで、かなりの程度解消される、あるいは、そもそも問題にならないことなのである。

1.2　データの概要

　本節では、分析の対象にしたデータについて紹介する。実際に本文中にデータを示す際は、データの一部を抜粋することになるため、ここではそれぞれのデータについて簡単に全体の流れを説明する。

　データは日本語母語話者同士の電話会話で、基本的にはアメリカ在住の日本人がデータの提供者となる[6]。多くのデータにおいて、会話は共通語でなされているが、方言によって会話されているものも少なくない。

　なお、公開されているデータの中から、これら 10 例（合計 223 分程度）のデータを選ぶ際には、筆者が実際に聞いて、①分析したい現象（複数の冒頭要素が用いられている事例）が多く含まれているもの、②方言や英語の過剰使用により筆者が分析しにくくなっていないものという基準から判断し選出した。

　以下、本書が対象とするデータの概要である。

---

6)　このことから、本書が対象としているデータはアメリカ在住の日本語母語話者の日本語という
　「偏り」がある。だが、そのことがこのデータを分析対象として選ぶ妥当性を低めることにはな
　らないことは、先程触れた通りである。本書は、参与者の属性が、会話においてその都度互いの
　参与者が分析可能な形で達成・維持しているという観点から行うものである。

1. データについて

japn1612 18分15秒 母親（B）と息子（A）の会話

息子のAは学生で、最近受けたテストが良く出来なかったことについて母親の
Bに伝えている。Aは母親とは離れて暮らしているようである。途中Bにか
わってC（Aの弟、Bの息子）が電話に出る。その際、Aが進学のための受験
に合格した場合にBが車をプレゼントする可能性について話しており、その後
はその車についての話題となる。

japn1684 29分58秒 友人同士のD（女性）とE（女性）の会話

両者は、昔は近くに住んでいたが今は離れた場所にいる。Dに関しては職業の
言及はないが、Eは学生である。ともにダンサーを目指しているようで、オー
ディションの話がしばしば交じるが、話題の中心は両者の恋愛の悩みである。D
は元恋人がゲイで、その元恋人が別の男に走った話を、Eはロースクールに通
う恋人があまりに忙しくて自分たちの将来を考えていない話をしている。

japn1722 29分58秒 友人同士のF（女性）とG（女性）の会話

Fは19歳で山梨県出身、Gは22歳で千葉県出身である。録音の半分以上がF
の恋人であるトムがいかに賢いか、いかに優しいか、いかに可愛いかといった
Fの語りであり、いわゆる「のろけ話」がなされている。Gはそれに対して羨
ましがったり呆れたりしている。録音の後半の話題は、両者の共通の友人やお
互いの近況についてである。

japn1773 16分17秒 友人同士のH（女性）とI（男性）の会話

H、I（栃木出身）はどちらも学生で19歳である。Iは最近恋人と別れて傷心し
ており、立ち直りつつあるところである。そんなIに対してHは恋人とうまく
いっていないという悩みを語りだすが、Iには「のろけ話」に聞こえているよう
で、何度も叱っている。

第3章　分析の方法

japn4044　29分59秒　友人同士のJ（女性）とK（男性）の会話

J、Kともに学生で、Jは昔ワシントンに住んでおり、Kは現在ワシントンに住んでいる。会話の前半は、両者の趣味である香水をめぐるエピソードが語られている。後半の話題は、Jが行くニューヨーク旅行の話である。JがKを旅行に誘っており、Kは断ろうとしているのだがJはKが行くものとして旅行のプランを勝手に決めていく。

japn4222　12分25秒　友人同士のL（男性）とM（男性）の会話

Lはレストランで働きながら学生をしており、Mはワイパー屋を営んでいる。両者は半年以上会っておらず、住んでいる地域も離れている。近況報告として、Lは友人と銃のトレーニングに関するビデオを製作しており、雑誌に広告を載せて売ろうとしていることをMに伝える。Mは雑誌関係のコネクションがあるらしく、そのことにアドバイスなどをしている。

japn4261　23分20秒　友人同士のN（男性）とO（男性）の会話

N、Oともに仕事をしており、「いかに仕事が大変か」についてそれぞれが語っている。ただし、Oに関しては学校へ書類を提出する話がされているので、インターンとして仕事に従事しているものと思われる。途中、両者ともに知っている土地の話題になることや、電話回線のトラブルで会話が途絶えることもあるが、基本的には仕事の話をしている。

japn4549　3分15秒　友人同士のP（男性）とQ（男性）の会話

P、Qともに学生と思われる。あるロックバンドのボーカルが会話収録日の前日に亡くなり、PがそのことをQに伝えている。Qは期末試験の勉強に忙しく、その情報には触れていなかったため、非常に驚いた。なお、その話が一段落すると、Qが試験勉強をする必要があり電話を切ったため、収録時間が短くなっている。

2. 分析の手順と概念

| japn6707 | 29分59秒　姉妹（RとS）の会話

会話の内容からRが姉、Sが妹かと思われるが、正確な情報ではない。会話の大部分が両者の知人に関する話題で、ある人物の話題が一区切りすると、また別の人物の話題へと移るという流れになっている。会話の後半ではお互いの近況やSの家族の話がなされている。

| japn6739 | 29分59秒　友人同士のT（女性）とU（女性）の会話

Tは言語センターで働いており、アメリカ人の夫がいる。Uは主婦で、日本人の夫がいる。会話の前半は家の庭の手入れやUの夫の話をしている。中盤では日本のもの（食事やテレビ）とどう触れ合っているかに話が移り、その流れでUが日本のテレビばかり見ているから英語が上達しないという話になる。それから最後まで、外国語を学ぶことに纏わる様々な話がなされる。

以上が、本書が対象としたデータ10例である。

2. 分析の手順と概念

　本書では、発話の冒頭要素に注目している。それゆえ、何をもって「発話」とするのかについて説明しておく必要があるだろう。

　本書で「発話」という言葉を用いるとき、基本的にはSacks, Schegloff & Jefferson（1974）のTCU（turn–constructional unit）を想定している。Sacks達によると、会話は、話す順番（turn：ターン）を参与者自身がその都度誰かに割り振ることや、自己選択することで交替する順番交替システム（turn-taking system）で成り立っている。このシステムにおいて、ターンを構成するものがTCUであり、語、句、節、文という様々な単位でありうる。基本的には、このTCUの完了可能点[7]に「ターンが替わってもよい場所」

79

第 3 章　分析の方法

(transition-relevance place；TRP) が配置され、次話者の割り当てや自己選択がなされる。例として次の事例を見てみよう。

　　(3-2) [japn4044　14:05-14:14]
　　　01 J ：.hh でも：, (.).hh ほらワシントン物価安いから大丈夫だよ .
　　　02　　(0.2)
　　　03 K ：物価安くても：i-タックスたけ：んだよ .
　　　04 J ：.hh 何パーセント？
　　　05 K ：ハッテンニ . あ：ハチか .

01、03、04 は全て一つの TCU によってターンが構成され、各 TCU の末尾には「ターンが替わってもよい場所」(TRP) が配置されており、その後もう一方の話者にターンが交替している。なお、一つのターンに TCU が一つしか含まれないわけではない。05 は、K のターンに二つの TCU が含まれている。一つ目は 04 の質問に答えている「ハッテンニ .」という部分で、もう一つは「あ：ハチか .」と直前の自身の発話を訂正している部分である。04 と 05 だけを取り出すと、ターンと TCU（□で示す）、「ターンが替わってもよい場所」(↑ TRP で示す) は以下のようになる。

――――――――――――

7) Ford and Thompson（1996）によると、参与者は TCU の完了可能点を分析する際に統語的完了可能点だけでなく、音調的完了可能点と語用論的完了可能点も利用している。また、Tanaka（1999）は、日本語においては、この三つの完了可能点のうち語用論的完了可能点が最も順番交替に重要であるとしている。

2. 分析の手順と概念

(3-3)

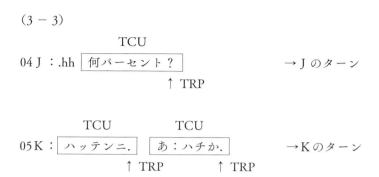

　本書では、基本的には上で示した TCU を分析の際の基本的な単位として考える。便宜上、TCU を本書では「発話」とする。ただし例外もあるので、その点についてはすぐ下の分析の手順を説明する中で述べる。また、分析の対象を「ターンの冒頭」ではなく「発話の冒頭」としたのは、上の5行目のように一つのターンの中に複数の発話が含まれるケースがしばしばあるためで、一つのターンにおける二発話目以降も分析の対象として含めるために「発話の冒頭」という語を使用している[8]。

　分析の手順は以下の通りである。

　まず、コーパスの音声データを筆者が実際に聞いて、できるだけ音声に忠実にトランスクリプトを作る[9]。なお、トランスクリプトにする際の記号は本書の冒頭（目次の後）に資料として示してある。このトランスクリ

---

[8] ただし、ターンの冒頭は「ターンを取得する」といった特別の仕事を行なっている可能性もある。一つのターンにおける二発話目以降の発話冒頭ではターンを取得する必要はないため、「ターン冒頭」と「発話冒頭」は厳密には区別すべきではあるが、その区別によって議論が複雑になりすぎることも予想される。本書では、この二つの違いが分析にとって重要でありうると筆者が判断した箇所については「ターンの冒頭」であることがどのような効果を生んでいるかについて言及するに留めておきたい。

[9] トランスクリプトは TalkBank のサイトにも掲載されているが、ローマ字表記であることや、実際の音声では「なんか」や「俺」だったものが「なにか」や「僕」に変更されているといった具合に原音に忠実ではないこと、会話分析の分野で一般に用いられている記号が使用されていない等の理由により、サイトに掲載されているトランスクリプトを参考に筆者が作り直したものをデータとしている。

81

第3章　分析の方法

プトと実際の音声の双方を本書では分析対象のデータとしている。

　次に、各人の発話を「ターンが替わってもよい場所」で区切り、分析の単位とした。ただし、冒頭要素の直後にターンが替わってもよい場所が配置されていたとしても、下降音調などの音調的な区切れを配置することなく後続発話を続けている場合、話者が全体を一つの塊として産出しようと指向しているものと考え、全体を一つの分析単位とした。例えば、次の事例を見てみたい。

　　（3－4）［japn4261　01:18－01:29］
　　NがOに「(仕事は)どうです？」と聞いた。Oは上司が出張と休暇を兼ねて日本に帰っており、その前に約十冊の本を渡されたこと、今週そのうちの五冊を読んだことを伝えた。
　　　　01O：毎日：＞だから＜いちんち一冊本読ん(で)るみたいな.
　　　　02　　（0.6）
　　→03N：へ：仕事先で読んでんの？
　　→04O：うんだから：(.)そうゆう：あの::パワープラントっていわゆる
　　　　05　　あの鉄工所とか:,
　　　　06　　((以降、仕事先で読んでいる本がOの仕事に関わるものであ
　　　　07　　ることをOが説明している))

ここでは「本を読むこと」を仕事として勤務時間中に行っているのかがOによって語られることなく、1行目の「いちんち一冊本読ん(で)るみたいな.」という説明がなされる。それに対してNは「へ：」と受け止め、「仕事先で読んでんの？」と質問する。この質問にOは「うん」と答え、読んでいる本が仕事に関わるものであることを説明する。ここで注目したいのが3行目と4行目で、3行目は「へ：」と「仕事先で読んでんの？」という二つのTCUから構成されている。4行目も「うん」と「だから」以降という二つのTCUから成る。これらはいずれも、二つのTCUを音調的な

区切れを間に配置することなく続けて発音されている。これは、話者が全体を一つの塊として産出しようと指向しているものと考えられる。本書では、このような一つの塊として産出されているものは、その塊を一つの単位と考え、その単位での冒頭要素を分析対象とした。つまり、3行目は「へ：」を、4行目以降は「うん」と「だから」を冒頭要素として捉えているということである。

　以上のように発話を認定した後、各発話の冒頭にどのような言語要素が用いられているかに注目した。なお、発話冒頭要素の認定基準は、発話の冒頭から伝達内容に直接関わる部分の直前までに置かれるものとした。例として次のデータを見たい。

　　（3−5）〔japn4549　02:40−02:47〕
　　Qが学校で受講しているサマープログラムについて。
　　　01 P：いつから始まった↑：？
　　　02　　（0.5）
　→03 Q：え：：と6月の終わりかな．
　　　04　　（1.0）
　→05 P：え (h)：(h)：ほんと↑に：？
　　　06 Q：うん．

ここでは3行目と5行目に冒頭要素が用いられている。3行目の伝達内容に関わるのは、1行目の質問に答える「6月の終わり」という部分で、それよりも前の「え：：と」が冒頭要素となる。5行目は「ほんと↑に：？」という伝達内容よりも前にある「え (h)：(h)：」が冒頭要素である。ただし、6行目の「うん」のように、他の発話で冒頭要素として用いられていたとしても、単独で用いられている場合は、その場においては冒頭要素として用いられていないものと考えた。

　最後に、ピックアップした冒頭要素を用いられる順序という観点から分

第3章　分析の方法

類して考察した。本書では複数の冒頭要素の順序に着目しているため、発
話に一つしか冒頭要素が使用されていない事例は基本的には分析の対象と
せず、説明に必要になったときのみ取り上げる。ここでは発話の冒頭に複
数の冒頭要素が使用されている事例を見ておく。

(3−6)［japn6739　14:16−14:27］
アメリカでの食生活についてTがUに話している。直前で、Tは日本食を食
べないと述べている。なお、05の「ヤオハン」は日本の食料品を中心に扱う
店舗である。
01T：［↓う：：ん o−なんか：n−.hhhh あたしにとっては：
02　　お肉とか：チーズとかね,
03U：うん.
04T：ミルク＜とか：＞あ t−あんなものが体に合うみたいよ↑：.＝
→05U：＝あ：じゃヤオハンとかあんまり行か［ない？
06T：　　　　　　　　　　　　　　　　　　　［行かない.

ここでは細かい分析は省くが、5行目で「あ：」と「じゃ」という二つの
冒頭要素が用いられている。本書では、このような複数の冒頭要素が使用
されている事例を対象に、冒頭要素の使用順序を考察していくこととな
る。その際、当該の要素が直前の発話に指向しているものなのか、後続す
る発話に指向しているものなのかという観点から各冒頭要素を分類し、考
察している。このことの具体的な説明は次章以降で詳しく述べることとす
る。
　以上、本章では、データと分析の手順について説明してきた。ここまで
の内容を振り返っておく。
　データに関しては、電話会話コーパスを利用した。分析対象を電話会話
に限ったのは、ジェスチャーなどの視覚的な情報を含めることで議論が複
雑になることを避けるためである。公開されているコーパスを利用したの

は、分析の理解を促進させるものとして、および、分析が妥当かどうかの一つの判断材料として、読者が実際の音声にアクセスできることは非常に有益であると考えたためである。

　また、このコーパスを利用する際に指摘されうる問題点として、参与者の属性や参与者同士の関係が不透明であること、参与者の属性に偏りがあること、そして録音されている状況が会話に影響を与えうることを挙げられる。しかし、参与者の属性や参与者同士の関係、「録音されている状況」等は、いずれも参与者の振る舞いを通して相互行為に立ち現れてくるものであり、その振る舞いを分析する限りにおいては小さな問題に過ぎない。

　最後に、分析の手順について説明をした。分析の際には、基本的には TCU を発話と呼び、本書での分析の基本単位とする。また、発話冒頭要素を、発話の冒頭から伝達内容に直接関わる部分の直前までに置かれるものとして認定する。

　次章では、順序についての分析に入る。次章で示すのは、冒頭要素の二分類である遡及指向要素と後続指向要素についてである。

第4章　冒頭要素の二分類

本章では、発話の冒頭に用いられる言語要素（以下、冒頭要素）が複数使用される際には使用する順序があり、その順序を説明するのに冒頭要素を二分類することが有効であることを主張したい。また、その二分類の下位分類もそれぞれ示すことで、冒頭要素の順序の全体像を提示する。

　我々が発話するとき、その発話の冒頭には複数の冒頭要素が配置されることがある。例として（4−1）を見てみよう。

　（4−1）［japn1773　07：45−07：46］
　　Iは恋人と別れたばかりだという話をHにした。
　　01H：［えっじゃあ今結構落ち込んでる：？

この例では、恋人と別れたばかりのIが「今結構落ち込んで」いるかどうかをHが聞いているが、この発話の冒頭では「えっ」と「じゃあ」という二つの冒頭要素が用いられている。

　さて、ここで注目したいのは、この二つの冒頭要素が用いられる順序である。仮に順序を逆にして「じゃあえっ」とすると、「じゃあ」で開始した発話を止めて、「えっ」から新たに発話を組み立て直しているように聞こえるだろう。このことから「えっ」と「じゃあ」を発話の冒頭で同時に用いる必要がある場合、それらを配置する順序になんらかの規則があることがわかる。複数の冒頭要素を同時に発声することはできず、発話には時間がかかるという制約上、冒頭要素は一つずつ配置していく必要がある。その際の規則とは一体どのようなものであろうか。第2章に記したように、個別的な冒頭要素についての研究はこれまでいくつかなされてきているが、複数の冒頭要素の関係についてはまだ述べられてはいない。

　本章では、複数の冒頭要素間の関係の一つである順序に関しての最も重要な規則について述べていく。それは遡及指向要素と後続指向要素という二分類があり、複数の冒頭要素が発話の冒頭で使用される際には［遡及指向要素 → 後続指向要素］という順序で使用されるというものである。こ

の順序規則こそが、本書全体の主張を支える要となるものであり、以降の全ての章に渡ってこの順序規則を題材に議論を重ねていくこととなる。そのため、本章はこの順序規則を丁寧に検討していくことが大きな目的となる。まず、第一節ではその二つの分類の基準について具体例を示しつつ提示する。次の第二節では、遡及指向要素と後続指向要素という区分が、発話冒頭における順序を説明するのに有効であることを主張する。ただ、この二つの区分は、順序規則のみに関わるものではない。このことについて論じる第三節では、この二分類が発話冒頭における要素の順序のみならず、「同じ要素群に属するものを立て続けに用いることができるか」という連続使用可能性の観点からも重要であることを指摘する。

1. 遡及指向要素と後続指向要素

　発話の冒頭で複数の冒頭要素が使用される際の冒頭要素の順序を考えると、冒頭に現れる要素は大きく「遡及指向要素」と「後続指向要素」に分類できる。以下では、どのように発話冒頭要素をこの二つに分類したのかについて示す。さらに、このように分類することで冒頭要素の順序がどのように明らかになるのかについて論じる。

　なお、この「遡及指向」(retrospective orientation) と「後続指向」(prospective orientation) という二つの指向性が会話において何らかの現象を明らかにするのに重要となることについては先行研究がいくつかある。例えば、口論の際に発話によっていかに対立を示すかという点を分析した Goodwin (2006) は、次のような例を挙げている。

　（4−2）Goodwin（2006）の事例（8）から引用（p. 450）

　　父と息子の会話である。息子は教会の聖歌隊を辞めたいということを、歌の

練習のために向かっていた中、教会に着く約 10 分前に父に言った。なお、行
番号や記号等の形式は本書に合わせて変更している。

01 Dad：Honey, you have ［to go.
→02 Ed ：   ［ I：–don't – have to do anything.

Goodwin は、相手の発話と形式がほぼ同じでありながら一部だけ変えた発
話をすることが、形式の一致という点で retrospective orientation を示して
おり、その発話が次の発話の産出を拒絶する働きをしているという意味で
prospective orientation を示すと述べている。また、Schegloff（2007）は、通
常の隣接ペアの第一部分は第二部分の産出を妥当にするが、連鎖が発話時
点より遡って開始されるものがあることを指摘している。このような特殊
な連鎖として「他者開始修復」[1] と「笑い」という二つの「気づき（noticing）」
を挙げ、それらの連鎖を retro-sequence として区別している。例えば、次
の事例を見たい。

（4-3）［japn6707　11:09-11:13］
　01 S ：みっちゃん会ったよね.
　02　　（0.5）
→03 R ：え：？
　04 S ：ミチコさん会ったよねこの前に.

ここでは、S が「みっちゃん会ったよね.」（01）と確認要求をしているが、
R は「え：？」と言ったため、4 行目で 1 行目とほぼ同じ内容のことを言
い直している。注目したいのは 3 行目の「え：？」である。これは直前の

1）修復とは、発話の産出、聞き取り、理解の問題を解決するために取られる手段の総称のことで
　ある（Schegloff, Jefferson & Sacks, 1977）。ここで用いている「他者開始修復」とは、そのトラブ
　ル源となる部分を含む発話の発話者以外の人が修復を始めることである。

発話に何らかのトラブルの原因があり、相手にそのトラブルの修復を求めるものである。先ほどの Schegloff の分類としては「他者開始修復」となる。ここで注意したいのは、この「え：？」は1行目にトラブルの原因があることを示すため、他者開始修復の連鎖の開始は「え：？」という発話よりも遡った1行目からということになる。このような、発話時点よりも遡った時点から（結果的に）開始される連鎖を Schegloff は retro-sequence と呼んでいるのである。

これらの研究において、retrospective あるいは prospective という語が指すものと、本書で「遡及／後続」が指すものは完全には一致していないが、少なくとも、「遡及指向」（retrospective orientation）は時間を遡ったある時点のことに対応しており、「後続指向」（prospective orientation）は時間軸上でまだ起きていないある時点のことに対応しているという点においては、これらの先行研究と共通する部分であると言える。

なお、本書で「遡及指向要素」や「後続指向要素」という用語を使うとき、あえて「指向」という言葉を利用しているのは、その要素を利用している話者の指向を意識しているからである。第2章で述べたように、分析に際しては話者の指向が重要な観点となる。「遡及要素」あるいは「後続要素」ではなく、あえて「遡及指向要素」「後続指向要素」としたのは、これらの言語要素を用いることで話者が何に指向しているのかが観察可能となるためである。

1.1 分類基準

本書では、冒頭要素を、その使用者の指向から遡及指向要素と後続指向要素の二つに分類している。その二分類の基準は次のようなものになる。

[遡及指向要素]
前の状況に対して反応的（responsive）であることを示すものであり、

前に起きた事態に対して自身の認識の変化や判断などを示すために用いられる要素である。また、それだけで発話を終えることができるものも多い。具体例としては、「えっ」「ん？」「（情報提供などの後の）あっ」「へー」「おー」「ふーん」「うん」「そう」「いや」などが挙げられる。

| 後続指向要素 |

　直後の自身の発話のために発せられる要素であり、直後に自分の発話が続くことを予告するものである。また、それ自体では発話を構成せず、続く発話の一部と見なせるものでもある。「（新しい連鎖を開始する）あっ」「ねえ」「お前」「（相手の名前）」「おい」「で」「じゃあ」「でも」「だから」「とりあえず」「まあ」「なんか」「えっとー」「あのー」などが後続指向要素に挙げられる。

　まず、これらが実際に使われている事例を見ておこう。まず、遡及指向要素が用いられている例である。

　　（4-4）［japn4261　01:40-01:48］
　　直前までOが自分の仕事の説明をしており、その話題が一区切りした。
　　　01N：.hhhh で：ビザ（の方）は問題なか［っ た］の？゜
　→02O：　　　　　　　　　　　　　　　　　　［**あっ** ］
　　　03O：あれね：,
　　　04N：うん.
　　　05O：h：（（笑い））.hhh 結局行ったよあそこのオフィス：.
　→06N：**あ行ったの？**＝

02ではOが、06ではNがそれぞれ遡及指向要素の「あっ／あ」を冒頭に配置した形で発話を開始している。直前の状況は、01ではNがビザの問題について話題にしようとしており、03-05ではOからの情報提供がなさ

れている。それらの状況に対して、「あっ／あ」は反応を示していると言える。具体的には、02 では直前の 01 の発話を受けて「言うべきことを思い出した」ことを示すため「あっ」が、06 では直前の 05 の発話を受けて「前提としている知識状態が変わった」ことを示す（change-of-state; Heritage 1984）ため「あ」が用いられている。いずれも直前の状況を指向していると言えるだろう。このようなものを遡及指向要素と本書では呼ぶ。

　次に後続指向要素が使用されている例である。

　　（4-5）［japn6739　03:34-03:44］
　　　T の庭の雑草の処理について話しており、直前では U が T に「手でむしるんでしょう？」と質問し、T が「そういうことよ」と答えている。
　　→01U：**でね：あのアメリカの人はさみんなほら：薬を撒く**［じゃない.
　　　02T：　　　　　　　　　　　　　　　　　　　　　　　　　　　　　［撒く.
　　　03T：う：：ん［：：.
　　　04U：　　　　　［あたしあれが怖いのよ：.＝
　　　05T：＝p-（（口をあける音））↓あれはやめたほうがいいわ［ね.
　　→06U：　　　　　　　　　　　　　　　　　　　　　　　　　　　　［**なんか↑ね：**
　　　07　　　薬撒いたところにさ：歩くのは：やなのよ［なん［か.

ここでは 01 で「でね：」と「あの」（トランスクリプトではわかりにくいが、ここで使われている「あの」は指示詞ではなく言葉を探しているときの間投詞である）が、06 では「なんか↑ね：」という後続指向要素が使用されている。これらはいずれも続く自身の発話の一部であり、直後に自身の発話が続くことを予期させるものとなっている。

　なお、この遡及指向要素と後続指向要素という二つの区分は、様々ある冒頭要素をきれいに二分できる分類ではない。全ての発話は文脈の中にある以上、発話を構成する要素には前の発話との何らかの関わりが多かれ少なかれ示されるものと思われる。そのような意味で、どの要素にも遡及的

な指向はあるだろう。あるいは、発話に明確な終わりが示されない限り、発話が続く可能性があるため、例えば「えっ」などの遡及指向要素であっても「えっ、行くって言ってなかったっけ？」のように後続発話が続く場合もある。このように、遡及指向要素であっても、後続発話への指向性は認められる。つまり、上に示した二分類は、ある要素が遡及指向要素か後続指向要素かに完全に分類できるというものではなく、遡及指向と後続指向のグラデーションの中でよりどちら側に位置しているのかという観点からの分類となる。このことは、話者の指向を遡及的なものなのか、後続的なものなのかに明確に分類することが難しいことをも意味しているだろう。

　以上、遡及指向要素と後続指向要素を分類する際の基準と実例について確認した。この分類は、複数の要素が発話の冒頭で用いられる際の順序を説明するのに有効である。遡及指向要素と後続指向要素を同時に使用する必要がある場合、［遡及指向要素 → 後続指向要素］という順序になるためである。この点については、本章2で詳しく見ていく。その前に、次項では、冒頭要素の全体像をひとまず示しておきたい。

1.2　順序規則の全体像

　ここでは、本書が分析した結果明らかになった冒頭要素の順序規則の全体像を予め示しておく。なお、ここで示した内容の詳細については第4章の後半、第5章、および第6章で順次見ていくことにし、ひとまず順序に関する大まかな概略を説明する。

　遡及指向要素と後続指向要素が同時に利用される際は［遡及指向要素 → 後続指向要素］の順に配置される。この点については、すぐ後の2で検討する。

　遡及指向要素は基本的には発話の冒頭で一つしか用いられない[2)]。しかし、稀に複数の遡及指向要素が連続して用いられる事例がある。例えば、

第 4 章　冒頭要素の二分類

japn4044 の事例では、電話中に変な声を出したＫに対して、おそらく録音されていることを意識してＪが「そうゆう変な声出していいのか？」と聞き返した。しかし、Ｋの反応がないのでＪは相手の声マネをして「変な声」の実演をした。それに対してＫは「**あ：いや**いいんじゃないの：.」と答えた[3]。この最後の発話では「あ：」と「いや」という二つの遡及指向要素が連続して使用されている。このような二つの遡及指向要素が連続して使用される事例を検討した結果、遡及指向要素を次の二つに分類することが、遡及指向要素の順序を説明するのに有効であることがわかった。その二つとは、特定の発話に関して双方の行為の枠組みに対する認識の「不一致への対処をする要素」（「えっ」、「あっ」、「あー」など）と「求められている反応を示す要素」（Yes/No 質問の後の「うん」など）である。相手の発話の行為に対する理解が不十分であることを表明することや、相手の発話に関する誤解に対処するものを「不一致への対処をする要素」とし、それまでに求められていた反応を示すものを「求められている反応を示す要素」としている。上の japn4044 の例では、「あ：」が前者、「いや」が後者となる。遡及指向要素を複数使用する必要があるときに「不一致への対処をする要素」から「求められている反応を示す要素」という順序になるのであるが、この区分の説明や順序については、第 5 章で詳しく論じていく。

　後続指向要素は、「**ねキョウコ**あと 2 年ぐらいいんでしょこっちに.」（japn1684）の「ね」と「キョウコ（相手の名前）」のように、発話の冒頭で複数使用できる。このように、複数の後続指向要素が使用されている事例を検討した結果、次の二つの下位分類を設定することが順序の説明に有効であることがわかった。その二つとは「断絶をマークする要素」（話題を

2）　このことについては本章 3 で詳しく見る。また、次の段落では後続指向要素が発話の冒頭で複数使用できることを述べているが、これも本章 3 で例証する。

3）　ここで実際起こっていることはもう少し複雑である。この事例については第 5 章 4.1.1 で改めて詳しく見る。ここでは遡及指向要素が複数使用されることがあるということを示しておくために紹介している。

元に戻すときの「で」、新しい連鎖を開始するときの「あっ」、やり直しを行なうときの「ねえ」[4] など）と「断絶をマークしない要素」（「なんか」「あのー」「ほら」など）である。断絶とは、直前までの連鎖の展開から見て、後続する発話が直前の連鎖との区切れを示していることである。後続指向要素を発話の冒頭で複数使用する必要があるときには、「断絶をマークする要素」から「断絶をマークしない要素」へという順序になる。この分類や順序規則については第 6 章で細かに検討する。

　さて、ここまで、冒頭要素を大きく遡及指向要素と後続指向要素に分け、それらの下位分類を簡単に紹介するとともに、冒頭要素が複数使用される際の順序規則の全体像について見てきた。これらは読者の理解を促すために、分析結果をあえて先に提示したものにすぎない。分析の内容や詳細については、これ以降で順次検討していくこととなる。次節では、この遡及指向要素と後続指向要素という二つの大枠について詳しく述べる。

2. 遡及指向要素と後続指向要素の順序

　本節では、遡及指向要素と後続指向要素という区別が、発話冒頭で複数の冒頭要素が用いられる際の順序に関わる分類であることを論じていく。既に簡単に触れたように、遡及指向要素と後続指向要素を同時に用いる必要がある場合、［遡及指向要素 → 後続指向要素］という順序になる。このことを事例とともに検討していく中で、より大きな観点として、話者が隣接性（Sacks, 1987）に指向していることを主張する。その指向の結果として、［遡及指向要素 → 後続指向要素］という順序規則が現れるのである。

　4）この「ねえ」は実際にデータを見なければわかりにくいかもしれない。詳細は第 6 章 4.2.1 の「やり直し」を参照されたい。

第 4 章　冒頭要素の二分類

2.1　遡及指向要素から後続指向要素へ

　遡及指向要素と後続指向要素という分類は、冒頭要素が複数使用される
際に［遡及指向要素 → 後続指向要素］という順で用いられるという点に
おいて重要である。以下、具体例を挙げる。なお、ここでは遡及指向要素
は斜体にしている。

　　（4-6）［japn4261　20:07-20:14］
　　直前ではOが電話の向こうで誰かと話をしていた。電話の向こうの人物は電
　　話を使いたがっているようである。なお、5行目の「テープ」とは会話を収
　　録するテープのことである。
　　　01O：今なんぷん経った？
　　　02　　（1.0）
　　　03N：何が？
　　　04　　（0.2）
　→05O：*えっ*あの⁵⁾テープまわして：.
　　　06N：あ-あう：-＜もう：＞そろそろ終わる.＝

この例では5行目の冒頭に遡及指向要素の「えっ」と後続指向要素の「あ
の」が用いられている。

5）このトランスクリプトではわかりにくいかもしれないが、この「あの」は言葉のサーチをして
いる「あの」であり、指示詞として用いられているわけではない。ここでの「あのテープ」の「あ
のテ」の部分のアクセントは「低低高」になっており、もし「あの」を指示詞として用いるなら
「低高高」となる。また、「テープ」と「テ」が強調されており、「あの」と「テープ」との区切
りが明確になっていることも、この「あの」が指示詞として「テープ」に連結されているわけで
はないことを示していると同時に、言葉が見つからないという産出上のトラブルが解決されたこ
とも表している。

98

2. 遡及指向要素と後続指向要素の順序

(4−7)［japn6707　16:27−16:30］
RとSの共通の知人について話している。その知人は夜勤の仕事をしているらしく、Rは去年のクリスマス以降会っていないと言っていた。なお、1行目の「帰ってくる」の主語はその知人である。
　　01 R：＝朝：帰ってくるんだもん.＝
→02 S：＝**お：：**じゃリサと同じだ.
　　03 R：う：ん.

ここでは、2行目に遡及指向要素の「お：：」と後続指向要素「じゃ」が用いられている。

(4−8)［japn4044　20:37−20:43］
KとJが旅行の話をしている。今話題にされている計画ではKが集合場所に着くまでにいくつも空港を経由しなければならない。Jはそのことを心配している。
　　01 K：でも＞それは俺が＜めんどくさいだけじゃん？
→02 J：.hh（0.2）**＞うん＜でも：：**s:［そうだけ］と.
　　03 K：　　　　　　　　　　　　　　［疲れる？］
　　04 J：nnnnn ん［：：.
　　05 K：　　　　　［俺そうゆうのは大丈夫.

上の例では、2行目の冒頭に遡及指向要素の「＞うん＜」と後続指向要素の「でも：：」が使用されている。
　このように、上の（4−6）〜（4−8）の例は全て［遡及指向要素→後続指向要素］の順になっている。いずれも［後続指向要素 → 遡及指向要素］という逆順で用いると、後続指向要素で始めたことを取りやめて遡及指向要素から開始し直しているように聞こえるだろう（「あのえっ」、「じゃお：：」「でも：：＞うん＜」）。このことから、発話の冒頭で冒頭要素を複数配置す

99

る必要があるときは、［遡及指向要素 → 後続指向要素］という順序規則があると言える。

　次節では、上の（4-6）〜（4-8）の事例を検討し、なぜ遡及指向要素から後続指向要素という順に配置されるのかについて考えてみたい。

2.2　隣接性からみた事例の検討

　遡及指向要素から後続指向要素へという冒頭要素の使用順序を検討していくにあたって、隣接性（contiguity）という概念が重要になる。Sacks（1987）は、質問と応答は隣接していること（隣接性）が選好されるということを指摘し、その隣接性への選好から、一般に質問はターンの末尾に、応答はターンの冒頭に配置されると述べている。このような隣接性への選好は、質問と応答のようなターンとターンの関係だけに留まらず、1つのターン内の発話と発話同士、更には一音一音の関係等様々なレベルにも当てはまり[6]、隣接性が保持されていることが「進行性（progressivity）」の体現となる（Schegloff 2007）。進行性が滞ってしまうと、それは相互行為において何らかの際立った特徴を可視化させることとなる[7]。

　この隣接性への選好は、遡及指向要素と後続指向要素にも関わってくる。遡及指向要素は、既に述べたように「前」の状況に対して反応的（responsive）であることを示すものであり、「前」に起きた事態に対して自身の認識の変化や判断などを示す要素であった。一方、後続指向要素は「直後」に自分の発話が続くことを予期させるものであり、それ自体では

---

6)「一音一音にも当てはまり」というのは、例えば「犬」と言うときに、「いぬ」というのが選好され、「い：ぬ」、「い：：：：ぬ」となるにつれて、あるいは、「い(.)ぬ」、「い(1.0)ぬ」となるにつれて隣接性の度合いが低くなるということである。実際にこのように発音されたなら、何か訳があってそう発音された（別のことをその瞬間考えていた等）と他者に理解されるだろう。

7) 例えば、同意要求に対して応答が遅れれば、それが不同意の応答であることを予期させる（Sacks 1987）。評価的な発話も同様で、評価的な発話に対して不同意がなされるときは秩序だった遅れが見られる（Pomerantz 1984a）。

発話を構成せず、続く発話の一部と見なせるものである。つまり、遡及指向要素は発話の「前」との繋がりが、後続指向要素は発話の「後」との繋がりが、それぞれ相対的に強い。それゆえ、「前」との繋がりが強い遡及指向要素は発話の冒頭において前方に配置することで、前の発話との隣接性を保ち、「後」との繋がりが強い後続指向要素は冒頭の後方に配置されることで、後続発話との隣接性を保持できるのである。

　以下、隣接性の観点から上の（4−6）〜（4−8）の事例を検討し、冒頭要素が複数使用される際に、遡及指向要素から後続指向要素へと配置されるということを確認したい。

　下の例では5行目に、遡及指向要素の「えっ」と後続指向要素の「あの」が使用されている。

（4−9）〔japn4261　20:07−20:14〕　※（4−6）の再掲
直前ではOが電話の向こうで誰かと話をしていた。電話の向こうの人物は電話を使いたがっているようである。なお、5行目の「テープ」とは会話を収録するテープのことである。
　01O：今なんぷん経った？
　02　　（1.0）
　03N：何が？
　04　　（0.2）
→05O：*えっあの*テープまわして：.
　06N：あ−あう：−＜もう：＞そろそろ終わる.＝

ここでの連鎖は、1行目と6行目の隣接ペア[8]に、3行目の質問と5行目

8）ここでは、「今なんぷん経った？」が「＜もう：＞そろそろ終わる.」とセットになっているが、「＜もう：＞そろそろ終わる.」が「何分経ったか」を答えるものではないため、この二つの発話は単純な質問と応答の隣接ペアではない。直前で、Oが誰か別の人物と話しており、その人物が電話を使いたがっていることがNにはわかる。そのため「今なんぷん経った？」という質問は、

の応答が挿入される形となっている。1行目は「今なんぷん経った？」と質問しているが、この発話には「録音時間が」というような「経った」の主語や、「録音を始めてから」というような「経った」の起点を示す言葉が無い。しかし、Oはこのような「経った」の主語や起点を、発話の末尾や2行目の沈黙の最中に付け足すことをしていない。それゆえ、「今なんぷん経った？」という質問は、そのままでNに聞きたいことが伝わる発話としてOが想定していると言える。これに対して、3行目の発話は「何が？」と聞いており、1行目の発話に「Xが」という項が「欠けている」ものとして想定している（鈴木 2008）。Hayashi（2009）によると、「え」は前の発話の想定と自分の想定との間にずれがあることに今気が付いたことをマークする。このことから、5行目の「えっ」は、3行目のNが想定する「欠け」に対して、自分の想定と異なっていたことに今気がついたことを示していると言える。このような、前の発話の想定とのずれを示す要素は、前の発話とできるだけ隣接させる必要があるだろう。仮に、前の発話との間に様々な要素や発話が入り込んでしまった場合、何をターゲットに「えっ」が発せられているのかがわかりにくくなると思われる。そのため、「えっ」は発話の冒頭において先頭に配置されるのである。一方、5行目の「あの」という言葉のサーチは、現時点で提出できないというトラブルが発生しており、そのトラブル源（サーチ対象）はこれから生じることを示す（Sacks, Schegloff & Jefferson, 1974）。もしサーチの「あの」とトラブル源「テープまわして」の間に別の言葉を挿入してしまうと、その言葉がトラブル源であったとNに認識されてしまう可能性が生まれる[9]。それゆえ、サーチとトラブル源は隣接していることが望ましい。以上の理由で、

「あとどれくらい録音する必要があるのか」という心配を述べているとも見なせる。このように考えると、Nの「＜もう：＞そろそろ終わる．」という発話は、このOの心配に対して安心させようとしていると言える。よって、ここでの隣接ペアは、[心配を示す] という行為に対して [安心させる] というようなペアになっているものと思われる。

9) ただし、別のサーチの言葉を挿入した場合は、言葉が見つからないというトラブルが継続中であることが示される。

5行目は「えっ」が先行し、その後「あの」が配置されているのである。

　下の事例では、「お::」と「じゃ」が冒頭で用いられているものである。

　　（4-10）［japn6707　16:27-16:30］　※（4-7）の再掲
　　　RとSの共通の知人について話している。その知人は夜勤の仕事をしている
　　　らしく、Rは去年のクリスマス以降会っていないと言っていた。なお、1行
　　　目の「帰ってくる」の主語はその知人である。
　　　01R　：＝朝：帰ってくるんだもん．＝
　→02S　：＝**お::**じゃリサと同じだ．
　　　03R　：う：ん．

　ここでは、「（知人が）朝：帰ってくるんだもん」というRの発話に対し
て、「お::」と驚きを示す（日本語記述文法研究会，2009）ことで、Rの発
話に情報価値を認め、情報提供がなされたことを示している。一般に、驚
きの表示は驚きの原因から時間を離すべきではない。なぜなら、驚きの原
因から驚きの表示が離れてしまうと、その原因に対する「即座の反応」で
なくなってしまうためである。そのため、驚きの原因に対して「わざとら
しく」驚いたことや、理解できずに驚けていなかったことを示してしまう。
また、驚きの表示と驚きの原因が離れてしまうことで、その間に何らかの
要素が入り、驚きの表示が何を対象としているのかわかりにくくなってし
まう可能性も考えられる。このような理由で、「お::」は前の発話と隣
接させる必要があるだろう。一方、「じゃ」はそれ単体では発話が完了で
きず、後続発話が続けられることを強く投射するため、できるだけ後続発
話と隣接させる必要がある。以上の理由で、2行目は遡及指向要素「お::」
から後続指向要素「じゃ」という順序に冒頭要素が用いられているのであ
る。
　次の事例では「＞うん＜」と「でも::」が使用されている。

第 4 章　冒頭要素の二分類

（4−11）〔japn4044　20:37−20:43〕　※（4−8）の再掲

KとJが旅行の話をしている。今話題にされている計画ではKが集合場所に着くまでにいくつも空港を経由しなければならない。Jはそのことを心配している。

01K：でも＞それは俺が＜めんどくさいだけじゃん？

→02J：.hh（0.2）＞うん＜でも：：s：［そうだけ］と.

03K：　　　　　　　　　　　　　［疲れる？］

04J：nnnnnん［：：.

05K：　　　　　［俺そうゆうのは大丈夫.

ここでは、1行目のKによる同意を求める Yes/No 質問に、Jが2行目で答えている。まず「＞うん＜」が配置されているが、これは1行目の Yes/No 質問に対する応答である。応答であるためには、質問と隣接させるべきである（Sacks 1987）[10]。一方、「でも：：」はそれ単体では発話が完了できず、後続発話が続けられることを強く予期させるため、後続発話とできるだけ隣接させる必要がある。以上の理由で、2行目は「＞うん＜」から「でも：：」へという順序になっている。なお、1行目は Yes/No 質問であると同時に、「でも」から開始されており、直前のJの心配（上のデータでは示していないが、「もしかしたらトランジット何回もしなきゃいけないかもしれない」と述べている）に対して「俺がめんどくさいだけ」と反論している。つまり、Yes/No 質問で、反論という行為も同時に行なっているのである。このように、質問によって別の行為を行なう場合、通常それに対するターンは、まず質問の形式に反応し、その後に行為に対して反応するという順序がある（Schegloff 2007）。実際、2行目も、「＞うん＜」と質

10）ただし、この例では「＞うん＜」の直前に吸気（.hh）と 0.2 秒の沈黙が差し込まれている。これによって1行目と2行目に時間的な間が生じることになり、すぐに答える場合と比べて隣接の度合いが低いと言える。このような隣接の度合いの低さは、不同意の予兆となる（Sacks 1987）。実際、2行目でJは「＞うん＜」と一旦同意しているものの、後に「でも：：」と反論しようと試みている。

問の形式に反応し、その後「でも：：」と1行目の反論に対する反論を開始している。

　ここまで、いくつかの事例を隣接性への選好という観点から検討し、遡及指向要素から後続指向要素へという順序で冒頭要素が用いられていることを見てきた。本書で分析の対象としたデータにおいて、冒頭要素が複数利用されている事例のほとんど全てがこの順番で冒頭要素が配置されていた。しかし、一方で、僅かながら逆の順番で利用されているものもあった。そこで次項では、この［遡及指向要素 → 後続指向要素］という順序が逆転して使用されている事例を検討する。

2.3　逆順で用いられている事例

　［遡及指向要素 → 後続指向要素］という順序規則の存在は、規則が守られていないときのことを考えるとわかりやすいだろう。規則が守られていないとき、つまり、［後続指向要素 → 遡及指向要素］という順序になっている場合、それがやり直している（修復している）ことを相手に知らせることになる[11]。例えば、前節で検討した（4-9）〜（4-11）の冒頭要素が仮に逆の順序で発話されているとした場合、遡及指向要素が発せられた時点で発話を最初からやり直しているように聞こえるだろう。実際の事例として（4-12）を挙げる。

　（4-12）［japn4222　03:09-03:28］
　　　Lは自作ビデオの広告を出して売り込もうとしており、そのことに詳しいMはLのビデオを自分のところに送るよう要求している。なお、ライトハウス

11）厳密に言うなら、自身のターン内で修復の開始および修復を自ら行なっている。修復（repair）についての議論は（Schegloff, Jefferson & Sacks, 1977）に詳しい。
　　なお、規則が守られていないときに、常に修復が開始されているというわけではない。この点については第7章で詳しく見る。

第4章　冒頭要素の二分類

とはロサンゼルスおよびサンディエゴで発行されている現地情報誌である。
また、02 および 11 の「いっちゃん」はMのことである。

01M：一本送ってよ .hh

02L：(あ) あ,いっちゃんとこに？

03M：うん .

04L：.hh 今いっこサンプルある .

05M：.hh ん-あの：新聞で：うまくすれば：ねえ？

06L：ふん . =

07M：=(り)ょうかいできるかもし[れ−]

→08L：　　　　　　　　　[だか]ら：そうライトハウスにどのく

09　　　らいこう(くう)料_(0.9)アドバタイズメン載っけるとしたらどんくら

10　　　いと−あ一ヶ月とられるんかな：と思って(.)それ聞こうかな：と思

11　　　っていっちゃんに .

この例では 08 でLが「だから」（後続指向要素）と開始した発話を「そう」
（遡及指向要素）と言うことによって、直前のMの発話を聞いて思い出した
ものとして発話の組み立てをやり直している（修復している）。

このように、[後続指向要素 → 遡及指向要素] と順序を逆にするとやり
直しになるということは、[遡及指向要素 → 後続指向要素] という順序規
則によって発話の組み立てが管理されていることの証左となるだろう。

一方でこのことは、現在の話し手にとっては「修復を達成する」ため、
そして受け手にとっては「修復が行なわれているということを理解する」
ための道具として、この [遡及指向要素 → 後続指向要素] という順序規
則が利用されていることも意味する。なお、この点については第7章で詳
しく論じる。

次節では、冒頭で遡及指向要素と後続指向要素はそれぞれいくつ使える
のかについて考察する。

106

3. 連続使用可能性

　前節では、遡及指向と後続指向という二つの指向が、発話冒頭における要素の順序に関連していることを述べた。本節では、この二つの指向が順序規則だけに関わるのではなく、「同じ要素群に属するものを立て続けに用いることができるか」という連続使用可能性の観点からも重要であることを指摘したい。

　まず、後続指向要素について考えたい。連続使用可能性の観点から見ると、後続指向要素は連続して複数の要素を用いることができる。下はその例である。

（4−13）[japn4549　00:59−01:08]
この会話の収録日前日に、ある有名なロックバンドのボーカルが亡くなっている。Ｐが、昨日はラジオではそのロックバンドの曲ばかりかかっていたとＱに教え、Ｑがそれに驚いた後。

→01Ｐ：**それでね：,**
　　02Ｑ：うん.
　　03　　　（.）
→04Ｐ：**あの：：＞なんだっけな＜** どっかの－そのラジオで↑ね,
　　05Ｑ：うん.
　　06Ｐ：午後（.）夜のさ：,
　　07Ｑ：うん.
　　08Ｐ：8時とか10時ぐらいから↑ね,（（以下ラジオの話））

第4章　冒頭要素の二分類

（4−14）［japn4222　09:44−09:53］
直前までの話題が一段落した時。
```
   01L：°そっかあ°(.)h：n：：［ ： h h ］
→02M：              ［とりあえず：］.hh え：：とね：じゃあ：：
   03    また近々：：連絡ください.＝その：ワイパーの件とか.
   04L：オーケー.
```

（4−13）では「それでね：」「あの：：」「＞なんだったっけな＜」、（4−14）
では「とりあえず：」「え：：とね：」「じゃあ：：」「また」「近々：：」
という後続指向要素が冒頭で立て続けに使用されている。

　一方、遡及指向要素には冒頭において基本的に一つしか使えないという
制約があるようである。これまで本章で示してきた事例で遡及指向要素が
含まれているものは、全て発話の冒頭において一つだけ用いられているも
のである[12]。では、二つ以上用いられると会話にどのような影響を与える
のであろうか。次のデータは遡及指向要素が発話の冒頭で二つ使われてい
る例である。

（4−15）［japn1722　21:25−21:35］
Fが母親と恋人を引き連れて旅行をするという話の後。
```
   01G：(そ)の辺で観光地というと？
   02F：この辺で観光地？
   03    ((中略 この間両者の沈黙とBの口を開くch-という音があるのみ))
   04F：n－DCが近いかな：.
   05    (0.7)
→06G：u↑あ：.h あっ.h この￥ま(h)え行ってなんにも無かったとか
   07    言って(h)たじゃん.￥
```

---

12) 具体的には（4−1）、（4−4）、（4−6/9）、（4−7/10）、（4−8/11）、（4−12）である。

01 のＧによる観光地についての情報要求に対してＦは 04 で「DC が近い」
と答える。その答えに対してＧは 06 で「u↑あ：」と何か（おそらく観光
地の候補として「DC」があるということ）に思い当たった直後に「あっ」と
何かに気がつき、「この¥ま(h)え行ってなんにも無かったとか言って(h)
たじゃん．¥」と言い、母親や恋人と一緒に行く旅行先としての不適切さ
を指摘している。この「u↑あ：」から「あっ」までの間は、聞き手であ
るＦ（あるいは分析者）にとってどのように聞こえるのだろうか。おそら
く、Ｇが「u↑あ：」で思い当たったことを「あっ」という新しい気づき
によって「上塗り」する形でやり直しているという具合に聞こえるのでは
ないだろうか。実際、後続する発話である「この¥ま(h)え行ってなんに
も無かったとか言って(h)たじゃん．¥」という不適切さの表明は、冒頭
の「u↑あ：」で気づいたことではなく、次の「あっ」で気づいたことの
中身として聞かれるだろう。例えば、「お腹すいたねー」に対して「えっ
あっ じゃあご飯食べ行こっか」と言った場合など考えても、やはり
「えっ」が行なおうとしていたことを「あっ」によってやり直しているよ
うに聞こえるだろう。このように、遡及指向要素が冒頭で連続して使われ
ると発話をやり直したように聞こえる。このことは、発話の冒頭において
遡及指向要素は基本的に一つしか使えないことの証拠と言えるだろう。な
お、基本的には一つまでしか用いることができないのであるが、特定の連
鎖環境においては遡及指向要素が正当に連続して用いられる場合もある。
その事例については次章で詳しくみるので、ここではそのような事例があ
ることの指摘のみに留めておく。

　以上、連続使用可能性という観点からも遡及指向要素と後続指向要素と
いう分類が有効であることを見てきた。具体的には、後続指向要素は立て
続けに使用できるが、遡及指向要素は基本的に一つまでという制約がある
ということである。では、なぜこのような制約が遡及指向要素にのみ生ま
れるのであろうか。

　これはおそらく、遡及指向要素が「直前の出来事をどう理解したか」を

示すものであるためである。ある遡及指向要素によって「直前の出来事を
どう理解したか」を示したならば、二度目の遡及指向要素は一度目の理解
を「上塗り」することになってしまう。二つ以上連続して使用することが
修復を行なっているように聞こえるのはこのためであろう。一方、後続指
向要素が立て続けに使うことができるのは、発話者が今まさに発話を組み
立てている最中であり、その組み立てがどこに向かっていくのか、何を
言った段階で終わりを迎えられるのかを聞き手にもわかる形で少しずつ明
示していくためであると思われる。言い換えるならば、遡及指向要素は過
去に起きたことに対するある種の理解表明の道具であり、一度しか表明し
ないことが基本である一方、後続指向要素は未来に起こるであろうことを
予測させる道具であり、より確実な未来を見通すためにはその道具を複数
使ってもよいということである。ただし、より確実な未来を予測させるた
めに後続指向要素を多く使ったからと言って、そのまま発話の「わかりや
すさ」に繋がるというわけではない。「わかりやすさ」を指向した道具を
多用することによって、逆に発話がわかりにくくなってしまうこともある
だろう。「わかりやすさ」を指向することと、現実としての「わかりやす
さ」は関係するけれども、一致はしないのである。

　本章では、冒頭要素が［遡及指向要素 → 後続指向要素］という順序で
配置されるという規則について隣接性という概念を軸に検討してきた。遡
及指向要素と後続指向要素という区別は、発話の冒頭における順序に関連
するだけではなく、「同じ要素群に属するものを立て続けに用いることが
できるか」という連続使用可能性の観点からも重要である。なぜなら、遡
及指向要素は冒頭において基本的に一度しか用いられないという制約があ
る一方、後続指向要素は複数使用できるという違いが見られるからであ
る。

　次の第5章では遡及指向要素について、第6章では後続指向要素につい
て詳しく論じていく。第5章では、遡及指向要素の下位分類に触れ、遡及
指向要素が複数使用されるいくつかの事例について検討する。第6章で

は、後続指向要素の下位分類を示しながら、後続指向要素が複数使用される際の順序について考察していく。

第5章　遡及指向要素

前章では、発話冒頭要素が遡及指向要素と後続指向要素に分けられること、そして発話の冒頭で複数の冒頭要素が利用される際には［遡及指向要素 → 後続指向要素］という順で用いられることを述べた。本章では遡及指向要素について詳しく議論していきたい。具体的には、通常は発話冒頭において一つしか用いられない遡及指向要素が、発話の冒頭で複数使用されているケースを検討する。そして、その際の複数の遡及指向要素には順序があり、遡及指向要素を①特定の発話に対する「認識の不一致への対処」を行なう要素（「えっ」「あー」等）と②先行発話から「求められている反応」を行なう要素（Yes/No質問の後の「うん」等）とに分類することで、その順序を説明できることを例証したい。このことを通じて、遡及指向要素が複数利用される時には、それまでの状況の中に対処すべき課題が複数含まれていることを明らかにする。

　まず、本章のキーワードとなる「遡及指向要素」という語について確認しておこう。発話の冒頭で用いられる言語的な要素の中には、進行している会話において直前に起こった状況に指向している一群がある。この一群を本書では既に述べたように「遡及指向要素」と呼んでいる。実際に用いられている事例として（5－1）を挙げる。ここでは4行目に「え：」、10行目に「あ」という遡及指向要素が使用されている。

（5－1）［japn1722　00：22－00：37］
会話の内容からFとGはアメリカの離れた地域に住んでおり、GはLA（あるいはLA付近）に住んでいるものと思われる。Fがこの冬にLAに行くことを考えていることが伝えられている。

　01 F ：［.hhhh あ］のさ：,
　02 G ：うん.
　03 F ：冬に LA に行くんだ：.
→04 G ：.h え：何しに：？
　05 F ：遊びに.

第 5 章　遡及指向要素

```
06G：あ-あh
07F：hh
08G：.hh どこに：？
09F：LAと-大体サンタバーバラの方なんだけど：,=
→10G：=°あ(.)サンタ°バーバラなんだ：.=
11F：=LAまで出て行けると思うんだよ.
```

　ここでは詳細な分析は控えるが、大局としては、4行目の「え：」は3行目のFの「冬にLAに行くんだ：」という発話に対して想定外であったことを示しており（Hayashi, 2009）、10行目の「あ」は9行目のFの「LAと-大体サンタバーバラの方なんだけど：」という発話に対して自身の知識の状態が変化したことを示している（Heritage, 1984）と言えるだろう。この「え：」と「あ」は、どちらも直前の発話に指向した「反応」を示す言語要素である。このような、直前の状況に対しての「反応」を示すために用いられる言語要素を遡及指向要素と呼ぶのである。

　なお、遡及指向要素の中には、Schegloff（2007）の言う遡及的連鎖（retro-sequences）と関わるものが多い。遡及的連鎖とは、前章でも述べたように、時間軸上で遡ったある時点から連鎖が開始されるもののことである。Schegloffは遡及的連鎖には「他者開始修復」、「笑い」の二つが関わると述べているが、本書でも「えっ」等のような「他者開始修復」は遡及指向要素の重要な一構成要素である。しかし、遡及指向要素は必ずしも遡及的連鎖のように遡って連鎖を開始するものだけではない。例えば応答詞の「うん」等は、基本的には相手からの情報要求なり確認要求等が先だってあり、その要請に応える形で差し出されるものである。それゆえ、典型的には応答詞の「うん」等は、Schegloffの言う遡及的連鎖に含まれるものではない。

　以下では、まず、遡及指向要素が冒頭において基本的に一度しか用いられないということを改めて示す。次に、本書が遡及指向要素と呼ぶものに

関わる先行研究を概観し、どのような種類のものがあるのかについて見る。このことは、「反応」と呼ばれるものには具体的にどのような種類があるのかについて明らかにすることになるだろう。その後、基本的には発話の冒頭で一つしか用いられない遡及指向要素が複数使用されているケースを検討し、複数使用される際の順序について考察する。

　なお、本書では、分析対象とするデータに用いられていた冒頭要素が、それぞれどのような位置でどのように用いられていたのかについて、その全てを一つ一つ細かく記述することはしない。一つには、議論が煩雑になってしまうためであり、また一つには、用いられていた冒頭要素の全てに関して使用位置を特定しつつ示すことで非常に膨大な量の紙幅を費やすことになってしまうからである。そもそも本書は網羅的な記述を目指しているわけではない。そのため、本書では、ある要素に複数の使用位置と使用方法がある場合、そのうちの一つないし二つの事例を示すに留めたい。基本的には多くの事例が見つかったものを例示するが、一つ一つの事例が何例あり、他の事例と比べると何例多かったというような比較は示さない。それは、煩雑になることを避けるだけではなく、分析対象とするデータが異なればそのような数値は変動するため、そのような数値を示すことにあまり意味がないからである。したがって、本書で示す事例は、データの中で多く見られた事例ではあるが、それが代表的な事例であるかどうかについてはそれぞれ個別に検討する必要があるだろう。なお、先行研究で代表的な使用位置について言及がある場合は、その先行研究を引くことによって事例紹介としている箇所もある。

1. 遡及指向要素の性質

　既に第4章で述べてはいるが、本章で遡及指向要素の詳細へと進んでい

第5章　遡及指向要素

くために、遡及指向要素の性質について今一度思い出しておきたい。ま
ず、発話の冒頭で複数の言語要素を使用する場合、遡及指向要素は後続指
向要素より先に配置される。例として（5−2）を見る。

（5−2）［japn6739　14:16−14:27］
アメリカでの食生活についてTがUに話している。直前で、Tは日本食を食
べないと述べている。なお、05の「ヤオハン」は日本の食料品を中心に扱う
店舗である。
　　01T：［↓う：：ん o-なんか：n-.hhhh あたしにとっては：
　　02　　お肉とか：チーズとかね,
　　03U：うん.
　　04T：ミルク＜とか：＞あ t-あんなものが体に合うみたいよ↑：.＝
→05U：＝あ：じゃヤオハンとかあんまり行か［ない？
　　06T：　　　　　　　　　　　　　　　　　　　　　　　　　［行かない.

ここでは、遡及指向要素「あ：」が後続指向要素「じゃ」に先行している。
仮に、「じゃ」と「あ：」の順序を逆転すると不自然に聞こえるだろう（正
確に言うならば、「じゃ」で開始した発話の組み立てを止め、「あ：」から開始し
直しているといった具合に聞こえるだろう）。
　また、遡及指向要素の性質で重要な点として、遡及指向要素は発話冒頭
において基本的に一度しか用いられないということも挙げられる。上の
（5−2）は一度だけ用いられている例である。一方、発話冒頭において二
度使用されると、一つ目の遡及指向要素で始めていたことを取りやめ、二
つ目から開始し直されることになる。下の（5−3）は、二度使用されてい
る例である。

（5−3）［japn6739　20:37−20:44］
電話の中でUの音声が遠くなることがしばしばあった。

```
01T：ほらまた声k‐遠くなった．
02      (.)
03U：゜あ゜bh（（呼気のような音））そう？＝ごめんなさい．＝
04      ＝ちょっと：じゃあは‐あのうktkt（（受話器を動かす音））
→05      あっえ：：hそ(h)う(h)な(h)の(h)：?.hhh［(はや) ‐
06T：                                                          ［聞こえる：?
```

この例では 3 行目から 5 行目にかけて複数の TCU が立て続けに配置され
ているが、注目したいのは 5 行目である。5 行目は「あっえ：：hそ(h)う
(h)な(h)の(h)：?」と、「あっ」および「え：：」という二つの遡及指向
要素が用いられている。しかし、この例は「あっ」で組み立て始めた発話
を止め、「え：：」から開始し直していると言える。このように、発話の
開始し直しのリソースとして、遡及指向要素が基本的に一度しか用いられ
ないという規則は用いられているのである。なお、規則がどのような行為
のリソースとして利用されているかについては第 7 章で詳しく見る。

　以上、遡及指向要素は後続指向要素に先行すること、遡及指向要素は基
本的に一度しか用いられないことという二つの性質について改めて確認し
た。次節では、遡及指向要素には、具体的にどのような要素が含まれてい
るのかを見る。その際に、先行研究では本書が遡及指向要素と呼んでいる
ものをどう位置づけているのかも併せて示す。

2. 遡及指向要素に関わるこれまでの研究

　本節では、遡及指向要素には具体的にどのようなものがあるのか、それ
らの要素は先行研究でどのように触れられているのか、あるいはどのよう
な連鎖のもとで使用されるのかについて簡単に見ていく。ここでは、読者

第 5 章　遡及指向要素

が具体的にどのような要素があるのかを理解しやすくするための便宜上の区分として、先行研究を参考にして「トラブルへの対処に関わるもの」、「価値付けに関わるもの」、「承認に関わるもの」という三つに分けて概観する。これらの区分はあくまで具体的にどのような要素があるのかを知り、その要素に関してどのような研究がこれまでなされてきたのかを示すためのものである。よって、これらの区分は順序を説明するための区分ではないことに注意されたい。順序規則を検討するに当たってこれらの区分がどんな点で問題があるのかについて触れた後に、順序を説明するための区分について 4 で示す。

　なお、遡及指向要素は、いずれも金水（1983b）の感動詞の分類における「発始信号」に含まれるものと思われる。「発始信号」とは「あるコンテクスト（言語的・非言語的を含めて）にこの種の感動詞を差しはさんでそこを切れ目とし、そこから新しいコンテクストを始める」（p. 132）ものである。金水は更に「発始信号」を次の五つに分類している。

　　　第一種「呼びかけ」（「おい」等）　　第四種「応答」（「はい」等）
　　　第二種「起動」（「さあ」等）　　　　第五種「反応」（「あっ」等）
　　　第三種「持ちかけ」（「ねえ」）

本書での、「価値付けに関わるもの」は第五種「反応」に、「承認に関わるもの」は第四種「応答」に対応する。「えっ」などの「トラブルへの対処に関わるもの」については金水は特に記述していないが、第五種「反応」に位置づけられる（大浜 2001）。注目すべき点として、「発始信号」は他のいかなる文要素にも先立つという、発話内の冒頭要素の順序に関わる記述がなされている。しかし、感動詞の整理を目的とした稿であったため、順序に関する記述が詳しく書かれているわけではない。

　あるいは、林四朗（2013b）の文を開始するための「起こし文型」に含まれる三つの型とも、本章で見る要素群は関わってくる[1]。林によれば

120

2. 遡及指向要素に関わるこれまでの研究

「起こし文型」は主に次の三つの型がある（なお、林は下の三つに当てはまらないものを「自由型」としているが、ここでは重要ではないので省く）。それぞれ簡単に言えば、新しい流れを作る「始発型」、前を受ける「承前型」、流れをストップし、新たな展開を作る「転換型」の三つである。

1：「始発型」（「相手の名前」「みんな」「ねえ」「そうだ」「わあい」「さあ」等）
2：「承前型」（「しかし」「または」「それで」、コ系指示詞、「うん」「なあに」等）
3：「転換型」（「ところが」「それでは」「つぎに」「こんどは」「ある日」等）

　本書での遡及指向要素は前に起こったことに対する指向を示す言語要素であるので、基本的には前に起こったことを受ける「承前型」に含まれるものであるはずである。ただし、林の論も順序規則を明らかにすることを目的としたものではなかったので、順序に関してはほとんど記述がない。

　以下では、各冒頭要素についての先行研究、および、連鎖上の位置について概観する。なお、ここでは各区分の要素全般に当てはまる指摘をしているものを取り上げ、各冒頭要素の先行研究に関しては本書と関連が深いもの（相互行為を重視している研究、あるいは冒頭要素の順序に関わる研究）のみを挙げる。また、本文で順次示していくリストには、次の四つのバリエーションに関して基本となる形のみ記している。①音の引き伸ばしや促音によるバリエーション（なんか／なんかー等）。ただし「あ」と「あー」のように働きが明らかに異なるものに関しては別の要素として扱っている。②音調によるバリエーション（語の一部の音が高く発音されている等）。③短縮によるバリエーション（ちょ／ちょっと等）。④「ね」「さ」の付加によるバリエーション（なんか／なんかね／なんかさ等）。これらのバリエーションが相互行為に与える影響はそれ自体研究対象となりうるものではあるが、本書の焦点である順序性に関しては特に影響を与えるものではない

1）林四朗の論については本書の第 2 章 2.4 も参照されたい。

121

第 5 章　遡及指向要素

と判断し、省略した。

2.1　トラブルへの対処に関わるもの

　言おうと思ったことを上手く発音できなかった、直前の発話をうまく聞き取ることができなかった、何を言っているのか理解できなかったといったことが会話には起こりうる。Schegloff, Jefferson & Sacks（1977）は、このような発話の産出、聞き取り、理解のトラブルに対して参与者が組織立ったやり方で修復を行なっていることを指摘している。そのようなトラブルへの対処に関わる冒頭要素をまず取り上げる。ただし、上に挙げた産出、聞き取り、理解のトラブルの他にも、予想とは異なるような発話を相手がしたといったトラブルもここでは視野に入れている。本書が対象としているデータにおいては、次の要素が使用されていた。

　　　え、えー、ん？、あれ？[2]

これらの要素は、何らかのトラブルに対処しようとしているという態度を示すという点で共通していると言える。より大きな観点から見るならば、これらの要素は会話において発話は参与者同士の間主観性を達成／維持できるようデザインされるという議論とも関わっている。間主観性（intersubjectivity）とは「人と人との間で繋げられた、あるいは共有された理解」（Sidnell, 2010：p. 12，筆者訳）のことである。会話において通常の場合、一方の言いたいことはもう一方に問題なく伝わる。これは間主観性が参与者によって達成／維持された結果である。しかし、時に、一方の言い

　2）ここでは発話の冒頭で用いられているもののみを扱っている。そのため、単独で用いられているものはリストから除外している。単独で用いられているものの中に「はあ？」や「あら？」という要素があり、これらも冒頭要素として使用できる可能性はある。しかし、本書で対象としているデータでは冒頭要素として用いられていなかったためリストに含めていない。

122

たいことがもう一方に伝わりにくい場合がある。このような事態に対処する一つの方法が、本節で挙げている冒頭要素を用いて修復を行なうというものである。間主観性に関しては Heritage（2007）を参照されたい。

実例として「えー」が用いられている発話を下に示す。

（5－4）［japn1722　25:05－25:09］
01G：.hhマイアミすごい安いよ↓な：：. なぜ[か.
→02F：　　　　　　　　　　　　　　[え:でもLAの方が安いよ.
03　　（0.2）
→04G：え:高いじゃ：：ん.

ここでは、Gが「マイアミの物価はすごく安い」という想定のもと1行目の発話をしており、その「すごい安い」というGの想定がFの想定とずれていることを「え：」を冒頭に置くことで示し（Hayashi 2009）、より物価が安いとFが認識している「LA」を差し出している。また「LAの方が安い」というFの想定は、Gの想定とずれているらしく、4行目ではGが「え：」を冒頭に配置して「（LAは）高いじゃ：：ん」と述べている。

この区分の要素に関する先行研究として、日本語記述文法研究会（2009）では「状況の変化や情報に対し驚きと同時にいぶかるタイプ」として「え？」「えー？」「あれ」等を挙げている。「ん？」に関しては特に記述は無いが、このタイプに含まれるものと思われる。

個別的な研究は、「え」や「えー」に関するものが多い（畠 1991、尾崎 1993、大浜 2001、富樫 2001 等）。これらの研究は、研究者の内省から得たものや、実際の会話を分析対象としたものまで様々であるが、相互行為を重視する本書と沿うもので最も詳細な記述を行ったものは Hayashi（2009）である。Hayashi は、発話冒頭要素として「え」や「えー」が使われる際[3]には、以下の三つの位置で用いられていることを示した。なお、それぞれの例は本書が対象としているデータからトランスクリプトを非常に簡

第 5 章　遡及指向要素

略化して示す。

1：情報提供に対する質問の冒頭
　　「(恋人は) 写真ね、目が青くてさ、すぐ赤目になっちゃう。」
　　「えっ青で、髪の毛は金髪？」　　　　　　　　　　　　（japn1722）

2：評価に対する反応の冒頭
　　「(物価が) マイアミすごい安いよなあ、なぜか。」
　　「えーでも LA の方が安いよ。」　　　　　　　　　　　（japn1722）

3：質問に対する反応の冒頭
　　「(進学祝いとして息子に車を) 買う人いるかなー？」
　　「えーいるでしょー。」　　　　　　　　　　　　　　　（japn1612）

そして、「え」と「えー」は、前もってあった知識や前提、予想、指向から逸脱した何かにたった今気がついたことを示すために使われていることを明らかにした。なお、「ん？」や「あれ？」も本書のデータを見る限り、上の Hayashi の示した位置と同様の位置で用いられているようである。

2.2　価値付けに関わるもの

　前の発話の中に、知識状態を変化させるものがあったことを示す、あるいは何らかの新情報（ニュース）が含まれていたことを示す冒頭要素があ

3）「え」は発話の冒頭だけでなく、単独で一つの TCU を構成することができる。その場合、修復の開始として用いられる。この修復の開始は、聞き取りのトラブルなのか、あるいは理解のトラブルなのかといったトラブルの原因を明確にはしない。このようなトラブルの原因を特定しない修復の開始を Drew（1997）は open-class repair initiator と呼んでいる。なお Hayashi（2009）は、「え」はトラブルの原因を明確にしないが、「えー」は予想からの逸脱がトラブルの原因であることを述べている。

る。これは発話者が前の発話の中に何らかの価値を見い出したとも言える。それゆえ、本書ではこれらの一群を「価値付けに関わるもの」とした。本書が対象としたデータの中でこれに当たるのは、以下のものである。

あ、あー、あらあら、おー[4)]、へー、ふーん

実例も併せて見ておこう。下の例では9行目に「お：」が冒頭要素として使用されている。

(5-5)〔japn1773　01:51-01:58〕
Hが自分と恋人との関係についてIに話している。
01H：なんか一人だけ違うから：,
02I：うん.=
03H：=誰にもゆってないのそのことを.
04　　(0.2)
05I：何を？
06　　(.)
07H：.hh付き合ってるって.秘密なのね.
08　　(.)
→09I：**お：**すごいじゃん.

---

4)「おー」についてはバリエーションが他の要素と比べて非常に豊富である。例えば、「おー」「うおー」「わおー」「おわー」「ぬわー」といった形式があり、さらに声量の増大、音調の高低、音の引き伸ばしによるバリエーションも多く見られた。これはおそらく、定型にすることの冷静さに関わると思われる。「おー」は一般に「驚き」を示す要素であると言えるだろう。「驚き」は「冷静さ」を失った状態であるとも言える。つまり、定型的に「おー」とだけ発話するよりも、定型を崩したバリエーションの形で発話する方が、定型を発話する「冷静さ」を欠いた状態であることを相手に示すことができる。相手に自分の「驚き」を見せるという活動が、このようなバリエーションの豊富さを生んでいると思われる。

第5章　遡及指向要素

　ここでは 01, 03 の広い意味での情報提供に対して、05 で I が「何を？」と明確にするよう求めている。それに対して 07 でHは自分たちが付き合っていることを秘密にしているという内容を述べている。この情報に対して I は「お：」を冒頭に配置して「すごいじゃん」と評価している。

　この区分の要素を全般的に扱っているものとして、富樫（2001）が挙げられる[5]。富樫はこれらを「情報の獲得を示す談話標識」としている。更に、「あっ」「えっ」「おっ」を「あ」系としており、これらの要素が「バッファ[6]への情報書き込み」を示していることを指摘している。また、「ふーん」「へえ」「ほう」を「ふーん」系としており、獲得した情報をバッファに残さず、直接データベースに書き込みしたことを示す談話標識であるとしている。このことは、日本語記述文法研究会（2009）の、「あー」が「考えている最中であることを表すタイプ」、「ふーん」が「解決への接近あるいは納得を表すタイプ」であるという指摘と方向を同じにしているものであると言える。対話の実例をデータとしたものに、土屋（2000）がある。土屋は「ふうん」「へえ」「ほう」を「ふうん」系とし、「先行文の受け止め」を基本的機能としている。また、その時の先行文は、応答者への行動、発話を要求しないものに限るという制限があると述べている。また、「あ」「あっ」等を「あ」系としているが、これについては「一語の中にさまざまな事態を含む」として基本的機能を明確に提示できてはいない。

　「あ」と「あー」に関しては、しばしば話者の知識状態に注目するアプローチがなされてきた（田窪・金水 1997、富樫 2001, 2005a 等）[7]。知識状態

5）富樫はこれらの要素を個別にも研究している。例えば富樫（2005a）では、「あっ」の機能として変化点の認識を示すことを指摘している。また、富樫（2005b）では、「へえ」と「ふーん」はいずれも新規情報と既存情報との関連性の処理を行なっているとしている。

6）富樫は情報処理に関する「心的領域」の内部が「バッファ」と「データベース」に区分されていると仮定している。「データベース」とは情報の格納場所であり、「バッファ」とは情報の逐次的な処理を行う作業領域である。

7）また別の観点になるが、須藤の一連の研究（須藤 2001, 2005a, 2005b, 2008）は音声的側面を重視しており、興味深い。

2. 遡及指向要素に関わるこれまでの研究

についての先行研究で最も重要なものの一つとして、英語の oh について
仔細な分析を行なった Heritage（1984）がある。Heritage は、oh は「現在
の知識、情報、指向、認識に関する話者の現在の状態になんらかの変化が
起きたことを示すために」（p. 299、筆者訳）用いられる change–of–state
token であると述べている。この議論を受けて、西阪（1997a）は「あ」が
「いまわかった」ということを示すと同時に「それまでわかっていなかっ
た」ということを明らかにするという相互行為上の働きを持つことを指摘
している。また、細馬（2005）は、「あ」によって知識状態に変化が起き
たことを示すことで、相手の注意を後続する発語に向けさせることができ
ると述べている。Heritage（1984）は oh が用いられる主要な位置として①
情報提供（informings）と②修復（repair）の後であることを示した[8]。日本
語の「あ」あるいは「あー」も基本的には Heritage の示す oh と同じ働き
をしていることは、これまでの会話分析の先行研究の中で度々指摘されて
おり（例えば Mori, 2006、細馬, 2005 等）[9]、実際、本書で対象とするデータ
を見る限り、上の①と②に関しては「あ」も「あー」も同様の位置で用い
られていた。本書で対象にしているデータを見る限り、「あらあら」も情
報提供（正確には自身の質問が引き出した情報提供）に対して用いられている
ようである。
　「ヘー」の連鎖上の位置および働きについては Mori（2006）が詳しい。

8）Heritage（1984）は、この二つの位置をさらに詳細に記述している。具体的には①の情報提供
に関しては、情報提供された話者による oh、質問が引き出した情報提供（question–elicited
informings）を受けた話者による oh、情報提供に対して別の情報提供がなされた場合（counter
informings）に訂正を行なう発話の冒頭に用いられる oh という 3 つを検証している。②の修復に
関しては、他者開始修復（other–initiated repair）がトラブルを解決した後の oh、自分の理解が正
しいかチェック（understanding check）をし、それに対して相手が確認を与えた後の oh、相手が
言っていないことに対して、自分の理解を示すときの oh という 3 つの位置を分析している。な
お、Heritage による oh の研究として、Heritage（1998）および Heritage（2002）も参照されたい。
9）一方、Heritage の示す change–of–state token とは言えないような「あ」「あー」も存在するため、
oh と「あ」「あー」とが完全に一致するものとしては記述できないことも同じ論文などでこれま
で多く指摘されてきている。

第 5 章　遡及指向要素

Mori によると「へー」が用いられるのは情報提供に対してであり[10]、最
も頻繁なのは「へー」を単独で使用するケースである。そして、冒頭要素
として「へー」が用いられた際には、後続する発話が newsmark である場
合と関連する別のトピックへとシフトする場合の二つがあることを示して
いる。情報提供に対して用いられるという点に関しては、「おー」や「ふー
ん」も本書のデータを見る限り同様である。

2.3　承認に関わるもの

　相手の発話に対して、何らかの意味で承認すること、あるいは承認しな
いことを示す要素も冒頭要素として用いられる。例えば、以下のようなも
のである。

　　うん、そう、ねえ、まあね、ううん、いや

次の例では 3 行目に「うん」を冒頭に配置した発話がなされている。

　　（5−6）〔japn1612　05:51−05:56〕
　　AとBの双方が知っている家族について話している。その家族の一人が別の
　　地域に住んでおり、毎週家に帰ってくるらしい。その人物についてAは 01 で
　　話している。
　　　01 A：帰って来ていつもほら下の子を：.hh 助けてるんだって .
　　　02 B：へ：：[：.
　→03 A：　　　　[うん下の子をいろ（いろ）教えてるだ[って .

10）Mori は更に詳しく、情報提供が完了可能点に到達した後と、到達する前とに分類し、それぞ
　れの「へー」がどのように用いられているのかを分析している。

2. 遡及指向要素に関わるこれまでの研究

この例では、両者の知人の家に「上の子」が帰って来て「下の子」を助けているという情報提供がAからBになされ、Bはそれに対して「へ：：」と反応している。その「へ：：：」の末尾と重なって、Aは「うん下の子をいろ（いろ）教えてるだって」(03) と「うん」を冒頭に置いた発話をしている。

　この区分の要素は「肯定／否定」の文脈で語られることもあるが、実際の使用を見てみると、「肯定／否定」だけには留まらない幅広い用いられ方をしている。本書では、より広い意味でこれらの要素を捉えておきたいので、ひとまず「承認に関わるもの」としておく。これらは「承認することに関わる要素」として「うん」「そう」「ねえ」「まあね」、「承認しないことに関わる要素」として「ううん」「いや」とに分類できる。

　上のリストに挙げたような要素を全般的に扱った先行研究として奥津 (1989)、そして奥津の研究を発展させた沖 (1993) がある。彼らは「はい」系と「いいえ」系の要素が談話の中でどのように使われているのかを調べるために数量的な分析を行ない、体系化を図っている。あるいは、富樫 (2002c、2006) のような作例に基づく分析も行なわれている。

　また、土屋 (2000) は、「いいえ」「いえ」「いや」の「いいえ」系が持つ、「はい」「ええ」「うん」の「はい」系には無い特徴として情報発信の予告という機能を持っていることを指摘している。串田 (2005a) も「「いえ」はそれだけで完結した発話になることがままあるのに対し、「いや」はそれだけで完結した発話になることがほとんどない」(p. 44) と、土屋に似た指摘を行っている[11]。

　どのような連鎖的環境でこういった要素が用いられているかに関しては、日本語記述文法研究会 (2009) が、疑問文、命令文、依頼文、誘いの文、

---

11) このように、「いや」は後続発話を強く予告する。その点において、遡及指向要素の中でも最も後続指向要素に近い要素と言える。ただし、「いや」は先行発話に対して反応しているということを主張している（串田・林、2015）という点でひとまず遡及指向要素に含めている。

129

第 5 章　遡及指向要素

許可求めの文に応答する場合としている。さらに詳しい連鎖上の位置についての記述は次のようなものがある。

　まず、串田（2002, 2006a/b, 2009b）は、会話における引き取り[12]や理解チェック連鎖[13]で「うん」と「そう」が共通して使われていることを指摘している。なお、本書のデータを見ると、「うん」は、相手の認識や知識の状態が変化した次のターンでもしばしば用いられているようである。つまり、一方が「あっ」等で知識状態が変化したことを示した（Heritage, 1984）次のターンで、あるいは、「なるほど」、「へー」といったニュースの受け取りを示した次のターンで、しばしば「うん」が使われているのである（上の例（5-6）の3行目を参照）。

　串田（2005a）も「いや」に関して、連鎖上の位置に注目した記述を行なっている。串田は「いや」が用いられる主要な位置として以下の六つを挙げている。

1：Yes/No 質問への応答の冒頭
2：WH 質問への応答の冒頭[14]

---

12)「引き取り」とは「一人が産出し始めた文を完了しうる統語的要素が現れる前に、もう一人がそこまでの発話と統語的に連続する形で次の発話を行うというやりとりのパターン」（串田 2002）である。例えば、串田の挙げている事例では、一方が「結局このトマトほとんど」と言った段階で、もう一方の参与者が「食べちゃったね」と言っており、この「食べちゃったね」という発話が引き取りとなる。串田は引き取りの後の「うん」と「そう」の違いについて考察している。引き取りは必ずしも引き取った後に発話を完了可能点まで進められるわけではないが、串田（2006b）では、引き取りの後、上の事例のように完了可能点まで発話を進行させる「先取り完了」への承認について見ている。

13)「理解チェック連鎖」とは、産出された発話に対して、聞き手が理解の候補を提出するというやり方で開始される修復連鎖のことである。串田（2009）で挙げられている事例では、ピザを食べながら会話しているときに一人が「あたしもこげてるの欲しい.」と相手の前にあるピザを指差して言い、それに対して「これ？」と自分の前のピザ片に手を添えて理解が正しいかチェックしており、それに対して「うん」と確認が与えられている。

14) WH 質問への応答に用いられる「いや」に関しては串田・林（2015）が詳細な分析を行なっている。彼らによれば、WH 質問に対する返答の冒頭に配置された「いや」は、「質問への抵抗」として用いられ、次のような相互行為上の働きを持ちうる。①直前の質問に不適切性が見出されたという注意喚起となる。②どのような不適切性かを知るために後続部分をモニターせよという

3：評言・意見表明などに対する反論や釈明の冒頭
4：相手の聞き間違いや誤解を正す発話の冒頭
5：自分の先行発話（部分）を撤回する発話（部分）の冒頭
6：物語などひと続きの長い発話の発話者が、聞き手の性急な感想などの反応を制止し、発話を続けるときの冒頭

　ここまで、「トラブルへの対処に関わるもの」、「価値付けに関わるもの」、「承認に関わるもの」という便宜上の三つの区分ごとに、先行研究において連鎖上の位置に関してどのような指摘がなされてきたかを見てきた。これらは各要素が用いられる際の連鎖上の位置を網羅するものではないが、具体的にどのような要素があるのかを知るという目的にとっては十分であろう。

3. 共通する特徴

　ここでは、「トラブルへの対処に関わるもの」、「価値付けに関わるもの」、「承認に関わるもの」という便宜上の分類によって見てきた。これらのいくつかに共通して当てはまる特徴が二点挙げられる。
　まず一つ目は、トラブルへの対処に関わるものと価値付けに関わるものは、response cry（Goffman, 1981）の一種だということである。response cryとは、発話者の内面の状態が自然に現れたものとして他の参与者に理解さ

教示となる。③発話を質問への返答として聞けという教示となる。なお、彼らの言う「返答」（response）は「応答」（answer）ではないことに注意されたい。「いや」はWH質問が要求している応答形式（例えば、「いつ」に対しては時間、「どこ」に対しては場所）に対して適合しない成分である。そのため後続発話が直後に続くことを投射する。もう一点注意しておきたいことは、「いや」は反応的な要素であるということである。そのため、参与者には応答が開始されていなくとも、何らか返答がなされていることが認識可能となる。

第 5 章　遡及指向要素

れるもののことである。遡及指向要素の多くが response cry であるように見えるのは、遡及指向要素が「直前の状況に反応した」ものであることと密接に関わっている。内面の状態が漏れ出すことは反応の一種であると言える。その内面の状態が「自然に現れた」ものとして見えるためには、その原因となりうる状況からできるだけ発話間の距離が「近く」なければならないだろう。遡及指向要素は、まず第一に発話の冒頭に置かれる。さらに、後続指向要素よりも先に配置される。つまり、遡及指向要素は発話の組み立てにおいて、前の発話との距離が最も「近い」位置で用いられるのである。遡及指向要素が発話の組み立てにおいて他の要素よりも先行するという位置の制約は、発話者の内面が自然に現れたことを示すという要請から導き出されたものであると言えるだろう。ここで注意しておきたいことは、発話者の内面が自然に現れたことを示すということと、実際に発話者の内面が出てきていることはイコールではないということである。仮に発話者の内面というものがあると想定したとして、「えっ」や「あっ」や「おー」などで示された内面が本心であろうが作り物であろうが、相互行為にとって重要なのは、つまり、会話に直接影響してくることは、「発話者の内面が自然に現れたもの」という装いである。そして、他の参与者は、その装いに対応することで会話を進行させているのである。

　もう一つは、時間軸上で遡った「後ろ向き」のことに対応する後続部分、あるいは「前向き」に事態を進展させる後続部分という二方向の後続部分への橋渡しの働きをするということが挙げられる。具体的には価値付けに関わるもののうち「おー」「へー」「ふーん」、承認に関わるもののうちの承認することに関わる要素についてである。例えば、「彼女できたんだ」と言われたことに対して「へーそうなんだ」のような答え方もできれば、「へーどんな感じの人？」のような答え方もできる。前者は［情報提供－情報受理］という連鎖を最小限にしない形で閉じている[15]。後者は直前の

---

15)　ここで最小限という言葉を使っているのは、「へー」だけでもこの［情報提供－情報受理］と

連鎖を最小限に閉じることで、前の連鎖に関わる新しい連鎖（ここでは［質問－応答］という隣接ペアの第一部分）を配置するものである。上に挙げた要素は、後続する発話の性質に二つの方向性が見られる。つまり、時間軸上で遡った「後ろ向き」のことに対応するもの（連鎖を閉じる働きを最小限ではないふるまいにするもの）と、事態を「前向き」に進行させるもの（前の連鎖に関わる新しい連鎖を配置するもの）という二つの方向性である。遡及指向要素自体は前の状況への反応であるが、「後ろ向き」の橋渡しとして使われる場合、後続発話は前の状況に対する反応がまだ続いていることを示す。それによって、相手が更に連鎖を後方に拡張する余地を残すことができる。一方、「前向き」の橋渡しとして使われる場合、後続発話はそれまでの状況を踏まえた上で新たな局面へと展開することとなる。その場合、どのように展開するか、つまり、どのような連鎖を後続発話に配置するかは、その話者が比較的自由に決めることができる。この「後ろ向き」と「前向き」という二つの方向性への橋渡しとして、上に挙げた遡及指向要素は用いることができるのである。

　以上、横断的な特徴として response cry との関わりについて、そして、後続発話が「後ろ向き」あるいは「前向き」の展開をする橋渡しのような働きについて述べた。次節では、本章で特に焦点を当てている複数の遡及指向要素の使用について検討する。

4. 複数使用と順序

　前節まで、遡及指向要素の全般的な性質を述べ、具体的な要素にどのよ

いう隣接ペアを閉じることができるためである。つまり、「へーそうなんだ」は「へー」に比べて最小限ではないという意味である。

第 5 章　遡及指向要素

うなものがあるか先行研究を交えつつ紹介してきた。また、遡及指向要素
の重要な性質の一つが「発話の冒頭では基本的に一つまで」という制約で
あることは既に指摘しておいた。実際、本書で対象としたデータにおい
て、大多数の事例では冒頭において遡及指向要素は一度しか用いられてい
ない。仮に、複数用いられていても、その多くは自己修復を行なっている
ものであった。それゆえ性質の記述に「基本的に」という制限をつけてお
いたのであるが、実際のデータを見ていくと特定の連鎖状況では自己修復
と認識されることなく複数の遡及指向要素が発話の冒頭で使用されること
もある。そこで本節では、遡及指向要素が複数使用される連鎖環境とはど
のようなものなのか、そして、複数使用されている際の順序とはいかなる
ものなのかについて実例の分析から明らかにする。

　以下、4.1 では遡及指向要素が発話の冒頭で複数使用される際の連鎖環
境について、「トラブルにより遅延していた反応」と「想定外を含む反応
求めに対する反応」という二つについて見る。次の 4.2 では、そのような
連鎖的環境から発話者に二つのことが同時に求められており、それぞれに
対処した結果、発話の冒頭で複数の遡及指向要素が用いられていることを
述べる。続く 4.3 では、複数の遡及指向要素が用いられる場合の順序につ
いて考察する。その際、ある発話を巡って二人の認識に「不一致」があっ
たことを示す要素が「求められている反応」に先行することを主張する。

4.1　連鎖環境

　まず、遡及指向要素が発話の冒頭で複数使用されていた事例を検討す
る。ここでは、「トラブルにより遅延していた反応」と「想定外を含む反
応求めに対する反応」という二つに分け見ていく。実際には、遡及指向要
素が連続して使用される連鎖環境はこの他にもあるかもしれないが、本書
で分析対象としているデータにおいては上記の二つの連鎖環境があったた
め、以下ではその連鎖環境を示していく。ただ、ここで見ていく連鎖環境

134

は、これまでに見てきた事例とは異なり、言ってみれば若干わかりにくいものとなっている。それは、後に検討するように、複数の事が発話者に同時に求められているという状況の複雑さ故のわかりにくさなのである。このわかりにくさは、我々にとってのわかりにくさであるだけでなく、会話参与者にとってのわかりにくさでもある。

4.1.1 トラブルにより遅延していた反応

一つ目は、質問等によって反応が求められているにも関わらず、その質問の意味がわからなかった等のトラブルが生じ、反応できずにいたという環境である。つまり、トラブルに対処することと反応することの二つのことを話者はする必要があるという環境である。そのような環境で、トラブルが解決したことを示し、遅延していた反応を提出する際に複数の遡及指向要素が用いられることがある。

具体的にここで扱うのは、価値づけに関わるもののうち「あ」および「あー」が使用される場合である。これらが発話の冒頭で用いられる場合、知識状態が変化したことを示すことになる（Heritage 1984、西阪 1997a、細馬 2005 等）。この変化が何らかの貢献となって、それまでできなかった「反応」ができるようになるという状況においては、「あ」や「あー」の後に遡及指向要素が配置されうる。例えば、下の例では「↑あ：」と「いや」という二つの遡及指向要素が用いられている。

(5−7)〔japn4044　00:07−00:17〕
　Kが J のために何かを送るという話が、収録前になされていたようだ。なお、Kの6行目の「そうゆう変な声出していいのか？」というのは、この会話が録音されていることに配慮した発話である。
　01K：じゃあ，送ってやる．
　02　　　(.)
　03 J ：h：[hh]゜hhhh゜[h.hh]h

第 5 章　遡及指向要素

```
04 K :　　　［hh］　　　　　　［うん.］
05 J :　＜あ：り：↓が：と：［：：＞_］
06 K :　　　　　　　　　　　　　　［そうゆう］変な声出していいのか？
07　　　（0.7）
08 K :　¥あ［(h)りが：とうみたいな.¥
→09 J :　　　　［え？
10　　　（0.5）
→11 J :　↑あ：いやいいんじゃないの：.＝
12 K :　＝あいいの：？
```

　ここでは、01 での K の「じゃあ，送ってやる」という発言に対して、J
が 05 で「＜あ：り：↓が：と：：：＞_」と感謝を述べている。この発話は、
①スピードが遅く、②各母音が伸ばされており、③「が」の音でピッチが
下がり、④文末が平板調であるという非常に演技がかった発話の口調と
なっている。この演技がかった口調に対して K は「そうゆう変な声出して
いいのか？」(06) と、録音されている状況に配慮したと思われる質問を
している[16]。しかし、この K の質問に J は 0.7 秒もの間反応を示さない。
この状況に対して、K は 8 行目で「¥あ(h)りが：とうみたいな.¥」と、
6 行目の自身の質問に含まれる「変な声」という言葉を実演によって明確
にしている。これは、K が自分の質問 (06) を J の理解のトラブルの原因
であったと捉え、7 行目の 0.7 秒の沈黙に対処した発話であるだろう。時
をほぼ同じくして、J も 9 行目で「え？」とトラブルの原因を明確にしな
い形で修復の他者開始を行っている。さて、注目したいのは 11 行目であ
る。ここでは「↑あ：いやいいんじゃないの：.」と「↑あ：」と「いや」
という二つの遡及指向要素が冒頭に用いられている。ここで二つの遡及指

---

16) 厳密に言うならば、06 の「そうゆう」というのは、オーバーラップする前の J の口調の状態
　　を指している。つまり、①〜④の特徴のうち、①〜③を指して K は「そういう」と言っている。

向要素が用いることができるのは、直前にトラブルが発生しているためである。ここで直前に起きているのはKの6行目の「変な声」という表現に関する理解のトラブルであった。その解決のためのヒント(08)が出されている状況で「↑あ：」と発することは、トラブルが解決されたことを示せるだろう。さらに、この連鎖環境において重要なのは、6行目でKによってなされた質問にJはまだ答えていないということである。一般に、質問に答える上で何らかのトラブルがあった場合、そのトラブルが解決したら「すぐに」質問に答えるべきであろう(Sacks 1992)。また、トラブルによって反応ができていないという状況で反応することはトラブルが解決されたことの披露となるだろう。ここで「↑あ：」と「いや」が立て続けに配置されているのは、トラブルの解決の直後に質問への答えを始めるためであると言える。以上のことを、ポイントとなる行だけを示すと次のようになる。

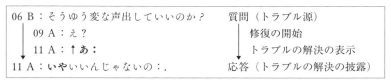

図 5-1：トラブルにより遅延していた反応の流れ1

このように、「あ：」によってトラブルの解決が示され、それまでできなかった「応答」ができるようになるという状況においては、遡及指向要素が発話の冒頭で複数使用できると言える。

　ただし、トラブルが生じているだけでなく、さらに応答が求められているという状況であっても、その状況に対処するために、いつも上の事例のように遡及指向要素が立て続けに配置されるとは限らない。次の事例のように、質問に答えることよりもトラブルの明確な解決が参与者に指向されている場合、「あ：」の直後に「うん」や「いや」が続かず、遡及指向要

第 5 章　遡及指向要素

素が連続することはなくなる。次の事例でも、上の事例と同様に［「え？」
＋「間」＋「あ：＋後続発話」］というターンの組み立てとなっているが、
後続発話は 1 行目の質問に答えることに指向したものではなく、トラブル
の解決に指向したものとなっている。

（5−8）［japn1722　01：30−01：37］
　　01G：.hhhh で，
　　02F：（そ［うそ）
　　03G：　　　［彼氏とはうまくいってるかな：？
→04F：.hh え？h：
　　05　　（0.3）
→06F：.hh あ：こっちの？
　　07G：うん.
　　08F：まあね.hh［hh：

この事例でも「で，彼氏とはうまくいってるかな：？」（01，03）という
質問に対して、「え？h：」（04）とトラブルの原因を明確にしない形で修
復の他者開始を行っている。事例（5−7）と異なるのは「あ：」の後に遅
延していた反応をするのではなく、「こっちの？」とトラブルの解決を優
先させている点である。このような場合、遡及指向要素は連続して用いら
れることはないと言える。

　もう一つトラブルに関わる事例を挙げておこう。この事例は反応が求め
られているにも関わらず、相手の情報提供の理路がわからなかったという
トラブルが生じ、求められている反応ができずにいたという環境である。
下の例では、7 行目に「あっ」と「あ」という二つの遡及指向要素が連続
して使用されている。

4. 複数使用と順序

（5−9）［japn6739　02:29−02:41］

TとUは自分の家の庭について話している。直前では、庭でスイカを作った
ことがあるとTはUに伝えており、1行目でUが驚いている。なお、2行目の
「う：ん」は1行目の「ほんと：：」に対する反応である[17]。

```
01U：す(h)ご(h)：(h)い .h[h ￥ほんと]：[：.￥
02T：           [それでね：,] [う：ん一年のその夏の
03      終わりに：あの：：う笑っちゃったんだけど：.hh 結局：買った方が
04      ウォーターメロンの場合なんか安いの.
→05 U：え↑：：：？=
→06 T：=＜お水がいるのよね[：：.]＞ ((困ったような音調))
→07 U：           [あっ]あなるほどね：.=
```

2行目から4行目まで、Tは庭で作るより買った方がスイカは安いという
ことをUに伝えている。それに対して、Uは5行目で「え↑：：：？」と
かなり特殊な音調で驚きを表明している。この驚きは、直前の発話の聞き
取りや意味の理解に問題があったことを示しているというより、直前の発
話の理路がわからずを受け入れることができないことを示しているものと
思われる[18]。この理路は6行目で水がいるからだと明らかにされている。
注目したいのは7行目で、「なるほど」の前に「あっ」と「あ」が連続し

---

17) この反応は本書では「立ち遅れ反応」と呼んでいる。このような反応がなされていると理解可
  能となるリソースの一つとして本書で見ている順序規則が利用されているのである。詳しくは第
  7章2.2.3を参照されたい。
18) このような特殊な音調の「え：」は、日本語記述文法研究会（2009）が述べている「状況の変
  化や情報に対して驚きと同時にいぶかるタイプ」に分類されるようなものであると思われる。な
  お、Schegloff, Jefferson & Sacks（1977）が論じている修復の組織はあくまで、発話の産出、聞き
  取り、理解に関わるトラブルを対象としているものである。そのため、ここで扱っているような
  直前の発話の理路がわからずを受け入れることができないことを示すものは、厳密な意味では彼
  らの論じるトラブルに含められていない。しかし、驚きを示すこととトラブルへの対処は、①直
  前の発話をそのままでは受け取ることができないと示すものであり、②相手にその原因を解消す
  るよう求めることになるという点で非常に似ており、ここではSchegloffらとは異なり、トラブ
  ルを広く捉え、理路に関わるトラブルも含めることとする。

て用いられている。これは、最初の「あっ」が5行目から始まったトラブルを解決するための連鎖の答え（06）に対するものであるのに対し、二度目の「あ」は、そのトラブルの連鎖を経て理路が明らかになった2行目から4行目の情報提供に対する反応（情報受理）であるものと思われる。また、提供された情報に対して受理をする上で、その情報提供の理路がわからないことが示されているという状況の後に情報受理を行なえば、そのことはトラブルが解決されたことの披露となる。この事例も簡単に図示しておく。

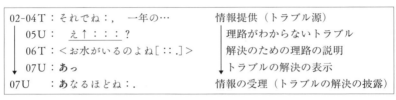

図 5-2：トラブルにより遅延していた反応の流れ 2

　本節をまとめておこう。遡及指向要素が発話冒頭で複数使用される連鎖環境の一つとして挙げられるのは、トラブルが解決した直後に求められていた反応をする場合である。つまり、(5-7) および (5-9) で見た事例は、「トラブル」への対処と「反応を求める行為」に指向した反応という二つの対処を発話冒頭で行なった結果、遡及指向要素が複数使用されたものである。このように、二つの対処をする必要があるという状況においては、発話の冒頭で遡及指向要素が立て続けに利用されるのである。

4.1.2　想定外を含む反応求めに対する反応

　想定外の反応求めに対する反応も、遡及指向要素が発話の冒頭で複数使用されている連鎖環境として挙げられる。つまり、相手に想定外であることを伝える遡及指向要素と、求められていた反応を示す遡及指向要素とが

4. 複数使用と順序

立て続けに使われるということである。例として次の会話を見てみたい。この会話場面の直前では、Nが仕事で関わっている冊子（地域情報誌と思われる）が和食レストランである「サクラバナ」に置いてあることがNによって明らかにされた。ここではOがその「サクラバナ」で食事したことが述べられている。注目したいのは5行目で、「え：」と「いや」という二つの遡及指向要素が用いられていることである。

(5-10) [japn4261　14:36-14:44]
01O：そうそうそうげ(h)つ(h)よ(h)う日の晩飯で¥サクラバナで¥
02　　ごは(h)ん食(h)べ(h)た.
03N：あそこっ[てなんかまあまあなんでしょう？]
04O：　　　[.hh　.hh　.hh　((笑い))　]
→05O：¥え：いや＞っていうか＜ぉ↑寿司食べるんだったら一番まとも
06　　だよあそこ：.¥

Oは1行目の冒頭で「そうそうそう」と何かを思い出し（日本語記述文法研究会 2009[19]）、その思い出した内容について「げ(h)つ(h)よ(h)う日の晩飯で¥サクラバナで¥ごは(h)ん食(h)べ(h)た.」と述べている。ここで重要なのは、この発話が笑いながらなされているということである。このことによって、Oに何か「おもしろいこと」があることが示されている。しかし、述べられている発話は「月曜日の晩飯でサクラバナでご飯食べた」であり、「おもしろいこと」に当たるものが見出せない。それゆえ、この発話は「おもしろい話」を後に語るための予告になっていると言えるだろう。このように予告された聞き手にとって適切な反応は、その「おもしろい話」を語らせるよう語りの継続を促すことであろう。しかし、実際3行目でなされていることは、「あそこってなんかまあまあなんでしょう？」

19) 正確には「記憶を新規に呼び起こすことを示す」とされている。

141

と「サクラバナ」の評価を聞く質問である。この質問によってOは質問に答えなければならない状況になるため、「おもしろい話」が語れなくなってしまう、あるいは質問に答えながら「おもしろい話」を語らなければならなくなってしまう。そのような意味でOにとって想定外の質問であると言える。また、「続きを促す」のに適切な場所で3行目のような質問をすることは、「続きを促していない」とNには捉えることが可能となる。このことは、Nの質問が全く笑いの要素を含んでおらず、Oの「おもしろい話」への指向に同調していないことからもわかる。「おもしろい話」を予告したBにとって、「おもしろい話」に同調するわけでもなく「続きを促していない」反応をされているという意味でも、3行目の質問は想定外の質問であろう。Hayashi（2009）によれば発話の冒頭に配置される「え：」は、話者の想定からの逸脱への気づきがたった今なされたことをマークする。ここでの「え：」もHayashiが指摘している想定からの逸脱を示しているものと思われる。このように、5行目は、1, 2行目でOが既に投射している「おもしろい話」を語るという行為の軌跡からずれた3行目の質問の直後であり、その3行目の質問に答えなければならないという位置にOは直面している。ここでNが「え：」と「いや」という二つの遡及指向要素を冒頭に配置しているのは、この状況に対応するためであると言える。つまり、想定していたコースからずれていることを示すために「え：」[20]を、質問に答えるために「いや」を立て続けに配置しているのである。以上のことをポイントとなる行だけ示すと以下のようになる。

---

20) この位置で想定していたコースからのずれが示されたことは、Nにとって、自身の直前の発話（3行目）が、Oの想定からずれていることを認識するリソースとなりうる。このリソースが活用されれば、Nはこの後、相手が想定していた行為の軌跡が何であったのかを探る活動（発言を控える、1, 2行目をくり返して確認する等）を行なうかもしれない。

4. 複数使用と順序

01O：そうそうそうげ(h)つ(h)よ(h)う日の	「おもしろい話」を
晩飯で¥サクラバナで¥…	投射する報告
03N：あそこってなんかまあまあなんでしょう？	ずれた質問
05O：¥え：いや＞っていうか＜ぉ↑寿司…	想定外の表示＋<u>応答</u>

図5-3：想定外の質問に対する反応1

　上の例では、質問が「想定外を含む反応求め」であった。下の例では、質問ではなく、説明が想定外の終え方を迎えた事例である。この例では13行目の発話の冒頭に「あっ」と「↓ああ」という二つの遡及指向要素が連続して用いられている。

（5-11）［japn6739　02:41-02:49］　※（5-9）の続き
　Tは自宅の庭でスイカを作っていたことがあるらしい。

　01U：す(h)ご(h)：(h)い .h[h ¥　ほんと]：[：. ¥
　02T：　　　　　　　　　[それでね：,]　[う：ん一年のその夏の
　03　　終わりに：あの：：う笑っちゃったんだけど：.hh <u>結局：買った方が</u>
　04　　ウォーターメロンの場合なんか<u>安いの</u>.
　05U：<u>え↑：：：？</u>＝
　06T：＝＜お水がいるのよね[：：.]＞　（（困ったような音調））
　07U：　　　　　　　　　　[あっ]あなるほどね：.＝
　08T：＝＜も：[う＞水をどんどんどんど[んどんどんどん＝
　09U：　　　[あっそっか：.　　　　　[あ(h)：.
　10T：＝入れないとスイカでしょう？＝
→11U：＝**あ：**[なるほど：.
→12T：　　　[大きくなら<u>ない</u>のよ：.＝
→13U：＝**あっ**(.)**↓ああ**↓そうか：：.＝

6行目でTは、作るより買った方がスイカは安いということに関して「＜

第5章　遡及指向要素

お水がいるのよね[∷.]＞」と困ったような音調でUに伝えている。その詳しい説明が8行目から12行目までなされている。この説明に対するUの反応で特徴的なのは11行目と13行目である。8行目から10行目にかけてTが説明しているのは、スイカの栽培には水をかなり大量に使うということであるが、10行目の末尾が「入れないとスイカでしょう？」となっている。この発話は「入れないと」と、「入れないと〜になる」や「入れないと〜だ」の後続部分である「〜になる／〜だ」がまだ言われていない段階であるため、そのような後続部分がこれから発話されることを投射する。しかし、この発話がなされている連鎖上の位置を考えると、この投射がその後に続く複雑な状況を生むことになっている。

　8行目から始まる発話の直前では、前節で説明した通りトラブルを解決するための連鎖（5行目から7行目）がなされている。このトラブルはUが2〜4行目の発話から［なぜ安いのか］の理路がわからなかったためであった。そのトラブルが解決された直後である8行目は、次の二通りの連鎖上の位置として考えられる。一つ目の可能性は、もしTが7行目のUの発話で示された解決を何らかの意味で不十分なものとして捉えた場合に、8行目は更に［なぜ安いのか］の詳しい説明をすることができる位置だということである。つまり、トラブルへの対処をやり直す場合のことである。二つ目の可能性は、［なぜ安いのか］の説明は既に解決されたこととして、次に［なぜ水が要るのか］の説明に移行することができる位置というものである。このことは、理路の説明をやり直しているというよりも拡張していると言えるだろう。やや複雑であるので、下に表にしておく。

表 5-1：8 行目から 10 行目までの発話の二つの可能性

	6 行目との関係	8 から 10 行目の T の発話の行動
可能性 1	やり直し	「なぜ安いのか」の説明を開始
可能性 2	拡張	「なぜ水がいるのか」の説明を開始

4. 複数使用と順序

　この二つの可能性のうちどちらであるのかは、8 行目から 10 行目までの発話からは判断しにくい。8 行目から 10 行目までの発話が、可能性 1 の「なぜ安いのか」の説明としてなされている場合、後続部分は「水道代がほんとにかかるのよ」のような費用に関する言及が投射されるだろう。一方、可能性 2 の「なぜ水がいるのか」の説明としてなされている場合、後続部分は「育たない」や 12 行目のように「大きくならない」のようなスイカの性質に関する言及が投射されることとなる。

　このように、二つの方向での投射の可能性があるけれども発話自体は完了していないという状況で、U は「あ：なるほど：．」(11) と投射されうることを先取りして予測し、説明を受け取ったことを示している。その「あ：」の直後に、T は「大きくならないのよ：．」と 12 行目で述べている。これは先ほどの二つの投射可能性のうちの可能性 2 の「なぜ水がいるのか」の説明としてなされていたことがわかる。

　しかし、続く 13 行目の U による発話は、「あっ」と「↓ああ」という二つの遡及指向要素が用いられている。この発話は、U 自身が 11 行目で相手を先取りして「あ：なるほど：」と言っているにも関わらず、12 行目の発話を聞いて、「あっ」と認識の状態が変化したことを示している (Heritage, 1984)。この「あっ」は、おそらく 11 行目の「あ：なるほど：」と言った時に想定していたこととは異なることが 12 行目に配置されたことを示しているものと思われる。そもそも上に書いたように、8 行目から始まる発話は二つの方向への投射の可能性があった。仮に U が可能性 1 の「なぜ安いのか」の説明として 8 行目から 10 行目の発話を聞いていた場合、12 行目の説明は想定外の答えとなるだろう。その場合、13 行目は、まず「あっ」によって自身が依拠していた連鎖（理路の説明のやり直し［可能性 1］）とは異なる連鎖（理路の説明の拡張［可能性 2］）に相手が依拠していたこと、簡単に言うならば［なぜ安いのか］の説明ではなく［なぜ水がいるのか］の説明であったことへの認識の変化を示していると言える。そして、続く「↓ああ」で、その［なぜ水がいるのか］の説明に対する反応

145

であることを示しているのであろう。

　この解釈を支持するＵの発話の特徴として 11 行目と 13 行目で発話の構成が異なることが指摘できる。11 行目は「あ：なるほど：.」と言っており、7 行目とほぼ同じ発話となっている。7 行目は前節で書いた通り、「あっ」でトラブルの解決を示し、「あなるほどね：」と 2 行目から 4 行目までの情報提供の理路がわかったことを示している。その後の、スイカには水が大量にいるというＴの発話に対して 11 行目がほぼ同じ反応をしているということは、6 行目のやり直し（つまり、可能性 1 ［なぜ安いのか］の説明）として聞いていることがわかる。

　一方、13 行目は「あっ」と認識状態の変化を示した後、「↓ああ↓そうか：：：.」と言っている。この発話は低く発音されていることから、単に情報を受け取っているだけでなく、困ったことだと捉えていることが示されていると言える。これは 6 行目のＴの困ったような音調に対応している。8 行目から 12 行目は、6 行目の拡張としての説明（つまり、可能性 2 の［なぜ水がいるのか］の説明）であり、その終わりうる位置で「↓ああ↓そうか：：：.」と困ったこととして捉えていることを示すことから、Ｕはその拡張された連鎖に依拠していることがわかる。11 行目ではそのような困ったこととして捉えたことの表示はなされておらず、Ｕが 11 行目では可能性 1 に、13 行目では可能性 2 に依拠した反応を行なっているものと思われる。

　ここでは、依拠する連鎖環境が異なっていたため、想定した発話とは異なる発話がなされている様子を見てきた。説明の展開が想定外なものとなってしまい、「あっ」により知識状態が変化したことを示し、「↓ああ↓そうか：：：.」によって求められていた説明の受け取りがなされていた。このように、二つの作業が発話の冒頭でなされているのである。

　ここまでの議論をポイントとなる行だけ示すと次の図のようになる。

4. 複数使用と順序

```
02-04T：[それでね：,]……買った方が……安いの.        情報提供
   05U：え↑：：：？=                          ↓トラブルの発生
   06T：=＜お水がいるのよね[：：.]＞            理路の説明
   07U：              [あっ]               ↓解決の表示
       あなるほどね：.=                      受け取り
08-10T：=＜も：[う＞水を…入れないと            可能性1か2かわかり
       スイカでしょう？                          にくい説明の途中
   11U：=あ：[なるほど：.                      可能性1として先行受け取り
   12T：    [大きくならないのよ：.              可能性2の説明の終わり
   13U：=あっ(.)                             ↓想定外の表示
       ↓ああ↓そうか：：：.=                   可能性2として受け取り
```

図5-4：想定外の説明に対する反応2

　ここでの会話の複雑さは08−10の説明が、可能性の1である［なぜ安いのか］の説明と可能性2の［なぜ水がいるのか］の説明のどちらなのか判断できないことに起因していた。11行目でUはTの説明が終わる前に、その説明の受け取りを行なったものの、12行目によって、その受け取った説明は異なる連鎖上の説明であったことが明らかになる。そのため、13行目で「あっ」と認識が変化したことを示しているのである。このことは同時に直前の12Tの発話が想定外であったことも伝えるだろう。その後、Uの説明に対して適切に受け取りを示しているのである。

　最後に、本節をまとめておく。遡及指向要素が発話冒頭で複数使用される連鎖環境として二つ目に挙げられるのは、想定外の反応求めに対する反応の冒頭である。一つ目の例では、投射された行為の展開していくコースからずれた想定外の質問がなされたものであった。その質問に対して、ずれを示しつつも答えるという状況では、複数の遡及指向要素が発話冒頭で使用されうるのである。つまり、「ずれ」に対処することと、「質問」への「応答」を行なうという二つの作業が発話冒頭でなされているのである。二つ目の例では、依拠する連鎖環境が異なっていたため、投射の結果が想

147

第 5 章 遡及指向要素

定とは異なっていた。この例では、想定が異なっていたことを示しつつ、
「説明」への「受け取り」を行なうという二つの作業が発話冒頭で行なわ
れていた。以上のどちらの例も、想定外の対処をし、求められた反応をす
るという二つの作業を発話の冒頭で行っているものである。

4.2 複数使用の必要性

ここまで、遡及指向要素が連続使用されている連鎖環境として二つの環
境を挙げた。一つは、トラブルが解決した直後に求められていた反応をす
る場合である。もう一つは、想定外の反応求めに対する反応をする場合で
ある。このどちらの連鎖環境においても言えることは、複数の対処が必要
となる場面であるということである。

トラブルが解決した直後に求められていた反応をする場合は、「トラブ
ルの発生」に対して「トラブルが解決されたことを示す」という対処、お
よび、「反応を求める」行為に対して「反応する」という対処をする必要
があった。

同様に、想定外の反応求めに対して反応をする場合は、「想定外の反応
求め」の「想定外」という部分に対して「想定外である」ことを示すとい
う対処と、「反応求め」に対して「反応」するという対処をする必要があっ
た。

これら二つの対処を発話冒頭で立て続けに行なったため、発話冒頭で遡
及指向要素が二つ用いられるという結果になったのである。

本書のデータにおいては、遡及指向要素が複数使用されるケースは稀で
あった。なぜなら、遡及指向要素が用いられるケースのほとんどが、複数
の対処を同時に求められることはなく、遡及指向要素が一つ用いられるだ
けで十分であったためである。上に挙げたような二つの対処が必要となる
連鎖環境というのは、一つの対処だけが必要となる連鎖環境と比べて必然
的に生じにくいと言える。また、実際生じた場合にも、一つの発話の冒頭

4. 複数使用と順序

だけでその二つの対処を行なわずに、二つ以上の発話に分割して行なうこともできる[21]。このような理由で、遡及指向要素が複数使用される事例が非常に少なかったものと思われる。

4.3 認識の不一致と使用順序

さて、このような遡及指向要素が複数使用されるケースにおいて、遡及指向要素内でも何らかの順序があることがわかる。ここでは、これまで見てきたケースをまとめる形で、複数の遡及指向要素が用いられる際の順序を考察していきたい。

発話の冒頭において、本章 4.1.1 では「トラブルが解決されたことを示す」という対処がなされた後で、「反応を求める」行為に対して「反応する」という対処がなされていたことを見た。また、4.1.2 では、「想定外の反応求め」の「想定外」という部分に対して「想定外である」ことを示すという対処がなされた後で、「反応求め」に対して「反応」するという対処が取られていたことを述べた。これらを簡単に示すと以下のようになる。

4.1.1 で示した遡及指向要素の連続使用
直前の連鎖環境 ［反応求め］＋［トラブル］
それに対する発話の冒頭 ［トラブルが解決されたことの示し］、［反応］の順

4.1.2 で示した遡及指向要素の連続使用
直前の連鎖環境 ［想定外の反応求め］
それに対する発話の冒頭 ［想定外の示し］、［反応］の順

いずれの場合においても、直前でなされた「反応求め」に対する「反応」

---

21) この事例として既に（5−8）を見た。

149

は、連続して使用される遡及指向要素の 2 番目に来ているのである。つまり、発話冒頭においては、［トラブルが解決されたことの示し］や［想定外の示し］が、求められていた［反応］よりも優先的に先行して用いられているのである。

　この「トラブルが解決されたことの示し」と「想定外の示し」は、どちらも特定の発話に対する双方の認識の不一致への対処を担っている。

　トラブルの連鎖は、そのトラブルが聞き取りの問題であれ、理解の問題であれ、あるいは上で見てきた理路の理解のトラブルであれ、相手の示した発話がそのままでは受け取れない時に開始される。つまり、ある発話を巡って、その発話者と聞き手の間に認識の不一致があるのである。その不一致は、より一般的に言えば、発話者と聞き手との間主観性に問題が生じたことに他ならない。「トラブルが解決されたことの示し」は、その不一致が解消されたことを示すという対処である。

　想定外であると示すということも、発話の進行や展開をめぐる両者の認識の不一致を示すということである。この不一致も、発話者と聞き手との間主観性に問題が生じていることを明らかにするものである。発話の冒頭に「想定外の示し」に関わるような要素を配置することによって、その発話の聞き手は直前までの発話に何らかの「ずれ」があったことを感知できる。そして、相手の発話の冒頭に配置される「想定外の示し」をリソースにすることによって、どのような「ずれ」があったのかを探る行動に出ることができる。あるいは、これまでのかみ合わなかった発話の理解を促進するかもしれない。

　このような「認識の不一致への対処」は、求められている「反応」よりも先に配置されていた。これはおそらく、「認識の不一致への対処」を先行させることによって、不一致が解消された上での「反応」であることや、不一致がある上での「反応」であることを相手に伝えることができるようになるためであろう。つまり、「反応」がどのような「反応」であるのかを事前に示せるのである。そのことによって、その「反応」を行なった人

150

物と、その「反応」を聞いている人物との間に、当該の「反応」を巡る認識の不一致が新たに発生しにくくなるだろう。

また、隣接性の観点から考えるならば、不一致の原因とその対処はできるだけ隣接させるべきであろう。なぜなら、その間に要素が入り込めば入り込むほど、その原因の特定が聞き手には困難になるからである。直前に不一致の原因がある場合、発話の中で最もその原因に近いのは発話の先頭[22]である。ただし、「反応求め」と「反応」も同じ論理で隣接させる必要がある。つまり、上で見てきた事例では、[不一致の原因と対処はできるだけ近くに配置すべき]という隣接性への指向と、[反応求めと反応はできるだけ近くに配置すべき]という隣接性への指向が競合関係にあるのである。4で見てきたのは、この競合への解決策に他ならない。その解決策とは、[不一致]に関わる隣接性への指向を[反応]に関わる隣接性への指向より優先するというものである。つまり、発話の冒頭で前者に関わる要素を先に配置し、その後で後者に関わる要素を置くということである。

では、なぜ[不一致]に関わる隣接性への指向を[反応]に関わる隣接性への指向より優先するのであろうか。その際に関わってくるのが、「反応をする場合、間主観的により適切な反応すべきである」とでも定式化できる指向である。つまり、認識上の不一致がありうる「反応」よりも不一致がない「反応」あるいはあると確定した「反応」を提出するべきであるというような指向である。この「間主観的により適切な反応をすべき」という指向があるからこそ、[不一致]に関わる隣接性への指向が[反応]に関わる隣接性への指向より優先されるものと思われる。

さて、様々あった遡及指向要素のうち、どれが「不一致への対処」で、

---

22) 発話の「冒頭」とはあえて使い分けている。つまり、発話の「冒頭」は本書の定義上、発話が発せられてからいわゆる「命題」に至るまでの、一定の幅を持つスペースを指すが、発話の「先頭」はまさに最初に発せられる言語要素を意味している。

どれが「求められている反応」なのかは、厳密にはデータに先立って分類することはできない。例えば、(5-9) での「あっあなるほどね：.」という発話で用いられている「あっ」と「あ」は、どちらも連鎖環境次第では求められていた反応（情報受理）を行うために用いることができるものである。しかし、(5-9) のような情報提供に対する反応が求められており、かつ、トラブルが発生しているという状況で、発話の冒頭に複数の遡及指向要素が用いられた場合に、前者が「不一致への対処」、後者が「求められている反応」として理解されるのである。一方で、「え」のように認識のずれを表示することで「不一致への対処」を行っているものは、例えば相手から「えって言って。」と言われたような状況でもない限り、求められた「反応」としては使われにくいだろう。あるいは、「うん」は求められた「反応」をするものであり、「不一致への対処」としては使われにくいかもしれない。このように、どちらにより使われやすいかという違いは各要素にあるものと思われる。よって、ここではひとまずの目安として、本書のデータで遡及指向要素が連続使用されていた場合に「不一致への対処」に使用されていた要素と求められていた「反応」を示すために使用されていた要素に何があったのかを下に示しておく。

> | 「不一致への対処」に使用されていた要素 |
>
> 「えっ」「えー」「あっ」「あー」

> | 「反応」に使用されていた要素 |
>
> 「あ（っ）」「あー」「いや」「うん」

　なお、そもそも遡及指向要素が連続して使用されるケースが稀であるため、上に挙げていないその他の遡及指向要素についてはデータがなく、ここでは触れていない。

　以上、本章では遡及指向要素について見てきた。1では遡及指向要素が

後続指向要素より先に配置され、基本的に一度しか用いることができないということを改めて述べた。続く 2 では、遡及指向要素を「トラブルへの対処に関わるもの」、「価値付けに関わるもの」、「承認に関わるもの」という便宜上の分類に分け、どのような要素があるのか、そしてどのような連鎖環境で使用されるのかについて先行研究を交えつつ示した。3 では、複数の要素に関わる横断的特徴として Goffman（1981）の response cry との関係に触れた。また、後続発話がそれまでの連鎖にとって「後ろ向き」か「前向き」かというような展開に関わる橋渡しの働きがある要素についても述べた。最後の 4 では複数の遡及指向要素が正当に用いることのできる連鎖環境について簡単に示した。一つは、トラブルが解決した直後に求められていた反応をする場合である。もう一つは、想定外の反応求めに対する反応をする場合である。このような環境では、遡及指向要素が複数使用される可能性がある。そして、複数使用された場合、特定の発話に対する双方の認識の不一致に対処をしている要素が、求められている反応よりも先行するのである。

　次章では、後続指向要素にどのような種類のものがあり、どのように用いられているのかを示した上で、順序に関わる分類について考察していく。

第6章　後続指向要素

第4章でも述べたように、冒頭要素は順序という観点から遡及指向要素と後続指向要素との二種類に大別できた。第5章では遡及指向要素を中心に見てきたが、本章では後者の後続指向要素に焦点を当てる。後続指向要素として取り扱っている言語要素はかなり数も多く、一見したところ非常に雑駁な印象を受けてしまう。これらの言語要素をどのように整理すれば良いのであろうか。先行研究では例えば「呼称詞」や「接続詞」、「モダリティ」あるいは「フィラー」といった具合に様々な観点からそれぞれ個別に扱われてきた。ただ、これらの研究では、発話の中のどの位置に使用されるのかの言及はほとんどなされることはなく、特定の語彙が文ないし発話あるいはその発話が置かれた状況から切り貼り自由であるかのように感じられる。本書ではそのように分化して考えることはせず、発話の中での位置から後続指向要素として統一的に捉えている。そして、「断絶」という概念をキーワードにすることで、後続指向要素が発話冒頭で複数使用されるときの順序を本章では考えていきたい。

　後続指向要素はこれまで述べてきたように、直後の自身の発話のために発せられる言語要素であり、直後に自分の発話が続くことを予期させるものである。また、それ自体では発話を構成せず、続く発話の一部と見なせるものでもある。例えば次の会話では1行目と5行目に後続指向要素が用いられている。

（6-1）〔japn4549　01:46-01:55〕
　この会話が収録された前日に亡くなったアーティストについて、Pが最近実際に見たときの様子をQに伝えている。
→01 P：**だって**俺がさ::.hh あのおじさんと見に行ったとき<u>ね</u>今年:,
　02 Q：う：ん.
　03 P：まだ髪の毛<u>全</u>部真っ白じゃなかったんだよ.
　04 Q：う：〔ん.

第6章　後続指向要素

→05 P ：　　　　　[**なんか**-(0.5)k-**なに**灰色っぽいようない[ろ？
　06 Q ：　　　　　　　　　　　　　　　　　　　[うんうんうんうん .
　07 P ：((以下、しばらくして再び見たときには髪も髭も真っ白になってい
　08　　　　たということについてQに伝える))

1行目および3行目でPは、亡くなったアーティストの髪の毛の色が「全部真っ白」ではなかったことをQに伝えている。続く5行目では、具体的に「灰色っぽいようないろ」であることを述べている。ここでは、1行目に「だって」、5行目に「なんか」および「なに」という冒頭要素が用いられている。「だって」「なんか」「なに」はいずれも後続発話が直後に続くことを投射するため、これらは後続指向要素の一種であると言える。

　本章では、まず、第4章で述べたことの繰り返しになるが、後続指向要素全般に関わる性質について1で述べる。具体的には、後続指向要素は遡及指向要素の後に配置されるということ、そして、後続指向要素は遡及指向要素と異なり、発話冒頭において複数使用可能であることについてである。次の2では、後続指向要素には具体的にどのようなものがあるのかについて、先行研究でそれらがどのように扱われてきたのかを見る。ただ、先行研究で扱われている分類は、順序を考える時にはあまり役に立たないものである。この点を克服するために、3では、「断絶」をキーワードに後続指向要素が発話冒頭で複数使用されているときの順序について論じる。

1．後続指向要素の性質

　既に述べたように、後続指向要素は直後に自分の発話が続くことを予期させる冒頭要素である。後続指向要素には二つの重要な特徴がある。一つ

158

目は、一つの発話の中に遡及指向要素と後続指向要素を同時に用いる必要
がある場合、後続指向要素は遡及指向要素の後に配置されるという特徴で
ある。次の例では、遡及指向要素の「えっ」の後に、後続指向要素の「じゃ
あ」が用いられている。仮にこの順序を逆にして、「じゃあえっ」とする
と、不自然に聞こえるだろう。正確に言うならば、「じゃあ」で始めた発
話の組み立てを取りやめて、「えっ」から組み立て直しているように参与
者に（そして分析者にも）捉えられることとなるだろう。

(6-2) [japn1773　07:45-07:46]
　I が恋人と別れたばかりだという話をHにした後。
→01H：[えっじゃあ今結構落ち込んでる：？

このように、遡及指向要素と後続指向要素を同時に使用する必要があると
きは、遡及指向要素が先行し、後続指向要素がその後に用いられるという
規則がある。
　もう一つの重要な性質は、遡及指向要素とは異なり、後続指向要素は発
話の冒頭で二つ以上用いられることがしばしばあるということである。例
として、次の会話を見てみたい。

(6-3) [japn4621　15:13-15:21]
　Oは先日ある宗教団体が経営するレストランで食事をした。Oはその宗教団
　体、あるいは宗教全般に対してあまり良いイメージを持っていないことが、
　これまでの会話から窺える。Nは直前までの会話では、その宗教団体あるい
　は宗教全般に対するスタンスを明らかにしていない。なお、1行目の「そう
　ゆうの」とは、レストランの経営をしているのが宗教団体であることを指し
　ている。
→01O：うんだから：：ねえ：ほら：, (0.3) なんか：そうゆうの考えると：
　02　　¥ 考えちゃうけど：, ¥＝

第6章　後続指向要素

03N：＝うん：．
04O：まあ＞ご飯食(h)べ(h)る＜だ(h)けだったらいい<u>や</u>(.)ってゆうか．＝
05N：うんぉんうん．＝
06O：＝うん：．

注目したいのは 1 行目である。細かい分析は省くが、この発話には「だから：：」「ねえ：」「ほら：」「なんか：」という四つの後続指向要素が用いられている。このように、後続指向要素は発話の冒頭で複数使用されることがしばしばある。冒頭要素は、いわゆる「命題」を伝える前に、その「命題」がどのような内容であるのか、そして、その発話がどのような行為を形作るのかを前以て示す働きをする（Schegloff, 1996a）。このことは同時に、発話の聞き手が後続発話をどのように聞くべきかを予め伝えておくことができることをも意味している。例えば上の例の場合、「だから：：」「ねえ：」「ほら：」「なんか：」と後続指向要素が連続して使用されているが、これらは「命題」の具体的な内容について予告するという働きは少ないかもしれない。しかし、実質的な「命題」内容の予告をあまりしない要素を立て続けに並べることによって、「命題」に関わる要素が発せられるまでの時間を引き延ばす結果となっている。このことは「言いにくいこと」が後続発話でなされることを予告し、聞き手に後続発話をそのように聞く様に方向付ける。このように、後続指向要素が発話の冒頭で連続して使用されること自体、何らかのリソースとなりうると言えるだろう。このような、連続使用が何のリソースとして用いられているかという議論はそれ自体会話分析にとって興味深いものであるが、本書はあくまでも順序に焦点を定めて検討していく。ここでは、後続指向要素が単に「命題」についての内容を予告するものとして捉えるのではなく、後続発話をどのように聞くべきかのインストラクションとして用いられ得ることに注意を払っておくに留めておく。

　本節では、後続指向要素について、遡及指向要素の後に配置されるとい

うこと、そして、発話冒頭において複数使用されることがあるということについて改めて確認した。次節では、後続指向要素にはどのような要素が含まれるのかについて見ていく。

2. 後続指向要素に関わるこれまでの研究

　第5章と同様に、本書が後続指向要素と呼んでいる言語要素が先行研究でどのように扱われているのかを紹介する。以下では、先行研究での扱われ方を参考に五つに分けて見ていく。具体的には、「連鎖の起点としての気づきに関わるもの」「呼びかけに関わるもの」、「接続に関わるもの」、「態度表明に関わるもの」、「サーチに関わるもの」の五つである。これらは、あくまでどのような言語要素が含まれているのかを確認するための便宜上の区分であることに注意されたい[1]。以下、それぞれについて、どのような要素があるのかについて見ていく。なお、後続指向要素にはかなり膨大な数の要素が含まれるため、その全てについて一つ一つ性質や使用される位置について記述していくことは非常に難しい。それゆえ個別的なものを一つずつ取り上げて性質や連鎖環境を示すのではなく、要素全体に関わることの紹介に留めておく。

2.1　連鎖の起点としての気づきに関わるもの

　まず取り上げるのは、何かに気がついたことを表明することで新しい連鎖を開始するというもので、具体的な要素として「あ」「そう」「あれ」があった。これらは新たな連鎖を開始するために発せられる要素であるの

---

1) 順序に関わる区分は第6章4で詳しく見る。

第6章　後続指向要素

で、後続部分を強く指向したものであり、後続指向要素と考えることがで
きる。下の事例では、13行目に「あ」が用いられており、それまでの試
験についての説明の連鎖とは異なる新しい連鎖が配置されている。

（6－4）〔japn1612　08：10－08：51〕
Cが録音日前日に受けた試験についてBが「どうだった？」（01）と聞いてい
る。
　　01B：どうだった？＝
　　02C：＝せん‐だからまだわからない．
　　03B：n‐chnj‐(.)［難　し　か］った？hh
　　04C：　　　　　　　　［先週と‐］
　　05C：n‐↓難しいよ．＝
　　06B：＝h：：h［hh
　　07　　（（17行分省略。この間Cはいかに難しかったかを伝え、90点
　　08　　　ぐらいあればいいと思っていると言っている。））
　　09C：うんだ［からそれでいいよ．］
　　10B：　　　［　そっかそっか：．　］
　　11　　（.)
　　12C：.hh うん．
→13C：.hh ＞あ兄ちゃん(ちゃん)に＜¥聞きたいことあるの．¥
　　14B：あ：何゜き［く．゜
　　15　　（（以下、車を買い換えるならCの挙げる3種類の車のうち
　　16　　　どれがいいかについてCがBに尋ねている。））

ここではBが1行目の「どうだった？」という質問をして、「まだわから
ない」（02）と答えられた。そのため、3行目では「難しかった？」（03）と、
試験の難しさに焦点を当て直した質問をしている。このことによって、C
は試験の難しさに焦点を当てた形で「どうだった」かについて答えを求め

162

られていることになる。Cはそれに対して5行目で「↓難しいよ」と答え、7行目から具体的な難しさと結果に対するCの考えが話されている。ここまでを連鎖で見ていくと、1行目および3行目は広い意味で説明要求であり、その説明にあたるのが5行目から9行目までになる。原理的に、説明は説明することがある限りどこまでも続けられるものである。しかし、Cの説明をBが「そっかそっか:」(10)と受け取った後、Cは「うん」(12)と発話しており、12行目が更に説明を付け足すことができる位置であるにも関わらず、それをパスしている。このことから「これ以上説明することがない」ことを示しているだろう。このように、12行目末尾は説明要求と説明という連鎖が終わりうる位置である。そのような状況でCは.hhと一度息を吸い、「>あ兄ちゃん（ちゃん）に<¥聞きたいことあるの.¥」と、「あ」を冒頭に配置して発話しているのである。この発話以降、これまでの説明の連鎖ではなく、質問の連鎖へと移行することになる（なお、13行目は質問の前置きである）。このように、「連鎖の起点としての気づきに関わるもの」は新しい連鎖を開始するものであるため、前の連鎖が終わりうる位置に配置されることとなる。そして、新しい連鎖を開始することによって、前の連鎖は「終わった」ものとして参与者に扱われることになるのである。

　先行研究では、遡及指向要素で扱った「価値付けに関わるもの」と、ここで扱うものを区別せずに両者を併せて検討しているものが多い（金水1983b、田窪・金水 1997、富樫 2001, 2005a 等）。なお、日本語記述文法研究会（2009）では、「そうそう」「ああ」「あっ」「そうだ」を［思考のプロセスを表すもの］の一つである「記憶を新規に呼び起こすことを示すタイプ」と位置づけているが、分類だけに留まっており、詳細な記述は特に見当たらない。実際の会話を対象としている研究ではないが、堀口（1997）は留学生向けの日本語教科書に使われている言葉を分析し、「あ」や「お」などが会話の場を作るため（会話自体を始めるため）に使われていることを指摘している。具体的には「あ、おみこしですよ。」や「お、きょうは早い

第6章　後続指向要素

ね。」[2]などの文である。これらは現場での会話において連鎖を開始するもので、新しい連鎖を開始することは会話自体を開始する働きがあることを指摘している点で重要である。

　これらの要素は一般的には発話の冒頭に用いられるため、発話のどの位置で利用されているかに関しては暗黙に前提が共有されているだろう。一方で、本書での「順序関係」のような、他の要素との関係についてはあまり言及されていないと言える。

2.2　呼びかけに関わるもの

　後続指向要素の中には、相手を呼びかけることに関わる要素がいくつかある。例えば、本書で分析したデータにおいて非常によく用いられていたものとして挙げられるのが、相手の名前を呼ぶというものである。このような、呼びかけに関わるものには、具体的には次のような要素があった[3]。

　　お前（なあ）、あなた、あんた、相手の名前、おい、

　　あのね、あのさ、ね、ちょっと、やあ

　具体的な事例として、次のようなものがある。

　　（6-5）［japn1684　27:09-27:11］
　　→01D：［＞ね＜キョウコ］あと2年ぐらいんでしょこっちに.

---

2) それぞれの引用は、前者は、水谷信子（1987）『総合日本語中級』凡人社［第3課］、後者は、同教科書の［第1課］からのものである。

3) ここで具体例として挙げているものは、あくまで本書で利用しているデータの中に見いだされたものである。書き言葉を分析対象としたものであるが、林四朗（2013b）は呼びかけに関わる要素をかなり網羅的に整理している。ここに挙がっていないものとしては、親族名称（「おかあさん」等）、職業名（「先生」等）、みんな、みなさん、こら、そうら、さあ等があった。

164

2. 後続指向要素に関わるこれまでの研究

　ここでは、電話の相手であるキョウコに対して質問している。この事例において、呼びかけに関わる要素である「＞ね＜」および「キョウコ」は、発話の冒頭に配置されている。

　相手を呼ぶという行為についてはこれまで様々な研究がなされてきている（鈴木孝夫 1973, 1982、田窪 1997 等）。これらの多くは呼びかけの多様性、あるいは場面および参与者の関係による使い分けなどに注目しているものである。リアルタイムで進行する相互行為を重視する会話分析においても、呼びかけ（summon）[4]は早い段階から注目されており、［呼びかけ－応答］という隣接ペアが相互行為の最初の連鎖として用いられ、以降の相手の参与を確保するための道具になっていること（Schegloff 1968）や一般的な前置き連鎖（generic pre-sequence）[5]になることが指摘されてきた（Schegloff 2002［1970］, 2007）。また、Lerner（2003）は英語において、相手の名前が隣接ペアの第一部分の前に配置される場合（Name + First pair-part）と後に配置される場合（First pair-part + Name）とがあることに注目している。前者は、受け手側が発話へ応じる可能性（availability）に問題があるときに用いられ、後者は、受け手に対する特定のスタンスや関係性を示す必要があるときに使用されるとしている。また、前者は、相手の名前と隣接ペアの第一部分の間に相手の応答が①ある場合（exposed addressing）と②ない場合（embedded addressing）とがあるとしている。この相手の応答のある場合とない場合の区別に注目した森本（2008）は、日本語ではこの違いがどのように使い分けられているのかについて分析している。森本によると、会話

4）実際は summon は「呼び寄せ」あるいは「呼び出し」と言える行為であるが、ひとまず本書では呼びかけに含ませておく。

5）Schegloff（2007）によると、前置き連鎖（pre-sequence）には、行為タイプを特定する前置き連鎖（type-specific pre-sequence）と、行為タイプを限定しない一般的な前置き連鎖（generic pre-sequence）とに分けられる。前者は、「今日の夜何してる？」のような前置きのことで、この発話がなされた段階で何らかの「誘い」の前置きであることが聞き手にはわかる。後者は「（少し離れたところにいる相手に）ねえちょっとこっち来て！」と言う時のように、その後の行為は特に特定しないものである。

第6章　後続指向要素

に参加していなかった状態から受け手になる等のように受け手の参与地位が変化する場合に①に、会話に参加していたものの話しかけられていない受け手が次話者に変化する場合に②になるようである。このように呼びかけの研究は徐々に深まりつつある。一方、様々ある呼びかけの要素がどのような順序で用いられるかというような順序規則の視点からの研究はまだなされていないように思われる。

2.3　接続に関わるもの

　前になされた自身の発話の内容、または他者の発話の内容と後続発話の内容がどのような関係にあるのかを示すことを専門とする要素の一群が、本書で「接続に関わるもの」と位置づけているものである。基本的には一般的に言語学の分野で接続詞あるいは接続表現と呼ばれているものを想定している[6]。なお、この種類に属する要素はあまりに膨大な数にのぼるため、その一つ一つをここで挙げることはしない。

---

6) 典型的には接続詞の仕事であるが、指示詞も前の発話と後続部分を繋ぐ働きをする。例えば、高木・細田・森田（2016）は次のような事例の「そのさ」に注目している。

(6-a) ※高木・細田・森田（2016）の事例（p. 298）を引用（本書のトランスクリプトの形式に変更している）
Mは最近ロサンゼルスに来たHに、ここでは何がおいしいかいろいろ教えている。この前でコリアタウンの焼肉が話題になっていて、そのトピックがちょうど終わったところである。
　01M：あとはどこ：がーいいかな：
　02　　　(0.4)
→03H：え，そのさ↑韓国のお豆腐っていう話は噂を耳にしたんだけど，
　04M：うん．
　05H：それって何？おーにー日本のお豆腐と同じなの？

高木・細田・森田（2016）は、3行目の「そのさ」は「これから何かについて言及しようとしているが、それはすでに会話に出てきたことで、しかも自分はMほどはよく知らないことについてである」ということを認識可能にしていると指摘し、それだけでは「連鎖を生み出す行為は完成しないが、「前に出てきたものについて言及する」という動きをよりはっきりさせておくことができ、それによってその後に続いて達成されるべき行為の方向性を示唆することができる」（p. 299）働きがあるとしている。

2. 後続指向要素に関わるこれまでの研究

　日本語の多種多様な接続詞に関する研究はこれまで様々な角度から数多くの研究がなされてきた（大石 1971、渡辺 1971、井出 1973、森岡 1973、吉田 1987、甲田 2001、馬場 2006、石黒 2008 等）。これらの研究の中には書き言葉での使われ方だけではなく、話し言葉での使われ方にも注目しているものもあり、接続詞の全貌が明らかにされつつあると言える。しかし、これらの研究の多くが、個別的な項目についての意味用法を明らかにするものである。実際の会話においては下の事例のように複数の接続詞が用いられることもある。

　（6-6）［japn4222　01:54-02:30］
　　Lは銃に関する自作のビデオを売り込もうとしている。なお、1行目の「アームズマガジン」は日本で発売されている雑誌の名前である。
　　　01 L：＝まあぉ-アームズマガジンいろいろそうゆうガンショップの：
　　　02　　　(0.4)住所が：(0.4)住所があるから：そこに全-(0.6)もう
　→03　　　片っ端から送ろうかなと．.hh であと：：(0.5)あの警備会社：
　　　04　　　＞日本の＜警備会社に：俺全部送ったんに．

ここでは3行目に「で」と「あと」という二つの接続詞が使われている。また、仮に「あと」「で」の順序にすると「あと」で始めたことを止めて「で」からやり直しているように聞こえることから、何らかの順序規則が働いているものと思われる。

　このような複数の接続詞が使用されている際の秩序について記述を試みているものは非常に少ない。わずかな例として馬場（2003）および石黒（2005）がある。馬場（2003）は市川（1978）による接続詞の分類を軸に、順接型（だから、すると、こうして等）、逆接型（しかし、それなのに、ところが等）、添加型（そして、つぎに、そのうえ等）、対比型（むしろ、一方、あるいは等）、転換型（ところで、やがて、さて等）、同列型（すなわち、たとえば、とりわけ等）、補足型（なぜなら、ただし、なお等）のそれぞれの接続詞が二

167

第6章　後続指向要素

重使用されている実例を分析し、分類同士の組み合わせや順序について以下のような表にまとめている。なお、表中の○は馬場が実例を見つけている組み合わせ、△は稀な例あるいは限られた用法、×は実例を見つけていない組み合わせである。例えば、「しかし一方」という［逆接型＋対比型］という組み合わせを見たいときは、表中の左上の先行の項目の中から［逆接型］を、後続の項目の中から［対比型］を見れば○となっており、実例が実際にある例ということととなる。

表6-1：馬場（2003）による接続詞の二重使用の共起可能性と順序

先行 / 後続	順接型	逆接型	添加型	対比型	転換型	同列型	補足型
順接型	×	×	△	×	△	△	×
逆接型	△	○	×	×	×	×	×
添加型	×	○	○	○	○	×	×
対比型	○	○	○	○	○	×	×
転換型	×	△	×	×	○	×	×
同列型	○	○	○	○	○	×	○
補足型	×	×	×	×	×	×	×

　この馬場（2003）の研究結果を踏まえた上で石黒（2005）は、接続詞が二重使用される際に、原則として次のような順序になることを指摘している。

転換型＞逆接型＞添加型＞順接型・対比型＞同列型

この［転換型＞逆接型＞添加型＞順接型・対比型＞同列型］という順序規則は書き言葉のデータを分析した結果であるが、この順序に関しては筆者の分析対象とするデータを見る限り、話し言葉にも当てはまるものである

168

と言える。しかし、両者の分析対象は書き言葉であり、話し言葉において
はしばしば用いられる要素であっても、書き言葉に現れないものは分析対
象から外されている。例えば、「で」[7]は、話し言葉では非常に多用される
ものの、書き言葉では基本的には見られず、両者の研究でも扱われていな
い。その「で」に関して相互行為の観点から使用される位置について記述
した串田（2009a）は語り（自分の体験や誰かから聞いた出来事を描写する活動）
の際に、直前までの語りを続けるために次の位置で「で」が使用されてい
ることを指摘している。その位置とは、①「行って」のように［動詞＋
「て」］という形式で継続開始された節末のあと、②語りの途上でひとつの
発話が統語的に終了したあと、③語りの途上に挿入された脇道連鎖の終わ
りうる地点のあと、④語り全体が終わりうる地点のあと、⑤いったん終了
した語りを「再開」させるときの語りの冒頭の五つである。なお、③の「脇
道連鎖」（side sequence）とは Jefferson（1972）が用いた用語で、語りの最中
になされる本筋の進行とは異なる発話連鎖のことである。また、筆者は伊
藤（2012a）で、「で」の用いられ方について焦点を当てて分析し、「で」が
他の接続に関わる要素より先に配置されることを指摘した。例えば、上に
挙げた（6-6）は［で→あと］となっており、［あと→で］の順になると「あ
と」で始めたことを「で」からやり直したように感じられるだろう。更に、
「で」が先行発話の続きであることをマークする要素であることを述べ、
「接続に関わるもの」を次の二つに分類した。そして、①と②を両方とも
使う必要があるときは①→②という順序になるとした。

①後続発話が先行発話の続きであることをマークする要素

7）本書では、「で」と「んで」を一つにまとめ、「で」で代表させる。厳密に言うならば「で」と
「んで」は異なる用いられ方をしている可能性がある。本書での議論においては、両者は同じ用
いられ方をしていたため分類せずに一つにまとめたが、両者の違いは今後検討していく必要があ
るだろう。なお、「それで」に関しては、指示詞「それ」＋「で」という語源であるものと思われ、
指示詞の何らかの働きが関係してくる可能性があるため本論では「で」に含めていない。

②先行発話が後続発話と内容的にどう関係するかをマークする要素

「で」以外で①に含まれる項目としては、「でも」が挙げられる。稗田（2003）は「でも」について本筋の話題へと話を戻す談話標識であるとしている。更に詳細な記述としては、西阪（2013）が「直前の発話を飛び越えて、一連の発言の要点を取り出し、あるいは一連の発言を一つの要点のもとにまとめ上げ、それに反応する」（p. 125）発話の冒頭に「でも」が用いられていることを指摘している。このような「でも」の用法は、先行発話の中で直前よりも更に前の発話との関連を示すというものであり、①に該当すると言えるだろう。②には非常に多くの接続に関わる要素が含まれることになるが、②の接続に関わる要素を複数使用する必要があるときは、筆者の分析対象としたデータを見る限り、石黒（2005）の示した［転換型＞逆接型＞添加型＞順接型・対比型＞同列型］という順序になると言える。

　以上、「接続に関わるもの」について先行研究を交えつつ見た。「接続に関わるもの」に関しては、他の区分より連続使用に関する先行研究が多く含まれていると言える。

2.4　態度表明に関わるもの

　言語学の分野で「モダリティ」あるいは「言表態度」に関わるものとして扱われているものの一部も冒頭要素として使用されている。本書ではこれらをひとまず「態度表明に関わるもの」としておく。モダリティとは仁田（1997）によれば、「話し手の描き取った言表事態に対する、認識を中心とする話し手の捉え方および、それをどのように発話・伝達するかといった話し手の伝達的な態度のあり方を表したもの」（p. 187）で、文法カテゴリの一つである。一般に、日本語では「モダリティ」を表す形式は多くの場合、「ね」「だろう」「かな」といった具合に、文末・発話末に配置

2. 後続指向要素に関わるこれまでの研究

されるため、多くのモダリティ研究は文末・発話末を対象としている。しかし、これまでのモダリティ研究が文末・発話末以外に対して無関心であったわけではない。例えば、モダリティ副詞の研究で取り扱っている副詞の中には、本書が注目している発話冒頭にも配置されるものがある。モダリティ副詞とは、小矢野（1997）によれば「文の対象的な内容に対する話し手の把握のしかたや聞き手に対する伝達的な態度を表現する副詞（類）の総称」のことである。発話冒頭での順序に関する言及に目を向けると、例えば、益岡（1991）では、「たぶん、必ずしも皆賛成しないだろう。」という例文を取り上げ、「皆賛成する」という命題に対して「必ずしも」と「ない」という「みとめ方のモダリティ」がそれを包み込み、更に「たぶん」と「だろう」という「真偽判断のモダリティ」が「命題」と「みとめ方のモダリティ」を包み込むという関係（つまり、[[[命題] みとめ方のモダリティ] 真偽判断のモダリティ] という関係）にあることを述べている。これは、モダリティが命題の前後で呼応する関係にあること、そして「みとめ方のモダリティ」や「真偽判断のモダリティ」といった「モダリティのカテゴリー」に階層性があることを意味している。その上で、益岡は日本語のモダリティの階層的構造について下の図のように整理している。まず、各モダリティに使われている用語について益岡の定義を示しておこう（益岡（1991）の第 3 章にそれぞれ示されている）。伝達態度のモダリティは、文を伝達する際の話し手の聞き手に対する態度を表すもので「ね」「おい」などである。ていねいさのモダリティは、聞き手に対する丁寧さを表すもので「です」「ます」などである。表現類型のモダリティとは、表現・伝達上の機能の面から文を類型的に特徴づけるもので、具体的には「〜て下さい」や「ぜひ」を挙げている。真偽判断のモダリティは、対象となる事柄の真偽に関する判断を表すもので、「だろう」「たぶん」などである。価値判断のモダリティは、対象となる事柄に対してそうあることが望ましいという判断を表すもので、「べきだ」「ものだ」を挙げている。説明のモダリティは当該の文の記述が他の事態に対する説明として用いられること

を表すもので、「のだ」と「わけだ」を例として示している。テンスのモダリティとは、所与の事態を時間の流れの中に位置づける働きをするもので、「〜た」や「かつて」などである。みとめ方のモダリティは、肯否の判断を表すもので、「〜ない」や「決して」などが挙げられている。最後に、取り立てのモダリティは命題間の範列的な関係（paradigmatic な関係）を表すもので、「も」や「は」がその例として示されている。

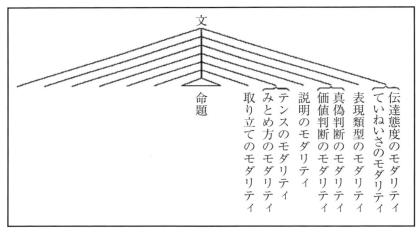

図 6-1：モダリティの階層的構造（益岡（1991：p.43）より引用）

この図では、命題を挟んで線で結ばれているものが呼応関係にあることを意味している。例えば、図中の一番左の空欄には、それと線が繋がっている「伝達態度のモダリティ」および「ていねいさのモダリティ」が入る。各モダリティのカテゴリーが階層的に配置されるということは、明言こそされてはいないが、文を構成する要素が図の左から右へと配置されることを意味するものと思われる。そのため、発話冒頭における態度表明に関わるものの順序も上のような順序になるものと考えられる。

また、態度表明にやや近い観点として、副詞的表現を考察している仁田

（2002）も順序に関して言及している。仁田によれば、副詞的表現は以下のような層状構造を取って出現する（p.41）。

［時の状況成分［頻度の副詞［時間関係の副詞［様態の副詞］］］］

この構造における時の状況成分とは、「十一日の朝」「今日は」等のような、事態の成り立つ時を表したものである。頻度の副詞は「しばしば」「何度も何度も」等の事態の外側から事態生起の回数的あり方を特徴づけたもの、時間関係の副詞は「次第に」「すぐ」など時間的特性に言及することで事態の実現のされ方を特徴づけたもの、様態の副詞は「ゆっくり」「わざと」等のように動きの展開過程の局面を取り上げて、その諸側面のありように言及することで事態の実現のされ方を特徴づけたものを、それぞれ指す。ただし、この順序は、副詞的表現が使われる順序であるので、冒頭での順序に限った話ではない。また、書き言葉を分析対象としているため、話し言葉ではどのような順序として立ち現れてくるかも検証する必要があるだろうが、本書は副詞的表現に限った研究ではないため、特に検討はしていない。

　さて、態度表明に関わるものに含まれる要素であるが、会話においても非常に多種多様である。例えば次のようなものがある。

（6−7）［japn4222　09:46−09:52］
　この会話の少し前にKは自分のやっている仕事をJもやるよう誘い、Jは了承している。しかし、Jには抱えている問題があり、少なくともすぐには働ける状況にないようだ。その問題についての話題が終わりうる位置でなされたKの発話である。
→01 K：［**とりあえず**：h.hh ＜え：とね：じゃあ：：＞また近々：：連絡
　02　　　ください．＝その：ワイパーの件とか．

第6章　後続指向要素

（6-8）［japn6707　13:56－14:03］

両者の兄がアメリカに移住したがっており、Sはもう少しで移住のための制
度が厳しくなる可能性があるので「早いところやんなきゃ」と言う。それに
対してRは手続きに時間がかかるので今から急いでもだめだという事を述べ
た直後。

→01R：**大体**して-ちゃんとした仕事もないね：，

　　02S：うん．

　　03　　（0.2）

　　04R：tch-来るっていうの（は／が）そもそも難しい（.）h::問題だから？

（6-9）［japn6739　27:00－27:02］

直前では、日本に来なくてもアメリカにいたままで「びっくりするぐらい上
手に」日本語を話すアメリカ人がいるという事をUは話している。

→01T：＝**やっぱり**あのう才能もある人いるのね：あれ．＝

上の例ではそれぞれ「とりあえず」「また」「近々」（6-7）、「大体」（6-8）、
「やっぱり」（6-9）という要素が冒頭に用いられている。モダリティは、
事態に対する話し手の認識論的な把握の仕方や捉え方に関わる「事態めあ
てのモダリティ」と、どのような発話・伝達上の機能を担って発せられた
のかに関わる「発話・伝達のモダリティ」とに大別できる（仁田 1997）。
ただし、例えば、（6-7）で用いられた「とりあえず」について考えてみ
ると、「事態めあてのモダリティ」か「発話・伝達のモダリティ」かとい
うよりも、その両者に関わっているように思われる。一方では［連絡する］
ことが「とりあえず」、つまり本格的なものではなく差し当たりの対応で
あるという話者の捉え方を表している点で「事態めあてのモダリティ」と
して考えられる。また、他方では、Jがすぐには働けない原因となる問題
についての話題が終わりうる位置で「とりあえず」と差し当たりの対応を
示していることから、その発話が［提案］として聞かれることになる。そ

のような意味で「発話・伝達のモダリティ」としての側面が「とりあえず」にはあるだろう。ここで挙げている他の冒頭要素のそれぞれも、一つずつ詳しく見ることはしないが、命題内容の外側で話者の捉え方と伝達上の機能を表していると言えるだろう。

上に挙げたものの他にも「結局」「第一」「どうせ」「とにかく」「なに」[8]「もう」「まあ」といった具合に、この「態度表明に関わるもの」に含まれる要素は非常に多いが、本書が主眼としている順序に関する分類ではなく、あくまでどのような要素が冒頭要素の具体例になるのかの感覚を読者に持ってもらうために、ここでそのいくつかを示しているにすぎない。本書にとっては順序に関わる分類こそが重要であり、膨大な数になる「態度表明に関わるもの」に含まれる要素を一つ一つ見ていくことはあまり生産的ではないと考え、ここでその全てを示すことは控える。

2.5　サーチに関わるもの

発話の冒頭では、サーチに関わる要素も用いられることがある。サーチとは、簡単に言えば、何かを探していることを相手に見せることである。最も代表的な例として、「言葉探し」（word search）が挙げられる[9]。言葉探

8）ここで挙げている「なに」とは、「何食べた？」のように質問で求めている情報の対象として用いられるような一般的な「なに」ではなく、「なんか－（0.5）k－なに－灰色っぽいような色？」（japn4222）や「でなにお兄ちゃんほら（0.2）北海道来たとき：.hhh あのう：、お嫁さんは来なかったの？」（japn6707）といった、質問であることを投射するものの、質問で求めている情報の対象として用いられているわけではない「なに」、つまり、「なに」に当たるものを質問しているわけではない「なに」である。このような、極性疑問文の中で感動詞的に使われる「なに」については遠藤・横森・林（2017）を参照されたい。

9）「言葉探し」はサーチの代表的なものではあるが、サーチの全てというわけではない。例えば、次の事例のように問われている答えをサーチする場合もあるだろう。

（6-b）〔japn1612　10:30-10:36〕
01 B：［どれ-］n3 つとも two door でしょう？
02　　（0.3）
→03 C：＜3 つとも：：ツード->あっそうだよそうだ［よ（……もん）.

第 6 章　後続指向要素

しは、話し手が、単語などの特定の項目を言う必要があるのにも関わらず、その項目が見出せないときになされるもので、修復の自己開始の一種である（Schegloff, Jefferson & Sacks 1977）。一般に、修復が開始される際、トラブル源は前の発話にあるため、修復の開始は遡及的な指向を持つ。一方、言葉探しにおけるトラブル源はトラブルが解決されたときに現れるため、指向は後続発話に向けられていると言えるだろう[10]。そのため、本書ではサーチに関わる要素を後続指向要素の一つとして考える。具体的な例として下の事例を見ておこう。

(6-10)〔japn4044　23:06-23:13〕
直前では J が K との会話を中断し、電話の外で誰かと話していた。その会話は微かに聞こえていた。

01 K：今のだれ：？
02 J：.hh ナンシーさん.
03　　(0.4)
04 K：あ：.
→05 J：あの：：：：(.).hhh(0.5)
06 K：((咳))
→07 J：ええと：[：
08 K：　　　　[あ：奥さん？

ここでは 1 行目で B が「two door でしょう？」と聞き、C が「そうだよそうだよ」と答えている。注目したいのは 3 行目の C の「＜ 3 つとも：：ツード->」である。これは① 1 行目の質問を繰り返しており、②ゆっくり発音されている。そのため、何かを探しているように聞こえるだろう。そして、ここで探されているものは特定の語というよりは、質問の答え（「そう」）と言える。このように、サーチには言葉探しだけではなく、答え探しも含まれる。

10) 典型的な修復開始の「えっ」を考えるとわかりやすいかもしれない。「えっ」は前になされた発話の中に何かトラブル源があったことを示すため、聞き手はトラブル源を「えっ」よりも前に起こった発話の中から探すだろう。そのような意味で遡及的な指向を持つと言える。一方、言葉探しの典型的なものとして「あのー」が挙げられるが、これは「あのー」よりも後にトラブル源、つまり探していた言葉があるため、聞き手も後続発話に注意を向けるだろう。

2. 後続指向要素に関わるこれまでの研究

　　09 J　：＞↑そうそうそう．＜

　この例ではJが「ナンシーさん」について5行目から説明しようと試みているが、5行目では「あの：：：：」、7行目では「ええと：：」という二つのサーチに関わる要素を使用している[11]。ただし、この例では、サーチ対象がJによって出てくる前に、K側から8行目に「奥さん」という候補が出されたため、5行目から開始された発話は途中で打ち切りになっている。
　言葉探しに関しては、これまで様々な研究がなされてきており（M. Goodwin 1983、　Goodwin & Goodwin 1986、　C. Goodwin 1987、　Lerner 1996、西阪 1999[12]、串田 1999、Hayashi 2003 等）、言葉探しが単に話者の認知プロセスが発話に現れているといったような個人的な振る舞いではなく、現在進行中の活動を一旦止め、言葉が見つからないというトラブルが発生していることを示すことで、発話の受け手がトラブルの解決に向けて参入できるような位置を作り出しているというような相互行為的な振る舞いであることが明らかにされている。日本語における言葉探しについては、Hayashi（2003）が具体的に次のような振る舞いがあるとしている。

　1：「あの」や「なんか」などの「遅延装置」
　2：「なんだったっけ」などの自分を宛先にした質問

―――――――――――――

11）高木・細田・森田（2016）によれば、前の話者から次話者に選択された者がその発話の冒頭に「ええと」や「うーん」などのいわゆるフィラーを配置することで、次の順番を取ることが求められているという認識を明らかにし、発話を産出すべき人物が発話を産出していないという逸脱的事態を回避できる。この事例での「あの：：：：」や「ええと：：」に対しては、Jが次話者として選択されていないため高木らの分析をそのまま当てはめることはできないが、フィラーによって言葉を探していることを相手に見せ、02 が不適切な答えであり、より適切な答えを探していると相手に伝えることができるだろう。なお、高木ら（2016）は「ええと」「うーん」「あのー」「そのー」等の様々な表現がシステマティックに使い分けられている可能性も指摘している。また、「ええと」に関しては高木・森田（2015）が詳細な記述を行なっている。

12）ただし、西阪（1999）が研究対象としているのは「言い淀み」である。言い淀みは、後続発話をどのように組み立てるのかということに関してサーチしているので、サーチの一種と言えるかもしれない。

177

第 6 章　後続指向要素

3：目線を逸らすなどの指向的なシフト

4：手や顔のジェスチャー

これらのうち本書が対象としている言語的な要素が関わるのは、1 と 2 である[13]。上で示してきた先行研究は、相互行為における言葉探しがどのような意味を持つのかを明らかにしてきたが、本書が研究の目的としている発話冒頭での他の冒頭要素との順序関係に関してはまだ研究されていないと言える。

　なお、「サーチに関わるもの」の中には、自分のサーチではなく、相手にもサーチ対象がアクセス可能であること示すものもある。つまり、「相手のサーチを促す」ことに関わるものがある。具体的には「ほら」という要素についてであり[14]、本書では「ほら」を「サーチに関わるもの」の中に含むことにする。なお、相手のサーチを促すことは、自分がサーチをしていることと矛盾するわけではない。相手のサーチを促すという行為は、それ自体サーチ対象を見つけるまでの時間を稼ぐことにもなるからであ

---

13) 3、4 に関して、Goodwin（1987）は、言葉探しが内部探索として行われているときは考えているような顔や中空に視線を向けるが、外部探索として行われる場合は相手に視線を向けることを指摘している。

14) なお、データには 1 例だけではあるが「ほらほら」というものもあった。

(6 − c)［japn6707　16:04 − 16:08］
R と S の会話である。小さな声でなされた「ふ：ん」「うん」というやり取りで前の話題が終わりうる位置に達し、その後 3.5 秒の沈黙の後で、この発話はなされている。なお、この発話の話題は前の話題と何ら関連を持っていない。

→01 S ：.hh **ほらほら**（0.2）お宅の u-u-u-（し）ーちゃんとこの
　02　　　 ほら（0.5）チヨコさん元気でいる？

この「ほらほら」は、相手のサーチを促すことによって、後続発話が発話を向けられた R にとってもサーチ可能であることを示しており、その結果、R の注意を後続発話に向ける働きがある。このような、後続発話への投射と相手の注意を引きつけるという活動は話題の始まりと相性が良いだろう。「ほらほら」がこのような話題開始の道具になっているかどうか、さらには、「ほらほら」が「ほら」とどのように異なった用いられ方をしているのかについては、「ほらほら」が用いられている他の事例を検討すべきであろう。本書では、一例だけであったので、ひとまず「ほら」に含めておく。

る。

　サーチに関わる要素は、特定の項目なり答えなりを探す活動であるので、原理的には全ての語の前に配置しうるものであると言える[15]。原則としてどの語の前にも配置しうるがゆえに、発話の冒頭にも配置できると言った方がより適切かもしれない。ただし、同じ要素であっても、発話の途中で用いられる場合と発話の冒頭で用いられる場合では、異なる働きがある可能性がある。サーチに関わる語が、発話の冒頭で用いられる場合と、発話の途中で用いられる場合とでどのような違いがあるのかについては、会話分析にとって非常に興味深い研究課題であるが、発話冒頭における要素間の順序を焦点に置いている本書の関心とは逸れてしまうため、ここでは取り扱わない。

3. 共通する特徴

　前節まで、後続指向要素には具体的にどのようなものがあるのかを示すために、「連鎖の起点としての気づきに関わるもの」、「呼びかけに関わるもの」、「接続に関わるもの」、「態度表明に関わるもの」、「サーチに関わるもの」の五種類に分け、先行研究を交えながら見てきた。

　本節では、まず、これらの五つの区分のいくつかに共通して見ることができる特徴について考察する。次に、上に挙げた五つの区分は、後続指向要素に具体的にどのようなものがあるのかを示すための便宜上のものであったが、発話の冒頭における順序を考えるときにはこれらの五つの区分ではうまく順序を説明できないことを示す。

15）例外もある。例えば伊藤（2012a）では、「で」の前に「で」を対象としたサーチに関わる要素は配置できないことを指摘している。

第 6 章　後続指向要素

　五種類の後続指向要素のうち、「呼びかけに関わるもの」、「サーチに関わるもの」、「態度表明に関わるもの」に共通している特徴がある。それは、発話の冒頭以外でも用いられることがあるという特徴である。「呼びかけに関わるもの」の一部は、例えば「それ重症だよマユミさ：：ん .」(japn1684)のように、発話末尾にも用いられる。「呼びかけにかかわるもの」は相手を呼ぶことであり、基本的に注意喚起の働きを担う。注意を喚起することは、そこで伝えられる内容の前でも後ろでもなされうる[16]。それゆえ、発話の末尾でも用いられるものと思われる。「サーチに関わるもの」は、「この会話を：え：と：録音しますのでいいですか？」(japn1612) の「え：と：」のように、発話の途中で用いられることもある。「サーチに関わるもの」は、原理的にはサーチ対象の直前に置かれることとなる。それゆえ、サーチの対象が発話の途中にあるものである場合、「サーチに関わるもの」も発話の途中に置かれるのである。そして、「態度表明に関わるもの」の一部は、「だから：もう会社行ったらね：もうあなたもうシナ語からラン語：朝鮮語からヴィエトナム語：から日本語からも：うそう渦巻いてんのよ .」(japn6739) の「もう」[17]のように、発話の途中でも用いられる。「もう」のような副詞は基本的には後続の特定の語を修飾するものであり、その特定の語が発話の途中に配置された場合に冒頭以外にも配置されることとなるのであろう。

　ある要素が、発話の冒頭で用いられる場合、発話の途中で用いられる場合、発話の末尾で用いられる場合のそれぞれで、働きにどのような違いがあるのであろうか。例えば、ターンの冒頭においてある要素が用いられた場合、ターンを取得することに関わる仕事を行なっている可能性がある。

16）例えば、大切なことを伝える際に、「これから言うことは大切なので覚えておくように」と伝える前に注意喚起をすることも、「今言ったことは大切なので覚えておくように」と伝えた後に注意喚起をすることも可能である。

17）この発話では計 4 回「もう」が使用されているが、最初の「もう」に関しては命題に関わる語である「会社」よりも前に発せられているので発話の冒頭で用いられているものとして考えている。

3. 共通する特徴

Sacks, Schegloff & Jefferson（1974）は、英語においてターンの冒頭にしばしば用いられる well や but、and、so のような付加表現（appositional beginnings）について以下のように述べている。

> 付加表現は、それとともに始められた文が、組み立てのうえでどんな特徴を持つかについて、あまり多くのことを明らかにしない。つまり、付加表現で始めるときは、話し手は、その開始の時点で、まだ確たる計画を持っていなくてもよい。それだけではない。この付加表現の部分が他の発話と重なっても、いま始められた文は、その組み立ての展開も分析可能性も、損なわれることがない。（pp. 719-720；訳は西阪（2010b：p. 81）による）

ターンの冒頭は、他者の発話と重複してしまうという危険に晒されている。もし発話の冒頭が重複によって相手に聞こえにくくなってしまえば、聞き手が発話の組み立てを分析するのが困難になってしまうかもしれない。しかし、何らかの要素によって「発話を始めた」ということを相手に示さなければ、当然発話は始められない。そこで、発話の冒頭に付加表現を用いることで、発話の開始を示しつつも、もし仮にその付加表現が重複してしまったとしても、発話の組み立ての分析に致命的な欠陥は残さずに済むというわけである。

　Sacks らの指摘は英語に関してのものであり、そのまま日本語の冒頭要素にも当てはめることができるかどうかは別途検証する必要があるだろう。しかし、同じ形式の要素であっても、それが発話のどこに置かれるかで、どのような相互行為上の仕事を担うかは異なる可能性があるものと思われる。発話の冒頭に配置された場合に、どのような働きがあるのか。この疑問に答えるには各要素を個別に分析していく必要がある。本書は、冒頭における順序に焦点を当てるものであるので、この点については深入りはせずにおき、ここでは配置位置を特定した要素の研究が今後必要となる

ことを指摘するに留める。

本章 2 では、後続指向要素を「連鎖の起点としての気づきに関わるもの」、「呼びかけに関わるもの」、「接続に関わるもの」、「態度表明に関わるもの」、「サーチに関わるもの」の五種類に分けて見てきたが、この区分では発話の冒頭における言語要素の順序を明らかにするには問題があることをここで指摘しておく。

最も大きな問題は、これらの区分では、区分間の順序を説明するのに議論が複雑になりすぎてしまうという点である。上述のように、各区分における順序関係を示すことにおいてはある程度明らかにされている部分もある。例えば、「接続に関わるもの」に関しては、複数の要素が使用される際の順序がかなり明らかになっていることを本章 2.3 で既に示している。「態度表明に関わる物」に関しても同様である。しかし、「接続に関わるもの」が「呼びかけに関わるもの」と同時に使われている時、「サーチに関わるもの」と同時に使われている時といった具合に、他の区分と同時に使用されている場合の順序を考えると、議論は飛躍的に複雑さを増してくる[18]。また、議論の複雑さが増すということを別の観点から見ると、同じ区分に属する要素間の順序であっても、相互行為の展開によって順番が前後する可能性も考えられる。更に、これらの五つの区分は様々な分類基準によって取り出されたものであり、これらの分類基準が統一されていないことも問題点として挙げられる。例えば、「連鎖の起点としての気づきに関わるもの」では連鎖に、「呼びかけに関わるもの」では「呼びかけ」という行為に、「接続に関わるもの」では結束性にといった具合である。

そのため、本書ではこれらの区分を一旦取り払い、特定の相互行為の仕事を担っているものとそうでないものに分類し直すことにする。そうする

---

18) 五つの区分のうち、二つの区分が使われている場合だけ考えても単純計算で十種類のパターンがあることになる。更に、三つ以上の区分が使われている場合なども考える必要が出てくるだろう。また、その全てのパターンに対して筆者がデータを持っているわけではないため、分析できない箇所が多分に出てきてしまう。

ことによって、これまでばらばらに扱われてきた様々な要素を統一的に扱うことができるのである。その特定の仕事というのは連鎖上の「断絶をマークする」というものである。この「断絶をマークする」という仕事は後続指向要素の順序に密接に関わっている。その点について次節以降見ていくことにする。

4. 複数使用と順序

　後続指向要素は発話の冒頭で立て続けに複数使われることがしばしば見られる。その時の配置順序はどのように整理していけば良いのであろうか。ここでは発話冒頭における後続指向要素の順序に関わる区分として、連鎖上の「断絶をマークする要素」と「断絶をマークしない要素」という二つに分類したい。この「断絶」というキーワードが、発話冒頭における後続指向要素の順序にとって決定的に重要なのである。

　以下では、まず、「断絶」とはどういうものなのかを詳しく説明する。次に、断絶をマークする冒頭要素が用いられる連鎖環境について事例を交えて確認していく。具体的には、「挿入からの復帰」、「関連する複数のものへの言及」、そして「直前とは異なる新しい連鎖の開始」という三つを検討する。その後、後続指向要素が発話の冒頭で複数使用される際には「断絶をマークする要素」から「断絶をマークしない要素」という順序になることを論じる。

4.1　断絶

　ここからは「断絶」がキーワードとなるため、まず、「断絶」とはどのようなものなのかを示しておく。

第 6 章　後続指向要素

　本書で言う「断絶」とは、直前までの連鎖の展開から見て、後続する発
話が直前の連鎖との境界を示していることである。例として下の会話を見
ておこう。

　　（6−11）［japn1612　08：10−08：51］　※（6−4）に少し行を追加し再掲
　　　Cが録音日前日に受けた試験についてBが「どうだった？」（01）と聞いている。
　　　01 B：どうだった？＝
　　　02 C：＝せん sh-だからまだわからない．
　　　03 B：n-chnj-(.)［難　し　か］った？ hh
　　　04 C：　　　　　　［先週と−］
　　　05 C：n-↓難しいよ．＝
　　　06 B：＝ h：：h［hh
　　　07 C：　　　　　［絶対一問できない．＝
　　　08 B：＝ .h ほんと：．
　　　09 C：n今度僕は一問：：あのう n-g-全然時間がないからできなかった．
　　　10　　((中略。ここではCが、試験がうまくできなかったものの、それなり
　　　11　　　に満足していることを伝えている。))
　　　12 C：うんだ［からそれでいいよ．］
　　　13 B：　　　［ そっかそっか：．
　　　14　　(.)
　　　15 C：.hh うん．
　→16 C：.hh ＞あ兄ちゃん(ちゃん)に＜¥聞きたいことあるの．¥
　　　17 B：あ：何 °き［く．°
　　　18　　((以下、車を買い換えるならCの挙げる3種類の車のうち
　　　19　　　どれがいいかについてCがBに尋ねている。))

ここでは、1行目および3行目が説明を要求しており、5行目から12行目
がその説明になっていることは既に本章2.1で述べた。13行目でBは

184

4. 複数使用と順序

「そっかそっか：」と説明を受け取ったことを示しており、15行目でCは「うん」と言い、これ以上説明することがないことを示している。このような、それまでの連鎖を閉じることができる場所で「あ」と知識状態が変化したことを示す（Heritage, 1984）ことで、新しく記憶を呼び起こしたことを伝えること（日本語記述文法研究会, 2009）、より一般的な言葉で言えば、何かを思い出したことを伝えることができるだろう。また、この「あ」は連鎖を開始する起点となるものであり[19]、新しく何らかの連鎖が開始されることを示す。それゆえ、前の連鎖と新しい連鎖との間に境界を示すものでもある。このような、前の連鎖とは異なる連鎖が配置される際の境界を本書では「断絶」と呼ぶ。実際、上の例では16行目以降、新しい連鎖が開始されており、それに伴って話題もおおよそ「試験について」から「買い換える車について」といった具合に移行している。このように、「断絶」が生じた際には話題の移行もなされることがある。

　このような境界への参与者の指向は先行研究でも度々言及されている。例えば、Jefferson（1978）によると、英語において"oh"や"incidentally"といった断絶マーカー（disjunction marker）が、後続する発話が直前の話題と連続していないことを伝えるために用いられていること、そして、断絶マーカーが語りの導入部でしばしば用いられることを指摘している。これは断絶マーカーが話題と話題の境界への指向を示すことについての指摘であるだろう。あるいは、断絶マーカーに似たものとして、Schegloff & Sacks（1973）、Schegloff（1984）では連鎖上「自然ではない」あるいは「適切ではない」（not "naturally" or "properly"）位置で参与者が何らかの発話をする場合、その発話の冒頭に"by the way"のような誤置標識（misplacement marker：日本語訳は北澤・西阪 1995 による）が用いられることが述べられている。その他の誤置標識として Shegloff（1984）は直前とトピックが変わることを示す発話冒頭の"oh"や、後続する発話が直前ではなく、それよ

19）第6章2.1を参照。

第6章　後続指向要素

りも前と適合するということを示す[20]発話冒頭の"anyway"などを挙げている。誤置標識は、端的に言えば「以下の発話は連鎖の流れから見ると不自然な展開のものであるので、そのようなものとして聞け」ということを聞き手に示すものであるので、話題の境界というよりも連鎖上の境界付けに焦点を当てているものである。戸江（2008）でも断絶について述べられている。戸江は、質問した問いに回答者が答え、その後に最初の質問者が自分の質問したことについて話を始めるという「糸口質問」について分析している[21]。聞き手が最初の質問を、普通の質問ではなく糸口質問であると察知できるのは、糸口質問が前の話題や活動と途切れたものであり（つまり断絶しており）、「なぜ、いま、ここで、この質問をするのか」という問いが差し出されているからであるとされている。以上のように、参与者によって指向されることによって、話題や連鎖、活動に関して発話の直前と直後に断絶が可視化され、相互行為のリソースとして利用されるのである。

　なお、前の連鎖とは異なる新しい連鎖が配置されるとき、いつも「断絶」が示されるというわけではない。断絶をマークするということは、あくまでも直前と直後が異なる性質のものであるということを際立たせる技法なのである。Sacks, Schegloff & Jefferson（1974）はこのことに関して次のように述べている。「現在の順番における発言は、通常、直前の順番における発言に方向付けられたものとして聞かれるはずである。もし現在の発言を、直前の順番の発言以外の発言にあえて方向付けられたものとして聞いてほしいならば、現在の話し手は、その［直前にはない］発言がどの発言であるかを、特別な技法によって特定しなければならないだろう。」（p.

---

20)　この性質を Schegloff は「後から括弧にくくる」（right-hand parenthesis）と述べている。

21)　戸江が分析しているのは乳幼児を持つ母親同士の会話で、「そうそう起きるのは何時ぐらい？」（p. 138 のデータ 3 から引用、以下同様）という相手の子供が何時に起きるのかを聞く質問に対して回答がなされた後、自分の子供について「起きんのがおっそいねん」と述べている例などである。戸江は、この糸口質問を悩み語りの前触れとして論じている。

728：訳は西阪（2010b：p. 114）による。なお、引用中の〔　〕内は西阪による。）
この引用中の「特別な技法」の一つが本書で扱う「断絶をマークする要素」
の使用である。

　この「断絶をマークする要素」は本書で分析したデータにおいては、下
の三つの環境において使用されていた（以降、本書で「断絶」という用語は
下の三つの連鎖環境で示された連鎖と連鎖の境界を指すこととする）。

　　①広い意味での挿入から元の連鎖に戻る際
　　②関連のある複数のものへ言及する際
　　③直前とは異なる新しい連鎖を開始する際

①は直前の連鎖を打ち切り、それよりも前の連鎖との関連を示すことに
よって、直前の連鎖を挟み込む形となるもので、本章4.2.1で詳しく見る。
②は、それぞれに関連のある複数のものを話題に取り上げる際に、一つ目
と二つ目（あるいは二つ目と三つ目等）という関係を示すものである。この
詳細は本章4.2.2で示す。③は直前までと全く異なる新しい連鎖を開始す
るもので、上の（6-11）はこのタイプに当たる。これも本章4.2.3で詳
しく見たい。

　さて、これら三つの連鎖環境の関係について触れておきたい。ある連鎖
の後に、それとは異なる連鎖を開始するために断絶が示されるのである
が、その新しい連鎖には原理的に次の二つの選択肢がある。

　　Ａ：前の連鎖と関連を持たせる
　　Ｂ：前の連鎖と関連を持たせない

このＡの下位分類として①と②はある。①は、挿入から元の連鎖に戻るも
のであるので、連鎖としては直前よりも前と関連を持たせるものである。
②は、関連のある複数のものを取り上げるものであるので、直前と関連を

第6章　後続指向要素

持った新しい連鎖となる。逆に、③は前の連鎖とは関わりを持たない新しい連鎖を配置することになるのでBとなる。

　以上のことを整理すると以下のようになる。

　A：前の連鎖と関連を持たせる
　　　①広い意味での挿入から元の連鎖に戻る際（直前よりも前と関連）
　　　②関連のある複数のものへ言及する際（直前と関連）
　B：前の連鎖と関連を持たせない
　　　③直前とは異なる新しい連鎖を開始する際（新しいことを始める）

　次節では、①～③を一つずつ詳しく検討していきたい。

4.2　断絶をマークする冒頭要素が用いられる環境

　ここでは、断絶をマークする冒頭要素がどのような連鎖環境で用いられるのかを示す。具体的には、広い意味での挿入から元の連鎖に戻る時（本章4.2.1）、関連のある複数のものへ言及する時（4.2.2）、直前とは異なる新しい連鎖を開始する時（4.2.3）に分けて見ていく。このような連鎖環境のときに、直前との断絶が示されることで、直前と直後との境界が際立ったものとして会話参与者に示されるのである。

4.2.1　挿入からの復帰

　まず、直前の連鎖を打ち切り、それよりも前の連鎖との関連を示すことによって、直前の連鎖を挟み込むものを見たい。なお、西阪（2005c, 2006）は特定の言語要素によって中断していた連鎖に戻る機能のことを「連続子」と呼んでおり、その間の挿入部分が連鎖上削除（Jefferson 1972）されることを指摘している。連鎖上削除されるとは、連鎖の展開において特定の発話ないし連鎖が参与者たちに「なかったこと」として扱われるという

188

ことである。西阪の指摘する連続子は本書で見る言語要素の働きと密接に関わる。ただし、連鎖上削除されているとは言えないもの（下の説明の連鎖からの退出を参照）もあり、西阪の連続子よりは大きな観点であると言えるだろう。

　冒頭要素によって断絶を示すことで、直前の連鎖は広い意味での「挿入」として扱われることとなる[22]。挿入から元の連鎖に戻ることで挿入前の連鎖をどうするのかに関して、次の二つの可能性が考えられる。

　　①：挿入前のことを進める
　　②：挿入前のことをもう一度行なう

①の「挿入前のことを進める」に関しては、問題解決の連鎖からの退出、説明の連鎖からの退出という二つが本書のデータには見られた。なお、「退出」というのは会話分析の用語である exit を想定している。Sacks, Schegloff & Jefferson（1974）は 'you know?' のような付加疑問（tag question）が、話し手が次の話者を選択せずにターンが替わってもよい箇所まで発話を進めてしまった際に、発話が完了した後で別の誰かを次の話者として選択することに使えることを指摘し、自身のターンからの「退出技法」（exit technique; 訳は西阪 2010b より）であるとした。あるいは、Jefferson（1978）は物語を終えるためにすることとして、語りの継続を放棄するのではなく、その後の会話を引き出すために語りの本題からは離れた事柄に話を向けるなどすることを指摘しており、物語の要素の一部を退出装置（exit device）として使用しているとしている。このように、退出（exit）は、ターンや語りといった話者が権限を持つ一続きの単位を終えて別の単位へと移

22）ここでの「挿入」は、Schegloff（2007）が示している「挿入拡張」（insert expansion）ではないことに注意されたい。Schegloff の挿入拡張とは、隣接ペアの第一部分と第二部分の間に隣接ペアが挿入されるもので、例えば「ご飯食べにいこう」「いいよ」という隣接ペアの間に「何時ごろ？」「7時くらいかな」といった隣接ペアが入り込むことである。

189

行することを指している。本書でも、トラブルの連鎖や説明からの退出というとき、これらを終えて別の連鎖（本書では元の連鎖）に移行することを意味している。これは進行性が滞っている局面で利用されるものであると言える。つまり、下で見ていく事例は、これ以上会話が進展しないという状況で、直前よりも前のことの続きをするというあり方で会話を進めるものであり、進行性の滞りに対処するために冒頭要素が利用されているのである。②の「挿入前のことをもう一度行なう」に関しては、やり直しをしている事例があった。①が進行性に関わる局面で利用されると見た場合、この②は、関主観性に関わる局面で用いられるものと言える。直前よりも前のことをもう一度行なうことは、直前のやり取りは求めていたものとは異なるということを示すことに繋がる。つまり、認識の不一致が際立つ状況で断絶が示される事例をここでは取り上げることとなる。このように、下で順次検討していくことは、進行性および関主観性という大きな指向とも関連しているのである。

　以下では、これらの①［挿入前のことを進める］ものである「問題解決の連鎖からの退出」「説明の連鎖からの退出」、そして②［挿入前のことをもう一度行なう］ものである「やり直し」をそれぞれ詳しく事例と共に検討していく。

問題解決の連鎖からの退出

　一つ目は問題解決の連鎖からの退出である。ここで扱うのは、問題解決の連鎖の後に配置される発話の冒頭で断絶を示すことによって、問題解決の連鎖よりも前の連鎖の続きを行なうというものである。そのことによって、直前の問題に対する解決が十分であったことを暗に伝えることにもなる。次の事例を見たい。ここでは、14行目に「で」が用いられることによって、直前の問題解決の連鎖を打ち切りつつ、元の連鎖の続きを行なっている。なお、以降のデータにおいて、断絶をマークする要素（この例では「で」）によって挿入として位置づけられる連鎖は四角で囲んで示す。

4. 複数使用と順序

（6-12）［japn6707　11:49-12:09］

これまでSとRは両者の知人の近況を報告し合っていた。1行目の前では、2行目の「お嫁さん」とは別の知人について話していた。この「お嫁さん」が出てくるのは2行目が初めてである。

```
01 S：[でなに兄ちゃんほら（0.2）北海道来たとき：,
02 　　　.hhh あのう：,（0.3）°n-°お嫁さんは来なかったの？
03 　　　（0.6）
04 R：[来ない ..hh[hh 　[な-
05 S：[あ n- 　　　[なん[たっけあの下の名前 h：hh.hh.hh
06 R：[[n-n-ミタ h：[[：((呼気))
07 S：[[ん- 　　　　 [[ビ：タ.ミ-ビ：タ？
08 　　　（0.2）
09 R：tch-ミタ.n-＝
10 S：＝そうミタ.
11 　　　（0.4）
12 R：[うん.
13 S：[ふ：ん＝
→14 　　　＝で彼女まだフィリピン行ってるわけ？
15 　　　（1.3）
16 R：ん：：：：：ときどき行ってるでしょう？
```

1行目と2行目は兄の妻についての近況をSが聞いており、4行目でそれに答えている。5行目から13行目の冒頭「ふ：ん」まで、その妻の名前について思い出せないという問題が生じ、それに対する解決案が提出された（06）が、うまく聞き取ることができなかったため、後方に修復の連鎖が拡張している。その後、Sは14行目の「で」から再び兄嫁の近況を聞いており、16行目でRがそれに答えている。この14行目の「で」によって、5行目から13行目の「ふ：ん」までの問題解決とそれに続く修復の

191

第 6 章　後続指向要素

連鎖が十分であったことを示しつつ、妻の近況に関する質問の連鎖に戻り、続きを行なっている。前の連鎖に戻る「で」は直前の連鎖と以降の連鎖が異なることを示すため、断絶をマークしていると言える。このような「で」の戻る働きや区切る働きを指摘した先行研究は多く（西野 1993、高橋 2001、小出 2008、Yasui 2011、伊藤 2012a 等）、中でも小出（2008）は「境界と関連の形成とその表示」（p. 34）と端的に表現している。

　さて、問題解決の連鎖から退出した後、どこに戻るのかが聞き手には問題となる。しかし、「で」だけではどの連鎖に戻るのかまでは示すことができないため、「で」以降の後続発話を聞かなければならない。つまり、「で」は断絶をマークし、元の連鎖に戻ることのみを示すため、後続発話の中から「直前の連鎖よりも前のどこに戻るのか」に関するヒントを引き出すよう聞き手に注意喚起する働きもある。上の例では、14 行目の「彼女」が 2 行目の「お嫁さん」の代名詞として使用されており、2 行目の連鎖の続きであることがわかる。

　以上、一旦近況報告を中断し、開始された問題解決の連鎖を終え、再び近況報告に戻る際に「で」が用いられている例を見た。このような「で」は、単に直前と直後を区切るだけでなく、直前よりも前に戻るという働きがある。ただし、「で」のみではどこに戻るのかを明確に示すことができないため、直後の発話の中からそのヒントを探すよう聞き手を方向付けるのである。

説明の連鎖からの退出

　前節では挿入部分が問題解決の連鎖であったが、ここでは挿入部分が説明の連鎖であるものを扱う。下の例では、10 行目から始まる説明要求と説明の連鎖から退出し、元の連鎖に戻って続きを行なう際に「まっ」が用いられているものである。

4. 複数使用と順序

(6-13) [japn6707　19:12-23:05]
直前ではRがTシャツを作る仕事をしていることが述べられていた。

01 R ：[それから今ね,

02 S ：うん.

03 R ：あの：あれ(.)サンノゼに, (0.3)˚nn-˚バイリンチェアしてるの.

04 　　(0.8)

05 S ：サンホゼ?

06 R ：サン(ホ)ゼのs：-シニアセンター.

07 S ：.hhh お：老人の.h：[hh ((笑いではない))

08 R ：　　　　　　　　　[ん：.＝それも：日本n-日系の人が：(.)

09 R ：主に日系の人[が行く：,]　　　[祝 い 会 -]

10 S ：　　　　　　[あ：日]系の人[ね.＝どういこ]t-

11 　　どういうことするわけ?

12 R ：祝い会t-私：,水曜日はあの：うライブラリー手伝って：,

13 　　((約3分中略。Rはライブラリーでの仕事を説明する。その後、

14 　　そこでの仕事で接している日本人を引き合いにどのようなことを

15 　　しているのか、その日本人がどのような生活をしているのかを説

16 　　明している。なお、次の行の「ここ」はサンノゼを指し、全体とし

17 　　てサンノゼにその日本人が住み続けるかどうかは本人次第である

18 　　という旨を述べている。))

19 R ：ただ本人次第.＝ここへ.hh い-いるかどうか(0.4)けっし：ん(0.4)

20 　　.hh するのがまあ(.)問題で：,

21 　　(1.6)

22 R ：˚まだから.˚

23 　　(4.3)

→24 R ：**まっそんなわけでまた明日か** r-明日：ライブラリー行く日.

25 S ：˚ふ：：ん.˚

26 R ：˚う：：ん˚ h：：：：((鼻息))

193

まず、この例では大まかな流れを見ていく。1行目と3行目でRは自身の仕事について情報提供している。追加でなされている情報提供（8,9行目）の後である10,11行目で、SはRの仕事について詳細を説明するよう要求している。その後、仕事の説明と、そこで担当している日本人の生活について述べている（12-22）。

　さて、24行目で、Rは説明を続けるのではなく、「まっ」とこれまでの説明をまとめた形にし（西阪・小宮・早野 2013）、1行目と3行目で行なっていた「今バイリンチェアをしている」という旨の情報提供を進め、明日がその仕事の日であることを述べている。「まっ」によってこれまでの説明がまとめられたことによって、直前になされてきた説明を情報提供で挟み込むことになり、挿入として扱うことになる。また、情報提供という直前の説明とは異なる連鎖が配置されるため、24行目はそれ以前と断絶していると言える。

　ただし、「まっ」だけでは説明の一環として直前の話をまとめているのか、断絶を示して前の連鎖に戻っているのかわからないが、「まっそんなわけで」とセットで使うことによって「まっ」が断絶として使われたことを示している。音調的特徴に注目してみると、22行目の「ま」は弱く発音されており、直前までの連鎖の一部としてまとめを投射しているのか、断絶をマークして前の連鎖に戻っているのか判断しにくいが、23行目の長い沈黙の後の24行目では、22行目と比べて相対的に大きな声で、更に「まっ」と促音を含んでおり勢いよく発音されているため、それまでの流れとは別のことを始めようとしていることが投射されるだろう。この点から、「まっ」の段階で断絶をマークしていることが観察可能であるとも言える。また、23行目で説明の最中に4.3秒もの沈黙が配置され、「これ以上説明することがない」ことが示されている。そのような状況で「まっ」を使うことは、単に説明の一環として話をまとめているというより、説明の連鎖から退出していると考えた方が良いように思われる[23]。

　このように、「まっ」は音調的な特徴や、「そんなわけで」と共に使われ

ていること、あるいは連鎖環境によって断絶をマークすることでそれまでの説明から退出し、直前よりも前の連鎖の続きを行なうことができるのである。

　ただし、断絶を示して説明から退出した後は、どこに戻るかが問題となる。「まっ」自体では、どこに戻るのかは示されないため、後続部分を聞く必要が生まれる。上の例では、24 行目の「そんなわけで」が回帰地点を示す仕事を担っており、これまでの説明全体を「そんなわけ」が指し示していることから、説明に入る直前との繋がりを明らかにしている。あるいは、「明日」というのも、1 行目の「今」という時間表現と関わらせている。ここで「今」は「現在」や「最近」といった意味に近いものであり、ある程度時間に幅のある表現である。その幅のある表現から、より限定的な「明日」を用いることによって、24 行目が 1・3 行目と関わりのあることを示しつつ、1・3 行目を進めた情報提供がなされることを予告しているのである。

　以上、説明の連鎖からの退出技法として「まっ」という断絶をマークする要素が用いられていることを見た。「まっ」も「そんなわけで」と共に使われることで、先ほど見た「で」と同様に、区切ることと戻ることを担っているが、どこに戻るのかを明確に示せるわけではない。そのため、聞き手にとっては後続部分を分析し、回帰地点を探す必要性が生まれることとなる。

やり直し

　前節まで「問題解決の連鎖からの退出」と「説明の連鎖からの退出」という二つを見てきた。既に指摘しておいたように、これら二つは戻る地点の連鎖を先に進めるものである。ここで見る「やり直し」は、戻る地点の

---

23) また、そのような状況で 24 行目に断絶を示すことは、22 行目の後に「続けようとしていたこと」をやめてしまったことを B に示すことにもなる。

第6章　後続指向要素

連鎖を別の角度から再び行なうものである。まず例を示す。

（6−14）［japn1684　26：58−27：11］
　　DとE（キョウコ）は昔近くに住んでいて、頻繁に会っていたようだ。今は
　飛行機で往復300ドル程度かかる距離の場所に住んでいるようである。おそ
　らくDはカリフォルニアの近くに住んでいるものと思われる。
　01D：［.hh ちょっとオフシーズンに,(0.3)会おうよ.
　02　　（0.2）
　03E：［ま b−

　04D：［＞でも＜どっかに行く予定はないの？＝カリフォルニアとか.
　05　　（.）
　06D：.hh［h
　07E：　　［今年の：(.)しょ−(.)正月：？＝
　08D：＝＞いや＜今年ってか＞まあ＜いつでもいんだけ［どさ.
　09E：　　　　　　　　　　　　　　　　　　　　　　　［.hhhh
　10E：＞あでも＜カリ↑フォルニアは行きたいなと思っ
　11　　［てるんで［すよ：：.　　　］

→12D：［.hh　　　［＞ね＜ キョウコ］あと2年ぐらいいんでしょこっちに.
　13　　（（この後、Dはオーディションが好調であることを告げ、このまま
　14　　　順調にいき、お金が入ったらすぐ遊びに行けると言う））

1行目は勧誘の隣接ペアの第一部分であり、第二部分に承諾か拒否を要求
する。しかし2行目でそのような第二部分がきていない。そこでDは4行
目でEの予定を聞く情報要求によって、二人が会えるチャンスを探ってい
る。しかしEは10行目でカリフォルニアに「行きたいな」と、予定では
なく願望を述べる情報提供に留まっている。
　12行目はキョウコ（E）があと2年アメリカにいることについて確認し
ている。直前の4行目から11行目までの情報要求と情報提供による連鎖

196

が「Eの移動の予定」を聞くものに対し、12 行目から始まる連鎖は「E
の滞在の予定」を聞くものであり、質の異なる情報を要求しているため、
11 行目までと 12 行目の間には断絶があると言える。その冒頭で「＞ね＜」
が用いられて注意が促されており（日本語記述文法研究会 2009）、「＞ね＜」
が断絶をマークしている。

　12 行目は「Eの滞在の予定」を確認するもので、断絶をマークしてま
で配置することによって、「なぜいまここで」それが問われているのかが
聞き手であるEには問題となる。そのありうる一つの答えが、12 行目は
それ自体が聞きたいことではなく、何かの前置きになっているという解釈
であろう。実際、後にDがオーディションに成功してお金が手に入ったら
遊びに行けることを述べている（13-14）。ここで述べられているのは「D
がEのところに行ける可能性」であり、4 行目から 11 行目で探られてい
た「EがDのところに来る可能性」や「EとDがどこかで会う可能性」と
は異なっている。このことからも 4 行目から 11 行目の連鎖と 12 行目以降
の連鎖の質が異なっていることがわかる。

　4 行目と 12 行目のDの質問は、1 行目の勧誘にEから答えを得るために
行なっているものである。1 行目の勧誘に対するEからの答え（承諾／拒
否）が 4 行目から開始される連鎖の後（つまり 12 行目）に配置されるより
も先に、Dが 12 行目の質問を行なうということは、4 行目で開始した連
鎖では 1 行目の勧誘に対する答えが得られないとDが判断し、12 行目の
質問という答えを得るための別の手立てを行なったことを意味している。
つまり、1 行目の勧誘に対する答えを得るための手段として、4 行目から
始まる連鎖がうまくいかなかったので、12 行目から始まる連鎖でやり直
しているのである。そのような意味で、4 行目から 11 行目は 1 行目と 12
行目とに挟み込まれる形となり、連鎖上削除されたと言える。

　このように、「ね」は断絶を示すことによって直前までの連鎖を削除し、
直前よりも前の連鎖で行なっていたことを別の角度からやり直すときに用
いられているようである。

第6章　後続指向要素

　「ね」によって断絶を示した後は、どこのやり直しなのかを示す必要が
ある。それは12行目の連鎖上の位置によって示されている。12行目の質
問は、4行目の質問にEが完全には答えていない段階で繰り出されている。
完全に答えていない段階とは、4行目が「予定はないの？」とYes/No質
問であるにも関わらず「行きたいなと思ってる」（10-11）と質問と若干
ずれた答えをしていることを指している。このずれは4行目の質問の前提
への抵抗を示している（Raymond 2003）。また、4行目の質問への応答が修
復の連鎖（07/08）を挟むことによって遅れており、その遅れが非選好応
答[24]を予期させる（Pomerantz 1984a, Schegloff 2007）ことからも、4行目の質
問に答えにくい理由がEにあることがDには観察可能であろう。そのよう
な状況で、「Eの滞在の予定」という別の角度からの質問を配置すること
によって、4行目の「Eの移動の予定」を聞く質問のやり直しであること
を示しているものと思われる。

　4行目から11行目の連鎖は1行目の勧誘に対する承諾を延期している
最中に配置されているものである。10, 11行目を勧誘にとって有効な答え
としてDが聞き取ったなら、12行目の位置で「えーじゃあカリフォルニ
アに来て遊ぼうよ」のような勧誘自体のやり直しが配置可能である。それ
にも関わらず12行目には勧誘のやり直しではない質問が配置されている
ことから、10, 11行目が有効な答えとして聞き取られていないことが示さ
れている。このときにDにできるのは、4行目の質問に対する有効な答え
を引き出すための手段を取る（連鎖を後方に拡張する）か、4行目からの連
鎖をあきらめて別の角度からの手立てを講じる（連鎖を削除して、別の角度
からやり直す）かであろう。12の質問は後者であるが、そのことがわかる
のは冒頭の「ね」が直前の連鎖との断絶を示しているためである。

24）隣接ペアには、［挨拶－挨拶］といった具合に、第二部分が固定的なもの以外に、第二部分が
　　複数あるものも多い。例えば、［同意要求］に対しては［同意］か［不同意］のどちらかがなさ
　　れる。このとき、沈黙や言い訳、フィラーなどによって体系的に提出が遅れる行為の方を非選好
　　応答と言う。通常、［同意要求］に対しては、［同意］が選好応答、［不同意］が非選好応答となる。

上の例では、隣接ペアの第一部分（勧誘）が要求する第二部分（承諾／拒否）を得るための手立てとして4行目から始まる連鎖をまず配置し、その手立てを12行目でやり直しているものである。下の例では、そもそもの第一部分をやり直している。その際の発話の冒頭にも「ね」が用いられている。

（6-15）［japn1684　07:59-10:34］
　Eがまず「いやーお元気ですかー？」と聞き、Dがそれに対して自分の失恋の話をする。その失恋の話をする際に、Dは「生理は止まっちゃうわ道でうずくまっちゃうわさー、泣いて眼は変わっちゃうわさー」と体調に劇的な悪化が起きたことをE（キョウコ）に伝えた。Eは心配していたものの、「まだしんどいよ」と言うDに対して、最終的に「でもどっこもいっしょですよ」（01）とコメントした。

01 E : .hhhh でもどっこもいっしょですよ[hhh（………）　]
02 D :　　　　　　　　　　　　　　　[なんで？キョウ]コは？
03　　　（0.4）
04 E : .hhh(.)＜キョウコは：＞[まあ（……………………………）]
05 D :　　　　　　　　　　[キョウコ元気？＝リチャード.]
06　　　（0.4）
07 E : リチャードげん↓き：：.
08　　　（0.3）
09 E : う[ん、リチャード元気に勉強してるけど：[：　　　]
10 D :　[てか、あな-　　　　　　　　　　　[あな-　]
11 E : 彼も彼なりに勉強が大変みたい[で：]
12　　　((約2分のトランスクリプトを省略。この間、Eは恋人が弁護士に
13　　　　なるための勉強や仕事などに精一杯で、二人の将来のことは
14　　　　考えられないと言われたことをDに伝えている。))
15 E :[うまくいってるんだけど：[：

第 6 章　後続指向要素

```
    16 D：　　　　　　　　　　　　［うん.
    17 E：まあ将来のない二人：みhたhいhな h↑ね hh
→ 18 D：.hhh ねえ＞それで＜キョウコはそれを聞いて s-どうなっちゃうわけ？
    19 E：↑もう三回目だからねこれは h
```

　Dは 2 行目で E（キョウコ）の恋愛の状況に関する情報を要求している。この質問に対して E は 0.4 秒の沈黙の後に息を吸い、再び若干の間の後に発話の速度を落として「キョウコは：」と答え始めるが、これらの特徴は D には E が答えにくそうにしているように見えるだろう。そこで、より答えやすい Yes/No 質問にやり直している。しかし、この質問は「キョウコ元気？＝リチャード.」という組み立てになっており、①キョウコと呼びかけてリチャードが元気かどうか聞く質問か、②リチャードに関することでキョウコが元気かどうかを聞く質問のどちらか判断しづらい。E は①に対して 7 行目で答えている。一方、その答えにも関わらず 10 行目で D は「てか、あな－」、「あな－」と、「あなた」と思われる言語要素を提出して E の発話を遮ろうとしていることから、D が聞きたかったのは②だったものと思われる。

　①と②のいずれにせよ、5 行目の質問は E に恋人との状況を説明させる質問であり、9 行目から 17 行目まで E による説明が続いている。かなり長いデータになるのでここでは示さなかったが、この説明の中には E の体調の悪化についての説明は一度もない。そもそも、2 行目の「なんで？キョウコは？」という質問は、体調が悪化して「しんどい」D に対して「どっこも一緒ですよ」（01）と言った E に向けられた質問である。つまり、E の恋愛状況においてどこが「一緒」なのか、つまり E の体調の悪化を探る質問であるはずである。そのような視点から見ると、5 行目の質問が「キョウコ元気？リチャード.」とキョウコの現在の体調を D が問うていることも、単に 2 行目の質問を 5 行目で Yes/No 質問に変えただけでなく、E の体調にフォーカスを当て直しているという意味でも、より E に答えや

すくした質問に変えていると言える。

　体調の悪化についての言及がない説明の終わりうる位置（17の末尾）で、Dは再び質問している（18）。この質問はキョウコが「どうなっちゃう」かに焦点を当てているものである。これは、生理が止まり、道でうずくまり、泣いて眼が変わってしまったというDの体調の悪化に対応するものを提出するようEに要求するものであり、平たく言えば「私はこうなった。では、あなたはどうなったのか」ということを聞こうとしているものである。この18行目の質問は、説明の連鎖の内部に組み込まれる質問（説明の理解できない部分を聞く質問）というより、2行目（あるいはそのやり直しである5行目）のやり直しであると考えるべきであろう。そのような意味で、5行目から17行目の説明は18行目と断絶しており、2行目と18行目に挟み込まれる形となる。

　2行目のやり直しと呼べるものは5行目と18行目に起きているが、18行目だけに「ねえ」が用いられている。この違いは、Eがどのような説明を行なおうとしているのかがDにわかるかどうかにあると思われる。5行目では、まだ何をEが話すかDにわからない段階であるが、18行目では約2分もの長い説明がなされた後である。17行目で説明が終わりうる位置が配置されているが、ここまでくれば、DにはEが「体調の悪化」について説明する必要があると思っていないことがわかるだろう。そのような状況で、「ねえ」を冒頭に配置して2行目の質問をやり直しているのである。このことから、「ねえ」は単にやり直しの発話に用いられるだけではなく、相手の説明しようとしていることにはない視点からのやり直しをする際に用いられるものと思われる。

　断絶を示した後は、どこのやり直しであるかが問題となる。この事例でその仕事を担っているのが「それで」と「どうなっちゃう」である。「それで」は、断絶を示す「ね」の直後に配置されているため、直前の発話に直接繋がるというより、これまでされてきた説明全体を指すものと思われる。そのため、18行目の発話は説明全体に関わる発話との関係を示して

第6章　後続指向要素

いる。説明全体に関わる発話の最も有力な候補は、説明を促した質問
（02/05）であろう。「どうなっちゃう」に関しては、説明を促した質問に
含まれていなかった観点を明確に示しているものである。この二点から
02 および 05 のやり直しであることがわかるのである。

　さて、先ほど発話の冒頭の「ねえ」が単にやり直しに用いられるだけで
はなく、相手の説明しようとしていることにはない視点からやり直す際に
用いられると述べたが、このことは既に見た事例（6-14）にも当てはま
る（下に6-16として再掲）。

（6-16）［japn1684　26:58-27:11］　※（6-14）の再掲
　　　DとE（キョウコ）は昔近くに住んでいて、頻繁に会っていたようだ。今は
　　　飛行機で往復 300 ドル程度かかる距離の場所に住んでいるようである。おそ
　　　らくDはカリフォルニアの近くに住んでいるものと思われる。
　　01D：［.hh ちょっとオフシーズンに,(0.3)会おうよ.
　　02　　（0.2）
　　03E：［ま b-

> 04D：［>でも<どっかに行く予定はないの？=カリフォルニアとか.
> 05　　（.）
> 06D：.hh［h
> 07E：　　［今年の：(.)しょ-(.)正月：？=
> 08D：=>いや<今年ってか>まあ<いつでもいんだけ［どさ.
> 09E：　　　　　　　　　　　　　　　　　　　　　　［.hhhh
> 10E：>あでも<カリ↑フォルニアは行きたいなと思っ
> 11　　［てるんで［す　よ　：　：.　　］

→12D：［.hh　　　　［>ね<　キョウコ］あと 2 年ぐらいいんでしょこっちに.
　　13　　（（この後、Dはオーディションが好調であることを告げ、このまま
　　14　　　順調にいき、お金が入ったらすぐ遊びに行けると言う））

4. 複数使用と順序

この例では、4行目のやり直しが12行目であった。4行目の質問に対して
Eが話している内容（10/11）は「Eが移動する」という視点から答えて
いるものである。一方、12行目は「Dが移動する」という視点へと繋が
る手立てへの前置きとなっている。つまり、この事例でも、「ね」は、相
手の話している内容にはない視点からのやり直しをする発話の冒頭に用い
られているのである。

　以上、「ね（え）」が相手にはない視点からやり直しをする際の発話の冒
頭に用いられていること、そして、やり直しゆえに直前までの連鎖からの
断絶をマークすることを述べた。また、やり直しが、どの部分のやり直し
であるのかに関して、聞き手が後続部分を分析するよう方向づけることと
なる。これは「問題解決の連鎖からの退出」と「説明の連鎖からの退出」
で見た特徴と一致するものである。

挿入からの復帰と「聞くこと」への動機づけ

　ここまで、広い意味での挿入から元の連鎖に戻る事例を見てきた。挿入
から元の連鎖に戻るやり方として、挿入前のことを進めるものと挿入前の
ことをもう一度行なうものとがあった。前者の例として「問題解決の連鎖
からの退出」で「で」が用いられている事例と「説明の連鎖からの退出」
で「まっ」が使用されている事例を見た。挿入前のことをもう一度行なう
ものの例としては「やり直し」で「ね（え）」が用いられていることを示
した。いずれの例も、冒頭要素だけではどこに戻るのかは示されないた
め、後続発話の中からそのヒントを探さなければならなかった。それゆ
え、聞き手にとっては、後続発話への注意を強めなければならなくなるだ
ろう。あるいは、別の言い方をするならば、聞き手が相手の発話を理解し
ようと思うならば、ここで扱ったような冒頭要素が現在の話し手によって
発せられた際に、その発話の後続部分に対して積極的に聞くことを動機づ
けられることとなる。つまり、積極的に聞くことの動機づけのトリガーと
して冒頭要素を位置付けることも可能なのである。聞くことの動機づけに

第6章　後続指向要素

関しては Sacks, Schegloff & Jefferson（1974）が扱っている。Sacks らは、会話がターンの分配によって進行していくこと、つまりターンテイキングシステムのもとでなされることの結果として、次に話したい者や話す可能性のある者は、現在の話者の発話がいつ終わるのか分析せねばならず、発話に対して聞くことを動機づけられると指摘している。このことは言わば、会話参与者がそもそも発話をなぜ聞くのかという心理的・儀礼的側面ではない動機づけを明らかにする説明である。会話が面白いから聞く、大切だから聞く、あるいは相手に失礼にならないよう聞くというのは心理的・儀礼的側面の動機づけである。一方で、Sacks らが指摘しているのは、心理的・儀礼的側面の動機づけとは無関係に、会話にメンバーとして参加していくこと自体が聞くことを構造的に動機づけるということなのである。Sacks らの指摘する動機づけは会話全般の「聞くこと」に当てはまるものである。一方、本節で見てきたことは会話全般の「聞くこと」というより、より局所的な「聞くこと」への動機づけであると言える。そうであっても、心理的・儀礼的な動機づけではないという点で共通点が見いだせる。「戻るけれど、どこに戻るかは示されていない」という状況では、相手の発話の後続部分へ回帰地点のヒントを探すよう動機づけられるのである。それは決して心理的・儀礼的な動機づけではなく、相手の発話を理解していく上で構造的に高められる「聞くこと」への動機づけなのである。

　なお、本章 4.2.1 で書いてきたことは例えば「問題解決の連鎖からの退出」の際には必ず「で」が使われることを主張するものではない。「で」を使う方法以外にも、退出の手段はありうるかもしれない。このことは「まっ」や「ね（え）」にも当てはまることである。あるいは、「で」「まっ」「ね」「ねえ」が必ず断絶をマークする要素として用いられると主張するものでもないことにも注意されたい。上に書いてきたような特定の連鎖環境や、音調的特徴、あるいは共起する要素によって、これらの要素が断絶をマークする要素として用いられるのである。

204

4.2.2　関連する複数のものへの言及

　ここでは、関連する複数のものを説明する際、あるいは話題に取り上げる際に、二つ目以降の導入時に「で」が用いられることで、一つ目と二つ目（あるいは三つ目、四つ目など）という関係を示しつつ、それらが別のものであるという断絶が示される事例を検討する。二つ目の導入に関わる発話の冒頭で断絶を示すことによって、その発話以降が二つ目であることを聞き手に理解させると同時に、一つ目が十分に取り上げられたということを伝えることにも繋がる。

　このような複数のものを話題に取り上げる「で」の働きについては、「で」と「それで」の機能を分析した椛本（1994）が「別の下位の話題へ話を移す」（p. 39）としたものであると思われる。あるいは、小出（2008）が指摘する「対話の「で」の機能」の一つである「展開」として指摘されているものである。小出の「展開」とは、「それまでの内容と何らかの関連性を保ちながら、新たな段階に進める」（p. 31）ことである。また、［問題解決の連鎖からの退出］で扱った「戻る」ことをする「で」[25)]が、いわば後ろ向きの方向を持つのに対して、ここで扱うような「展開」の「で」は前向きの方向を示していることを指摘している。小出は更に、「で」の基本的な性質として「境界」を形成することを指摘しており、これは本書の言う一つ目と二つ目の間に断絶が示されるということと沿うものである。

　さて、次の事例のような手順の説明の際に、しばしば「で」が用いられる。なお、本節では関連付けられた複数のものはそれぞれ四角で囲んで分けてある。

---

25)　なお、小出（2008）はこの「戻る」機能を「回帰」と呼んでいる。

第6章　後続指向要素

(6-17) [japn6739　00:31-00:41]

UはTに電話が録音されていることに関して、その手続きの手順について説明している。

01U：[.hhh ¥なん]か難(h)し(h)い hh ¥

02　　.hh[.hh

03T：　　　[ああインストラクションがいっぱい書いてあるわけ.

04　　(.)

05U：↑そうなのよ:.=

06　　=それでn-[初 め に ↑ ね],

07T：　　　　　[ふ：：：：：]：ん.=

08U：=あのなんだっけあのうidentifi：cation numberを入れるわけね.

09T：う：：：：[：ん.

→10U：　　　　　[でその後にね自分のあの:う電話番号:を入れるわけ.

11T：あ：なるほど:.

12　　((以下略。この後、自分の経験として、どのような手続きを経たか

13　　　について述べている。))

　ここでのやり取りは隣接ペアとしては6行目、8行目、10行目で［説明］がなされており、それに対して11行目で［納得］がなされている。Uは6行目で「初めに↑ね」と複数の項目があることを予告しているため、8行目の段階ではまだ一つの項目しか提出されておらず、行為は未完である。そのため、10行目で次の項目が提出されて初めて、6行目から始まった［説明］の行為は完了可能点に達するのである。実際、Tも9行目では「う：：：：ん」と述べているに過ぎず、11行目で初めて「あ：なるほど：」とニュースとして受け取ったことを示している。しかし一方で、我々にはこのやり取りが（四角で囲っておいた）二つのセクションに区切られているように聞こえるはずである。ここでは、隣接ペアとは呼べないまでも、二つの連鎖が配置されていると考えておく。一つ目は6行目、8行目の［手

206

順1の説明］とそれに対する9行目の［説明の受け取り］の連鎖、もう一つが10行目の［手順2の説明］とそれに対する11行目の［納得］の連鎖である。このデータのように、手順について説明する場合、一つ一つの手順毎に相手がその手順を理解できているかチェックする必要があるだろう。このチェックは、このデータのように隣接ペアに組み込まれる形でなされることもあれば、隣接ペアを利用してなされることもあるだろう。本書ではこのような連鎖でなされる発言も、典型的ではないものの「発話」として考えておく。さて、このような一つ目と二つ目の連鎖の区切りは「で」によって境界付けられている(10)。つまり、6行目の「初めに↑ね」によって予告された複数の項目のうち、直前の項目とは異なるものが直後に配置されることを投射しているのである。もちろん、「で」のみの働きではなく、「その後にね」によってより明確になっていると言える。(6-17)は、「で」によって示された「関連のある別の部分」がどのような「関連」なのかについては、6行目の「初めに↑ね」によって「録音の手順」であることがかなり明確に観察可能な事例である。

　一方、下の事例は、「で」によって示される「関連のある別の部分」の「関連」が具体的にどのような「関連」であるのか、「で」が配置された瞬間ではわかりにくいものである。上の事例ではその「関連」は「手順」であったが、下の事例では「兵隊」と「民間人」という二つの要素について「対比」の関係であることが語られている。

(6-18) [japn6707　28:28-28:50]
　直前には、Sの夫と思われる人物が戦地に行く可能性があることがSによって述べられており、給料がいいことが伝えられている。
　　01 S：［だけど：,［命が危ないからねやっぱりね.［あそこ.
　　02 R：　　　　　［h　　　　　　　　　　　　　　［う：：ん.
　　03　　　(0.2)

第 6 章　後続指向要素

```
04 S ：.h[hhh 結局ほら：[あの：兵隊を使うと：,
05 R ：　[tch-　　　　　　[h：：：((息))
06 R ：うん.
07　　　　(1.0)
08 S ：ほら,いろいろ,
09　　　　(0.8)
10 R ：h：[：　((息))
11 S ：　　[年数 h 長くいなきゃだめでしょう.((ここの h は呼気))
12 R ：ん：.
```

```
→13 S ：でほら,(.)＞あのう＜民間人を使うと：結局：
14　　　　＞その時だけ＜使って＞あといらなくなったら＜(.)
15　　　　[はい要りませんって[返せるから.＝
16 R ：[＞そうゆうわけ.＜[う：ん.
17 R ：＝°ぴ°つようなときだ[けね.
18 S ：　　　　　　　　　　　[＞いや i-＜,いえ：-
19　　　　1 年契約でいくわけ°よ°.
20 R ：うんう[ん.
```

ここでは二つの連鎖が配置されている。まず一つ目が 4, 8, 11 行目の［確認要求］と 12 行目の［確認］の連鎖、二つ目が 13-15 行目の［情報提供（説明）］と 16-17 行目の［情報（説明）受理］である。なお、二つ目の連鎖は、17 行目で R が言った事が S の言いたかったこととずれていたため、18-20 行目で修復の連鎖が配置されている。この二つの連鎖が関連のある別の部分であることを示しているのが「で」である。その際、二つの連鎖がどのような関連で、どう別の部分であるのかは、「で」が含まれている発話の後続部分を聞く必要がある。この例では 13 行目の「民間人を使うと」まで聞く事によって、4-11 行の発話と対比の関係にあり、「兵隊」と「民間人」という別の部分について S が話していることがわかる。

208

4. 複数使用と順序

　この「関連のある別の部分」という枠組みを聞き手に観察可能にさせるのが「で」の働きである。このことは、聞き手に、そのような枠組みがどのように適用されたのかを後続発話を聞いて分析するよう動機づける[26]。また、「で」によって断絶がマークされるため、それ以前の連鎖はひとまず十分であったと発話者が判断したことを聞き手に伝えることにもなる。

　ここまで、「関連のある複数のものを取り上げる際の断絶」について述べてきた。これまでの例では、手順や対比という「関連」が、断絶によって連鎖と連鎖の境界を明確にしつつ繋げられている様を見てきた。次の例では、複数の話題が「で」によって提出されている。

（6−19）［japn6707　08：24−10：40］
　01 S ：やっちゃんからこの前(0.3)手紙が来<u>て</u>？
　02 R ：う：ん.
　03　　(0.2)
　04 S ：あの：,
　05　　(0.8)
　06 R ：h：：：：[：：((鼻息))
　07 S ：　　　　　[パキスタンと：,oo-
　08 R ：うん.
　09 S ：なんかあっちの方まだ行ってないから行きたいんですってh
　10 R ：ふ：：：ん.
　11　　((中略。この後、「やっちゃん」の近況がSによって語られる。))
　12 S ：品川の：,事務所でまだ働いている.
　13　　(.)
　14 R ：ふ：[ん.

---

26) この「動機づける」という言葉は、構造的なものであって、心理的・儀礼的なものではない。詳しくは少し前の［挿入からの復帰と「開くこと」への動機づけ］で詳しく説明している。

第6章　後続指向要素

```
→15 S :   [で旦那さ：んは：,
 16 R : うん.
 17 S : なんか
 18    (0.3)                    ⎫
 19 R : h：：：((鼻息))          ⎬  (2.5)
 20    (0.7)                    ⎭
 21 S : 建築の方やってんのかな？おうち建てる方.
 22    (0.4)
 23 R : なんかほら，[(骨折／国鉄)：だめんなって,=
 24    ((中略。「やっちゃん」の夫の近況がこの間語られる。))
 25 S : [h      [ふよ-(0.2)冬は何してんだか知らないけ(h)どh =
 26 R : =う：ん.
──────────────────────────────────────────
→27 S : で息子：のナオちゃんは：,[.h
 28 R :                      [うん.
 29 S : .h なんか大学出たんだけど s-(0.3)彼(0.3)札幌の専門学校
 30    出てんだよね？
 31 R : うん.
 32 S : だけど(.)なんか(.)したい仕事がなかなか見つからないんでまだ
 33 R : h：：：((鼻息))
 34 S :   [浪人してんだって.= ゜(でも)゜=
 35    ((以下、「息子のナオちゃん」の近況についてSが報告している。))
```

ここでは「やっちゃんの近況」(1-14)、「やっちゃんの夫の近況」(15-26)、「やっちゃんの息子のナオちゃんの近況」(27-35) という3つの話題がSによってRに提供されている。このとき、二つ目および三つ目の話題を提供する発話の冒頭に「で」が配置されている。この「で」もこれまでと同様、一つ目から二つ目、二つ目から三つ目というように関連するものを順番に取り上げていくものであり、それぞれを境界付けるものとして用いら

210

れている。

　この「で」は単に複数の報告の連鎖間の繋がりだけでなく、話題同士の繋がりを示すものとしても捉えた方が良いだろう。「で」によって、これらの話題のそれぞれが関連のあるものとして示されることになる。ただし、何の話題であるのかについては会話参与者によってその都度作り直されていく。15 行目では「旦那さん」によって、「夫婦の近況」という関連が示される。また 27 行目では「息子」によって「やっちゃんの家族の近況」という関連が、複数の話題間に共有されることになる。このように、何についての話題かは決して事前に決まるわけではなく、会話の進行と共に参与者によって変更・維持されるものである。

　なお、15 行目と 27 行目が共に ［で X は：,］という同じ形で始められていることは非常に興味深い。第三者の近況を話していて、その人物と関係の深い人物の近況へと移行する際に、この ［で X は：,］という形式を使用することは筆者の内省に照らし合わせてみても肯けるところである。この形式では、「は」を引き伸ばし、強く発音することで、相手にいわゆる「あいづち」を打たせるものとなっている。それによって聞き手が会話展開上の様々な変化に「ついて来ているか」確認できるだろう。この ［で X は：,］はおそらく、① X という人物に聞き手がアクセスできるかどうかをチェックする、②直前とは異なる対象への言及であることを聞き手に知らせる、③ X が話題の関連性を保った項目であることを聞き手に知らせる、という三つの働きがあるものと思われる。（ただ、この形式については同様の状況で用いられている事例と併せて検討していく必要があるだろう。本書の関心とは逸れることもあり、ここでは深入りしないでおく。）

　本節をまとめておこう。関連のある複数のものを取り上げる際、「で」によって断絶がマークされることで一つ目と二つ目（あるいは二つ目と三つ目等）の間に境界が認識可能となり、一方では、それぞれが別の連鎖であることが、他方では、それらが関連を持ったものであることが示される。その際の「関連」のあり方は、手順、対比、近況といった具合に様々なレ

第 6 章　後続指向要素

ベルのものであるが、どう関連するかは「で」の後続部分を分析する必要
がある。つまり、「で」は後続部分が先行するやり取りとは「関連する別
の部分」であることを投射するだけなので、どう関連するかなどの内実は
後続発話によって判断する必要があるのである。聞き手にとっては、「で」
によって、「関連する別の部分」という枠組みで後続部分を聞き、どう「関
連」するのかを後続部分から探すよう促されることとなるのである。この
ことは「で」によって聞き手が発話の特定部分を積極的に聞くことへと構
造的に動機付けられることを意味している。

4.2.3　直前とは異なる新しい連鎖の開始

　直前とは異なる新しい連鎖がこれから始まるということを観察可能にす
るために冒頭要素によって断絶がマークされることがある。
　このタイプは多くの場合「あっ」によって断絶が示され、それによって
新たな連鎖が配置される。その際、「あっ」が配置されるのは、直前の連
鎖が終わりうる位置を迎えた後になる。次の例を見たい。なお、本節で
は、断絶がマークされることによって新しく始まる連鎖を四角で囲んでい
る。

　　（6−20）［japn1612　08:10−08:58］※（6−11）の一部を補って再掲
　　Cが昨日受けたばかりの試験について、兄のBが感想を聞いている。
　　　01 B：どうだった？＝
　　　02 C：＝せん sh−だからまだわからない.
　　　03 B：n−chnj−
　　　04　　（.）
　　　05 B：［難　し　か］った？h h
　　　06 C：［先週と－］
　　　07 C：n−↓難しいよ.
　　　08 B：h：：h［hh

09C：　　　　　［絶対一間できない．＝

10B：＝.h ほんと：．

11C：n 今度僕は一間：：あのう n-g-全然時間がないからできなかった．

12　　　（（9行（14秒）省略。））

13C：［90］点ぐらいあればいいと思ってるよ．＝

14B：＝うんふん［ふん．

15C：　　　　　　［˚.hhhh˚う：ん．それで僕：(.)ね？h：hh

16　　もう,それでもう.hhh あの-喜んでるから．

17B：あ：ん．

18C：うんだ［からそれでいいよ．］

19B：　　　［そっか　そっか：．］

20　　　（.）

21C：.hh うん．

→22C：.hh ＞あ兄ちゃん（ちゃん）に＜¥聞きたいことあるの．¥

23B：あ：何˚き［く．˚

24C：　　　　　［.hhhh n-

25　　　（0.4）

26C：n-n-

27　　　（0.2）

28C：あ n-¥ママがね：,¥

29B：うん．

30C：兄ちゃんがね：,

31B：うん．

32C：ハーバード入ったらね：,

33　　（（以下、車を買い換えるならCの挙げる3種類の車のうち

34　　　どれがいいかについてCがBに尋ねている。））

第 6 章　後続指向要素

ここでは、BがCに1行目で試験について話すよう促している。Cはそれに対して「まだわからない」(02)と、試験の結果について述べている。それを受けて、Bは5行目で「難しかった？」と客観的な試験の結果ではなく試験への主観的な判断にフォーカスを当てた質問にやり直すことによって、1行目で聞きたかったことが「試験を受けてみてどう感じたのか」ということだと明らかにし、その点について話すよう促している。この説明が最終的に終わるのは18行目で、それと同時にBは19行目で「そっかそっか：」と説明を受け止める。Cは、21行目で「うん」と言うことでこれ以上話すことがないことを示しており、「説明要求」(01/05)と「説明」(07-18)、およびそれに続く「説明の受け入れ」(19)という連鎖が終わりうる位置が配置される。

　その状況で「.hh ＞あ兄ちゃん（ちゃん）に＜¥聞きたいことあるの．¥」と、「あ」を冒頭に置いた発話を配置している。この発話は、「聞きたいこと」と言うことによって、これから行なう行為が質問であることを投射しており、質問の前置きとして働くものになっている[27]。そのため、1行目から21行目までの説明の連鎖とは別の連鎖であることがわかる。このような状況で「あ」が用いられることによって、「あ」が直前の連鎖との断絶をマークしているのである。

　22行目の発話の冒頭には「あ」が配置されている。「あ」は記憶が呼び起こされたことを示すものである（日本語記述文法研究会 2009）。連鎖が終わりうる位置というのは、これ以上会話が続かなくなる可能性が高まる位

---

27) 正確には単純な「前置き」ではなく、「前置きの前置き」(pre-pre; Schegloff 2007) である。pre-preとは、「聞きたいことがあるんだけど」、「言いたいことがあるんだけど」、「お願いがあるんだけど」といった具合に、後の自身の行為を投射する質問である。このような質問は通常拒否されることがなく、もしされたとしても冗談として扱われることとなる。また、直後に pre-pre で投射した行為がすぐ配置されるのではなく、その前に「前置き」が配置される。非常に長くなるので割愛しているが、(6-20)の例では「聞きたいことあるの」という pre-pre の後、Bが大学に入学できたら車を買い換えるかもしれないという前置きがあり、その候補として三つあるという更なる前置きがなされ、もしBが選べるならどれがいいかという質問（pre-pre で投射された質問）がなされている。

置である。そのため、会話の進行が止まり、会話参与者の双方が話さない間が生じてしまう危険性が生まれる。そのような状況で、記憶が呼び起こされたことを示せば、そのことについて話す権利を得ることができるだろう。そのため、新たな連鎖を開始する手続きとして「あ」が使用できるのである。

さて、断絶を示すことによって直前までとは違った新しい連鎖を配置できることから、このタイプは会話全体の構造である全域的構造（overall structure; Schegloff & Sacks 1973）に敏感に対応しているものもある。具体的には、会話の開始の仕方と終了の仕方に関わるものである。以下では、この二つについて見ていく。

会話の開始から用件へ

会話は突然始まるわけではなく、特定の作業を通じて開始される。例えば、お互い面識のある人物同士の対面会話のことを考えてみよう。もしそれがその日最初に会った場合であれば、典型的には挨拶のやり取りから会話が開始されるだろう。では、本書が分析対象としている電話会話では開始の作業はどのようになるのであろうか。Schegloff（1986）によると、通常、電話会話は呼び出し–応答の連鎖、相互認識の連鎖、挨拶の連鎖、調子伺いの連鎖（'howareyou' sequence）という四つの連鎖が立て続けに配置され開始される。特に、呼び出し–応答の連鎖は、相手との会話のチャンネルが確保されているかの確認作業としても非常に重要である。また、相互認識は電話に限らずほとんど全ての会話によるコミュニケーションにおいて、開始の早い段階で確立されるとしている。これらの連鎖の後、電話のかけ手から電話の用件が伝えられることとなる。この点についてSchegloff（1986）の例を用いて確認しておこう（訳は筆者による。形式などは本書のものに合わせている。また、訳の右側に書かれた連鎖については筆者が付け加えた）。ここでは、呼び出し–応答の連鎖、相互認識の連鎖、挨拶の連鎖、調子伺いの連鎖が立て続けになされ、その後用件へと移行している。

第6章　後続指向要素

（6－21）　※ Schegloff（1986）の p. 115 から引用

01	：ring	呼び出し音	｝呼び出し
02R	：Hallo.	もしもし.	応答
03C	：Hello Jim?	もしもしジム？	｝相互認識
04R	：Yeah,	ああ,	
05C	：'s Bonnie.	ボニーよ.	
06R	：Hi,	ハイ,	｝挨拶
07C	：Hi, how are yuh	ハイ,元気？	｝挨拶
08R	：Fine, how're you,	元気，そっちは？	｝調子伺い
09C	：Oh, okay I guess	あーまあ元気かな.	
10R	：Oh okay.	あっ良かった。	
11C	：Uhm（0.2）what are you	あー（0.2）ニューイヤーズ	｝用件
12	doing New Year's Eve.	イブ何してる？	

　このように、電話の始まりは秩序立てられたやり方によって開始されているのである。なお、この開始の仕方は「通常」取られる手段である。これらのうちいくつかを省くことや簡略化すること自体が何らかの相互行為上のリソース（相手との「親しさ」を示す、緊急の要件であることを伝える等）として用いられることもありうる。

　このような電話会話の開始の仕方において、上の四つの連鎖（呼び出し－応答の連鎖、相互認識の連鎖、挨拶の連鎖、調子伺いの連鎖）は電話で話すべき内容である用件にとって、いわば準備のようなものである。この準備的な連鎖と用件に関わる連鎖との違いを明確にするために、断絶が示されることがある。簡単に言い換えるなら、「本題に入る前」から「本題」への移行を明確にする断絶である。上の事例では 11 行目の発話の冒頭に *Uhm* が断絶を示すために使用されている。日本語における電話会話でも、用件に入る発話の冒頭にしばしば「あのー」が利用され、話し手が発話のデザインに関する不確定さにも関わらず、とりあえず用件を語ることへと聞き

216

手を巻き込んでいることが西阪（1999）によって指摘されている。*Uhm* や
「あのー」ような言い淀みは聞き手の注意を引くものであるだろう
（Goodwin 1979）。このように直前のやり取りから用件への移行という連鎖
の変化に聞き手の注意を向ける仕事をこの *Uhm* や「あのー」は行なって
おり、本題である用件に入る前と後との間に認識可能な境界を生み出して
いる。この境界を本書では断絶の一つとして捉えている。

　さて、下の例では、会話の開始から用件に入る時に「え：と」が直前と
の断絶をマークするものとして用いられている。

（6－22）〔japn1612　00：00－00：12〕
　母親（A）と息子（B）との電話の冒頭である。録音の前にアナウンスがあ
　り（このアナウンスは録音されていない）、その後双方の電話が繋がる。
　　01 A：nhh〔h
　　02 B：　　〔あ今から–今から始まるんだ．＝じゃ今からね．
　　03 A：うん〔〔hm.
　　04 B：　　〔〔pee（電話の番号ボタンを押した時の音）
　　05　　（0.5）
→06 B：え：とこの-この会話を：.h(0.5)え：と：録音しますのでいいですか？
　　07 A：あよろしいですよ：．＝
　　08 B：＝は：：い.hhh(.)って感じなの．

この電話の冒頭では、通常の電話会話でなされる四つの連鎖の多くが省か
れている。しかし、電話会話の冒頭で行なうべきチャンネルの確保と相互
認識という最低限の仕事は3行目までの段階でなされている。まずチャン
ネルの確保であるが、2行目のBの「じゃ今からね」という確認要求に対
して、Aは「うん」（03）と答えており、双方のチャンネルが繋がってい
ることが明らかになっている。相互認識に関しては、Bにとっては1行目
のAの笑いから、Aにとっては2行目の発話から、双方の声のサンプルが

第 6 章　後続指向要素

得られている。そのため、相互認識の連鎖を丁寧に行なわなくても[28]、最低限の相互認識は達成されていると言える。このことから 4 行目以降が（挨拶などしなければ）電話の用件を伝える最も早い位置となる。ただし、4 行目で B は何らかの作業を行なっており、電話の用件とも考えられる「会話を録音する」ということは 6 行目に伝えられている。

　チャンネルの確保および相互認識を行なう連鎖（01－03）と、用件を伝える連鎖（06－07）とは、前者が会話を始めるための準備、後者が実質的な会話の開始をそれぞれ担っているという意味で、それぞれ質的に異なる連鎖となる。そのような意味で 6 行目の冒頭は連鎖と連鎖との断絶が際立つ位置と言える。会話の冒頭から用件へと移行する際には断絶をマークする要素を冒頭に配置することによって、後続部分が用件であることを聞き手に予告する働きがあるものと思われる。この例で用いられている「え：と」はいわゆる言い淀み[29]の一種であり、会話の進行性（progressivity）の滞り[30]を示すものである。進行性の滞りはしばしば相手の注意を引くことになる（Goodwin 1979）。上の例のような位置で相手の注意を引く要素を配置することで、会話の開始作業から用件へと移行するという断絶を際立たせることができ、聞き手に後続部分が用件であることを予告するのである。このように会話における進行性の滞りはそれ自体相互行為のリソースとなるものである（Schegloff, Jefferson & Sacks 1977、Goodwin 1979、西阪 1999 等）。

　ここでは、言い淀みの一種である「え：と」が会話の開始作業から用件へと移行する際に断絶をマークしているのを見た。次節では、会話の終了に関わる断絶について述べる。

---

28)「丁寧に行なう」というのは、例えば、2 行から B：「あっ A ？」、A：「うん．B ？」、B：「うん」のような、相互認識のための発話を配置することを想定している。

29) 小出（1983）によれば、言い淀みとは「話し手がためらい、そのために音の流れが停滞し、淀むこと」（p. 82）のことである。

30) 進行性の滞りになるものとして、ここで挙げた言い淀みの他に、修復や挿入連鎖なども含まれる。実際、6 行目の「え：と」の後に「この-この」と修復がなされている。

会話の前終結への移行

　断絶をマークする要素が会話の全域的構造に関わる位置としてもう一つ挙げられるのが、会話が終了する局面である。電話会話においては、端的に電話を切る前のやり取りについてである。

　会話の開始と同様に、会話は自然と終わるのではなく、特定の作業を通じて終えられる。このことを明確に論じたのが Schegloff and Sacks（1973）である。彼らの論は次のようなものである。まず、会話は「じゃあね」「じゃあね」のように最終交換（terminal exchange）を含む終結部（closing section）によって終了させられる。しかし、終結部はいつでも配置可能というわけではなく、適切な配置位置というものが重要となる。その位置を作り出すのが前終結（pre-closing）である。例えば、「うん」「うん」といった、発言をパスする発話のやり取りなどがそれに当たる。このやり取りの直後に参与者は、一方では言おうと思っていたが言えなかったことを話題化できるが、他方では会話自体を終結部に向かわせることもできる[31]。その他の前終結として、「電話代けっこうかかるんじゃない？」のように相手の関心を利用するものや、「〜に行かなくちゃいけないんだ」というような終了の正当な理由を宣言するもの等、様々な手段がある。なお、この終了の正当な理由を宣言するタイプは前の話題が終了した後に配置されるようである。

　下の事例では、前の話題が終了した後に、会話終了の正当な理由を宣言することに近い作業が前終結として用いられている。その発話の冒頭に「ちょ：」という要素が配置されている。これも、前の連鎖（質問と応答の連鎖）と前終結の連鎖との境界を明確にしており、断絶をマークしていると言える。

31）このように、前終結は会話を新しい展開に導くことができる場所でも終えることができる場所でもある。このような意味で Schegloff らは、正確には前終結というより「前終結になりうるもの」（possible pre-closing）としている。

第6章　後続指向要素

(6－23)［japn4549　02:12－02:22］

この電話の前日に、あるロックバンドのボーカルが亡くなっており、そのことについてPとQは話していた。直前では、これからそのロックバンドは「どうするんだろうな」とQが質問し、Pが自分の考えを述べている。

```
01Q：なるほど.
02P：.h わからんけど.
03Q： ﾟう：ん.ﾟ
04    (.)
05P：.hh
06    (0.8)
```
→07Q：**ちょ：あの俺：後**でまた電話かけなおすわ.
```
08    (.)
09P：あ俺もう寝るからいいよ.
10Q：あほんとに.
11P：う：ん.＝
12Q：＝うん.
```

3行目までは前の話題に関する連鎖である。その後、どちらも話さず、話題を終了することができる位置が生まれる。そのような位置で7行目の発話は提出されている。7行目は会話を終えるのに正当な理由を直接述べているわけではないが、これまでの会話の中からQが収録日前日にテレビもラジオもつける暇のないくらい勉強していたことが伝えられており、このことは、その勉強が今も続いていることを暗示させる発話である。実際は電話を切る理由は別のところにあるのかもしれないが、「後で」と述べていることから、少なくとも「今」手を離せない何らかの事情があることはわかる[32]。この発話は電話の終了を提案するもので、この提案が承認され

---

32) このQの振る舞い、つまり正当な理由を暗示させるだけで直接は言及しないことは、後々の展

れば電話は終結部に向かうだろう。

　さて、その発話の冒頭に「ちょ：」という注意喚起の冒頭要素が配置されている。ここでの注意喚起は、Qの「今手が離せない何らかの事情」をPに気づかせるためになされていると言える。通常、「今手が離せない何らかの事情」の提示は電話の冒頭に近い場所で伝えられる（Schegloff and Sacks 1973）。しかし、ここではデータとして見せていないが、この会話では、電話の冒頭ではそのような言及はQからなされておらず、現在試験勉強をしていることも伝えられていなかった[33]。このように、本来なら冒頭で知らしておくべき自身の状況の提示を、会話がある程度進んだ段階で突然示すのは不適切な位置での振る舞いであると言える。「ちょ：」という注意喚起の要素で促しているのは、おそらく後続発話がこのような不適切な位置にあることへ注意であろう。つまり、電話会話の冒頭という本来とはあるべき位置以外に発話が配置されていることを示す誤置標識（misplacement marker）として「ちょ：」が使われているものである。また、後続部分が直前の連鎖とは異なる局面（会話を展開させる局面ではなく、終了に向かう局面）の連鎖であることを際立たせるため、直前との断絶もマークすることになる。

会話の全域的構造への貢献

　以上の、断絶を示すことによって「直前とは異なる新しい連鎖の開始」がなされるタイプについてまとめておこう。このタイプのものとして、前の連鎖が終了可能な位置でなされる「あ」が挙げられる。このような、直

　開に影響を与えている。具体的には、12行目の後にAから「なに勉強してるのまだ」という質問がなされ、その話題が広がっていき、電話を切るまでに結局1分程度の時間を要することになっている。

33）ただし、収録日前日に試験勉強をしていたことは伝えられている。しかし、これはロックバンドのボーカルの訃報を知らなかった理由として示された情報であったため、「今手が離せない状況」に関わる情報としてはPにもQにも利用されていない。また、「前日」勉強していただけなので、収録日「当日」も勉強しているかどうかについても述べられていない。

第 6 章　後続指向要素

前とは異なる新しい連鎖を開始するという働きは、会話の全域的構造に関わる仕事と相性が良い。なぜなら、会話の開始から用件に移行することも、それまでの話題を終えて会話の終了へ移行することも、それ自体参与者の作業によって達成されなければならないものであるからだ（Schegloff 1968, 1979b, 1986, Schegloff & Sacks 1973）。その移行には必然的に、これまでの連鎖と異なる質の連鎖を配置する必要が生じる。そのため、このタイプの冒頭要素がしばしば用いられることとなるのである。ここまで、会話の開始から電話の用件に移行する際に、「え：と」という言い淀みが使用されていること、そして、「ちょ：」が会話の前終結へと移行する際に使用されていることを見てきた。このように全域的構造に関わる仕事が断絶をマークする要素によって行なわれているのである。もちろん、このタイプの冒頭要素は「あ」「え：と」「ちょ：」だけではないだろう。その他にどのような要素が用いられており、似たような環境で用いられている要素とどのような違いがあるのかなどは、今後データを増やして検証していく必要がある。

4.3　断絶をマークする要素と順序

　本章 4.2 では、「断絶をマークする要素」が用いられる連鎖環境について詳しく分析してきた。これらを詳しく見てきたのは、「断絶をマークする要素」が発話冒頭における後続指向要素の順序にとって重要だからである。つまり、発話の冒頭で後続指向要素が複数使用される際に、「断絶をマークする要素」は他の後続指向要素よりも先行するのである。ここでは他の後続指向要素のことを「断絶をマークしない要素」としておく。

　これまで「断絶」に関わるものとして示してきた全ての事例において、「断絶をマークする要素」は発話の最初に配置されており、このうちのいくつか（具体的には 6 – 13/14/15/16/17/18/23）は「断絶をマークする要素」が「断絶をマークしない要素」に先行している。このように、「断絶をマー

クする要素」は他の後続指向要素よりも先行するのである[34]。

　なお、これまで何度か触れてきたが、改めて注意しておきたいのは、ここでの例で見てきた「あっ」「で」「まっ」「ね」「ねえ」「え：と」「ちょ：」といった要素は、いつも「断絶をマークする要素」として使われるというわけではない。そうではなく、特定の連鎖環境でこれらの要素が用いられた際に「断絶をマークする要素」としての仕事を担うのである。ここでの特定の環境とは、本章4.2で示したように①広い意味での挿入から元の連鎖に戻る際、②関連のある複数のものを取り上げる際、③直前とは異なる新しい連鎖を開始する際という三つである。また、もう一つ注意しておきたいのは、「断絶をマークする要素」はこれで全てというわけではないということである。例えば、手順を説明する際に「で」が用いられる事例を本章4.2.2では紹介したが、手順を説明する方法は「で」だけではなく「まず最初に」「二番目に…」「三番目に…」というやり方も考えられるだろう。このやり方でも「断絶」はマークされると言ってよい。

　なぜ後続指向要素の中でも「断絶をマークする要素」は先頭に配置されるのであろうか。それはまさに断絶のもつ「直前の連鎖との境界を作る」という仕事と関係している。「断絶をマークしない要素」を先頭に配置した後に「断絶をマークする要素」を配置してしまうと、先行した要素との間に境界を作り上げてしまう。それゆえ、「断絶をマークする要素」は他の後続指向要素に先行するのである。

　また、直前の連鎖との境界を示すのに最も適切な位置は、直前の連鎖に最も近い発話の先頭であるからとも言えるだろう。直前の連鎖との境界がある場合、それは後続部分全体の理解にとって非常に重要な情報となる。

34）ここで見た全ての事例において「断絶をマークする要素」は他の要素に先行していたが、「断絶をマークする要素」は全ての冒頭要素において先頭に配置されるという記述を避けたのは、本書が分析したデータには見られなかったものの「うんまっそんなわけで」といった具体に、遡及指向要素の「承認に関わるもの」は「断絶をマークする要素」よりも先行する可能性があるからである。

223

第 6 章　後続指向要素

なぜなら、境界を示されずにいた場合、後続部分が前の連鎖と繋がったものとして聞かれうるからである。そのような誤解を避けるためにも、後続部分全体を理解する枠組みに関わるものは発話の先頭に配置されるのが望ましいだろう。このことから、断絶をマークする要素は他の後続指向要素よりも先に配置されることとなる[35]。別の観点から述べるならば、断絶によって発話の冒頭で境界付けるということは、「後続部分を直前までとは異なるものとして聞け」というインストラクションとなることも意味しているのである。

　以上、本節では「断絶をマークする要素」が他の後続指向要素に先行することを指摘し、その理由について考察した。「断絶をマークする要素」は、「断絶」という境界作りの仕事ゆえに発話のできるだけ早い位置である先頭に配置されるのである。

　最後に、本章についてまとめておこう。

　まず、後続指向要素は、直後に自分の発話が続くことを予期させる冒頭要素であることを確認した。これらは必要があれば発話の冒頭で複数使用できるという特徴を持つ。その点が第 5 章で記した遡及指向要素との大きな違いである[36]。

　具体的にどのような要素が後続指向要素に含まれるのかについて、先行研究での扱われ方を参考に、概観のため便宜上後続指向要素を「連鎖の起点としての気づきに関わるもの」「呼びかけに関わるもの」、「接続に関わるもの」、「態度表明に関わるもの」、「サーチに関わるもの」の五つに分けた。ただし、このような分類で発話の冒頭での順序を見るのには、五つの組み合わせを全て見る必要が生まれ、議論が煩雑になりすぎること、そし

---

35)「断絶」自体は必ずしも発話の先頭、より正確に言えば連鎖の開始地点の発話の先頭だけに示されるわけではない。例えば、ある程度話を進めた段階で「あっこの話はさっきの話とは別の話ね」と付け足すことも可能ではある。ただし、その場合は「あっ」のような誤置標識（misplacement marker）が配置されるものと思われる。

36）ただし、5 章で述べたように、特殊な連鎖環境においては遡及指向要素も例外的に発話の冒頭で複数使用できる。

て、これらの五つが分類基準の異なるものであり統一の視点が必要であることから、不適である。

　順序分類に関わる一つの観点として、「断絶をマークする」という相互行為上の仕事で捉え直すことが有効である。「断絶」とは、直前までの連鎖の展開から見て、後続指向要素が直前の連鎖との境界を示していることであり、具体的には次の三つの連鎖環境で示される境界付けのことを指している。

　　①広い意味での挿入から元の連鎖に戻る際
　　②関連のある複数のものへの言及をする際
　　③直前とは異なる新しい連鎖を開始する際

これらの連鎖環境では「断絶をマークする要素」は発話の先頭に配置されており、「断絶をマークしない要素」よりも先行することを指摘した。それは、「断絶」という境界付けの仕事ゆえに、できるだけ発話の早い位置に置くべきだからである。

　以上で後続指向要素についての記述をひとまず終える。後続指向要素の順序に関しては「断絶をマークする要素」が「断絶をマークしない要素」に先行する。このことは本章で指摘してきたことではあるが、後続指向要素の順序に関わる規則はこれだけではないだろう。なぜなら、「断絶をマークしない要素」にはかなり膨大な要素が含まれており、これらが複数使用される際の順序規則もおそらくあるからである。よって、本章で指摘した規則は、後続指向要素の順序に関わる規則の一つに過ぎない。どのような相互行為上の要請に対して、どのような順序規則が後続指向要素にあるのか。本章で見てきた規則とは異なる規則に関しては今後の課題とする。

第 7 章　発話冒頭要素が担う働き

ここまで発話冒頭要素の順序規則について論じてきた。では、このような規則は一体どのような性質の規則であるのであろうか。規則というと、何か我々の行動を制限するもののように思えるかもしれない。発話冒頭要素の順序規則もこのような制限する規則と考えれば良いのであろうか。あるいは、そうではない性質の規則なのであろうか。このことを見るために、本章では発話冒頭要素全般にどのような働きがあるのかについて考察していく。そのことによって、順序規則が単に会話参与者の発話に制約を与えているというよりもむしろ会話参与者によって順序規則が使用されているということを示していきたい。ひとまずは、次節で第4章から第6章までに明らかにしてきたことを本章1でまとめる（議論の繰り返しになるため、ここまで順を追って読まれた読者は本章1を飛ばしてお読みいただいても構わない）。

1. 発話冒頭要素の順序

発話の冒頭要素に対して、「遡及指向要素」と「後続指向要素」という二つの分類ができ、それらを同時に使用する必要があるときは、［遡及指向要素→後続指向要素］という順序になる。また、発話冒頭においては基本的に遡及指向要素は一つだけ、後続指向要素は複数使用できる。

ただし、遡及指向要素は場合によっては正当に複数使用できる状況もある。遡及指向要素が正当に複数用いることのできる連鎖環境とは、一つは、トラブルが解決した直後に求められていた反応をする場合である。もう一つは、想定外の反応求めに対する反応をする場合である。このような二つのことに同時に対処しなければならない連鎖環境で遡及指向要素が複数使用された場合、特定の発話に対する双方の認識の不一致に対処をしている要素が、求められている反応よりも先行する。

第 7 章　発話冒頭要素が担う働き

　後続指向要素に関しては、複数の後続指向要素が発話の冒頭で使用されている場合、「断絶をマークする要素」が「断絶をマークしない要素」に先行する。「断絶」とは、直前までの連鎖の展開から見て、後続指向要素が直前の連鎖との境界を示していることであり、具体的には①広い意味での挿入から元の連鎖に戻る際、②関連のある複数のものへ言及する際、③直前とは異なる新しい連鎖を開始する際に示される境界付けのことを指している。

　なお、注意しておきたいことは、これらの二つの大枠としてのカテゴリー（遡及指向要素と後続指向要素）やそれらの下位分類としてのカテゴリー（認識の不一致への対処をする要素等）は、必ず発話の冒頭で全て用いられるということを意味するのではないということである。例えば、後続指向要素の「断絶をマークする要素」が用いられる場合、本書が対象とするデータにおいては遡及指向要素が用いられている例がそもそも無い[1]。あくまでいくつかの要素が用いられた際の順序を示すものであって、全てが使われるという意味ではないことに注意されたい。

　また、具体的にどのような要素がどのカテゴリーにあたるのかは連鎖環境を考慮に入れなければならない。例えば、第 6 章では「え：と」が「断絶をマークする要素」として使用されていたことを見たが、このことは「え：と」がいつも「断絶をマークする要素」であると主張するものではない。第 6 章で述べたことは、特定の連鎖環境において「え：と」が「断絶をマークする要素」として用いられるということである[2]。あるいは、「あっ」という形式は遡及指向要素としても、後続指向要素としても用い

1）しかし、第 6 章でも述べたように、配置されうるものと思われる。例えば機械の使い方を説明しているときに、A：「まず、このレバーを押してからメモリを 3 に合わせる。」、B：「3 に」A：「うんで一次に角度を合わせてボタンを押すだけ」のような会話が実際でもありうるとするなら、最後のAの発話では「うん」という遡及指向要素と「でー」という「断絶をマークする要素」が用いられていることになる。

2）「え：と」の場合、特定の連鎖環境というのは、電話の開始のやり取りから用件へ移行する発話の冒頭で使用された場合のことを述べている。詳しくは第 6 章 4.2.3 を参照されたい。

ることができる。情報提供の後等の「あっ」は遡及指向要素、前の連鎖が終わりうる位置での「あっ」は後続指向要素として使用されていることは、それぞれ第5章と第6章で見た。これも、「あっ」がデータに前もって遡及指向要素か後続指向要素かに分類できるものではなく、どのような連鎖環境で用いられるのかを考慮に入れて初めてどのように使われているのかがわかることを意味している。確かに、ある特定の要素が必ず「断絶をマークする要素」として使われるというように、特定の作業に特化した要素があるかもしれない。しかし、本書では複数の冒頭要素の関係を扱っているものであり、個別の要素に深く立ち入ることは避ける。

　以上が、第4章から第6章までに述べてきたことのまとめである。これらのことが示しているのは、話者は発話の冒頭に使用される要素を決してランダムに並べているわけではなく、順序立てて使用しているということに他ならない。この順序の規則は、各冒頭要素の通常の配置位置を示すものである。次節では、この通常の配置位置以外で冒頭要素が用いられている事例を検討する。そのことによって、通常の配置位置で用いられている事例を検討するだけでは気づきにくいような冒頭要素全般の働きについて明らかにする。また、その検討を通じて順序規則が「使われる」ものであることを述べたい。

2. 発話冒頭要素の利用

　本節では、冒頭要素が通常の配置位置以外の場所で用いられた際にどのような働きをするのかということに焦点を当てる。通常の配置位置以外の場所でも冒頭要素は冒頭要素として使われうるのであるが、それは特定の行為のみに利用されている。この行為の分析を通して、通常の配置位置での使用を見ていたのでは見逃してしまう可能性のあるような冒頭要素全般

第7章　発話冒頭要素が担う働き

の性質を示したい。

　冒頭要素の通常の配置位置以外の場所とは次の二点のことである。

　1：冒頭要素の順序規則に反する位置
　2：発話の冒頭ではなく、発話の途中

　1の「冒頭要素の順序規則に反する位置」というのは、本書でこれまで
示した順序規則にそぐわない位置に冒頭要素を配置している場合のことで
ある。例えば、通常だと［遡及指向要素→後続指向要素］となるところを、
既に後続指向要素が用いられたにも関わらず遡及指向要素をその後に配置
している事例などを想定している。より具体的に言えば、「えっでも」と
なるところを「でもえっ」としている時等で、前から聞いていくときに
「えっ」まで発話が進んだ段階で「えっ」が一般的な配置位置以外で使用
されていることが認識可能になる。そのため、この場合では、「でも」で
はなく「えっ」が一般的な配置位置以外で使用されているものとして本書
では考える。順序規則が守られていないことによって何らかの作業が達成
されるのであれば、それは順序規則が研究者にとっての規則である前に、
参与者にとっての規則であるはずである。つまり、前章までに明らかにし
てきた冒頭要素の順序が参与者にとっても重要な規則であることを意味す
ることになる。また、冒頭要素の順序がいかに会話に利用されているのか
を明らかにすることにも通じるだろう。

　2の「発話の冒頭ではなく、発話の途中」というのは、いわゆる命題内
容に直接関わる言語要素が発せられた後に冒頭要素が使用されている事例
を念頭に置いている。あるいは、本書では、二つの発話が下降音調や間隙
といった切れ目もなく続けられる場合、その二つの発話を一つの塊として
考え、その塊を分析対象としている。その際の、一つの塊における二つ目
の発話の冒頭に冒頭要素が用いられている場合も、発話の途中（正確には
塊の途中）で冒頭要素が使用されているものとして考える。例えば、詳し

232

くは後に分析することになるが、「（前日にニュースになった有名人の訃報について）新聞も見なかった？＝今日」という質問に対して「信じらんね：おう見てねんだよ（以下略）」と言っている事例（japn4549）における「信じらんね：おう見てねんだよ（以下略）」という発話がそれにあたる。これは「信じらんね：」と「おう見てねんだよ」という二つの発話から成り立っているが、その二つの発話の間には下降音調や間隙もなく立て続けに発せられており、発話者がこの二つの発話を一塊の発話のように扱っている。このように、複数の発話が一塊のように扱われている時、その塊の途中で冒頭要素が用いられていれば（上の例では「おう」がそれにあたる）、それを「通常の配置位置とは異なる場所」で冒頭要素が用いられている事例として考える。

　さて、このような通常の配置位置ではない場所で冒頭要素を用いるということは、言語学で言うところの「非文法的」な文が発話として生み出されることにも必然的に関わっていくこととなる。そこで、まず、非文法的な発話は会話においてどのように扱われるのかについて考えておきたい。その上で、発話冒頭要素が通常の配置位置以外の場所でどのように利用されているのかについて検討する。

2.1　会話に現れる「非文法」

　以下では、発話冒頭要素が一般的な配置位置以外で用いられる事例の検討に入る前に、若干の遠回りとなるが、非文法が研究においてそもそもどのように扱われているのかについて考えたい。その上で、会話に現れる非文法が会話参与者によってどのように扱われる可能性があるのかについて整理しておこう。

　書き言葉[3]には基本的には非文法的な文は出現しにくいと言える。それ

3）本書の「書き言葉」に対する考えについては第2章1も参照されたい。

第7章　発話冒頭要素が担う働き

は、書き手が非文法的な文を修正して、文法的に正しいものにすべきであるということに指向しているためであろう。更に、書いたものが読み手に届くまでの間に、書き手には修正のための時間が用意されていることも非文法的な文が出現しにくい理由であると思われる。それゆえ、一般的に書き言葉に現れる非文法は「誤植」として判断され、「出来る限り無い方が良い」ものとして扱われると言えるだろう。一方、修正のための時間が用意されていないリアルタイムでの会話においては、しばしば非文法的な箇所を含む発話が産出される。また、非文法的な箇所を含む発話がしばしば発話者によっても受け手によっても修正されないことを考えると、会話においては「文法に適った発話にすべき」という指向が文章を書く時よりも相対的に低いものと思われる。更に、会話においてはそういった非文法も実際に産出されているが故に、即座に、あるいは後々になって発話者も受け手もそれに対処することや何かのきっかけにすることができるため、会話参与者たちにとって何らかのリソースとして扱われうる。このように、非文法に対する我々の態度は会話と書き言葉では異なる。

　伝統的な言語学においては、非文法は現実世界から排除して良いものとして捉えられていたように思われる。そのため、論文等の中では、非文法的な文と比較する等して、特定の文法説明を証明するための道具として利用されてきた。「本来なら出てくるはずのないもの」というのが伝統的な言語学の非文法に対する態度であると言える。しかし、この見方は絶対的なものではない。例えば、精神分析の領域でフロイト（1977a, b）が言い間違いや書き間違い[4]を単なる不注意ではなく、抑圧された意図が言い間違いや書き間違いという形を取って表出されたものと捉えたことは有名である。言い間違いや書き間違いが非文法的な形式で現実の場面に現れやすい

---

[4]　フロイトが検証した対象は実際には「錯誤行為」である。錯誤行為には、ここで取り上げた「言い間違い」や「書き間違い」だけでなく、「聞き間違い」「読み違い」「度忘れ」「置き忘れ」「紛失」「思い違い」も含まれる。なお、錯誤行為が集中的に扱われているのはフロイト（1977a）の第一部である。

ことを考えるならば、精神分析における非文法は伝統的な言語学が捉えているような「本来なら出てくるはずのないもの」ではなく、「出るべくして出たもの」として見られているだろう。このように、非文法をどう捉えるかに関しては決して一様ではないのである。相互行為として会話を捉える本書の立場は、非文法を前者のように「本来なら出てくるはずのないもの」として考えるわけではない。なぜなら、下で詳しく検討していくように、非文法は会話の展開に様々な影響を与えうるため、会話にとって見逃すことのできない要素であるからだ。一方で、後者の見方である「出るべくして出たもの」というのは、比較的本書の立場に近い。しかし、精神分析はその非文法がなぜ産出されたのかの原因を発話者の心的側面に求めたのに対し、本書では相互行為のリソースとして非文法を捉えている点で決定的に異なる。会話がいかに達成されているかを明らかにする会話分析にとっては、会話参与者によって非文法がどのように取り扱われているのかが重要となるのである。

　会話において、ある発話者が非文法的な発話をしたとしても、他の参与者によって特に取り扱われることもなく会話が進行することも多い。しかし、それだけではない。発話が非文法的になっていたとしても、参与者によって積極的に問題がなかったことにされることもある。例えば、西阪（1997a）は、相手の言い淀みなどの産出のトラブルが見られる位置の直後に理解を示すことは、そのトラブルがあったにも関わらず、その発話の意味することへの理解に問題がなかったこと、更には、相手の発話が意思疎通において問題がなかったことを主張できると述べている。また、伊藤（2015c）は西阪の知見を援用し、会話におけるあいづちの「うんうん」が「うん」とは異なり、相手の発話のわかりにくさにもかかわらず理解できたことを示すのに用いられていることを指摘している[5]。このような振る

5）伊藤（2015c）が挙げている例は、聞きなれない語が使われた後、所謂「倒置文」として情報が追加された後、そしてそもそも話し手が「わかりにくいもの」として追加説明した後という位

第 7 章　発話冒頭要素が担う働き

舞いは、相手の発話の非文法を全く取り扱わないというより、相互行為の
中で「問題がなかった」という扱いをしているものと言える。その他、発
話者や他の参与者に言い直されることもしばしば観察されることである。
このことを体系的に扱ったのが修復（repair）の研究である[6]。しかし、参
与者による発話の非文法への取り扱いはこれだけではない。発話の非文法
はそれ自体何らかの相互行為のリソースとして用いられることもある。次
の例では非文法的な発話が、更なる説明を予示している。

（7-1）［japn1773　00:39-00:48］
Hが I （しんすけ）に、共通の友人である「あやちゃん」（この会話において
は初出）から手紙が来たことを伝えている。なお、HとIは離れた場所に住
んでいる。
→01H：.hh.hh あやちゃんがね：手紙来たんだきのお：.＝
　02I：＝お：ん.
　03H：でね：しんすけに電話したらね：[手紙はたまにでも＝
　04I：　　　　　　　　　　　　　　　[うん.
　05H：＝書くようにってゆっといてくださいって書いてあった.hh

1行目でHは「あやちゃんがね：手紙来たんだきのお：.」と発話している
が、この発話はいくつかの特徴からまだ続きがあるように聞こえるだろ
う[7]。

　　置で、あいづちの「うんうん」が利用されていることを指摘しているもので、非文法を扱ってい
　　るわけではない。しかし、データを見ていくと、（現実の発話の組み立てにおいては非文法とし
　　て現れる）言い直しの後にも「うんうん」は利用されており、言い直しも会話において「わかり
　　にくさ」として扱われていることがわかる。「うんうん」が利用される状況の詳細な整理につい
　　ては現在執筆中である。
　6）詳しくは Schegloff, Jefferson & Sacks（1977=1990）を参照されたい。
　7）このような「まだ続きがあることを示す発話」の代表的な例は、Sacks（1992）の「ストーリー
　　の前置き」（story preface）である。通常、発話の末尾には「ターンが替わってもよい場所」が配
　　置される。ただ、「ストーリー」のように、話す内容が多い場合、一つの発話だけでは伝えられ

2. 発話冒頭要素の利用

　まず、Hが「あやちゃん」から手紙が届いたことが言われているだけで、そこにどのようなことが書かれていたのかがまだ述べられていない。この特徴によって、まだHの発話が続くということを聞き手に予告することになる。

　あるいは、発話末の「きのお：」という部分から、この出来事がHの近況であることがわかる。自分の近況である以上、自分がどういう状況になったのか説明する必要があるだろう。つまり、1行目で述べられている「手紙が来た」から自分がどうなったのかに関する何かしらの情報提供がなされるはずである。実際3,4行目では手紙によって伝言を頼まれたことが示されている。

　さらに、本節で焦点を当てている文法性から1行目の発話に注目すると、「あやちゃんがね：手紙来たんだきのお：.」は「あやちゃん から 手紙来た」となっていないことから、統語論的に非文法であると言える。しかし、リアルタイムでIがどのように発話を聞いているかを考えると、「あやちゃんがね：」まで聞くと、HがIに「あやちゃん」についての何らかの情報を提供するつもりであることが読み取れる。そこに「手紙来たんだきのお：」とHを主語とした発話が続くのであるが、これは先ほどの「あやちゃん」についての何らかの情報提供とは見なせない。なぜなら、①「手紙が来た」だけでは「あやちゃんが」何をしたのか、あるいは、どうなったのかについてまだ述べられておらず、また、②「手紙が来た」はHについての情報であって、「あやちゃんが」どうしたのかについての何らかの情報提供はまだなされていないからである。これらの理由から、まだ示されていない「あやちゃんが」どうしたのかについての情報提供が後に

ないこともある。そのような場合に相手にターンが移行しないように発話者が取れる手段の一つとして、これから複数の発話を配置することをいわば「予約」するということが挙げられる。Sacks が明らかにした「ストーリーの前置き」は、まさにそのような仕事を行うものである。ただし、注意したいのは、1行目「あやちゃんがね：手紙来たんだきのお：.」は、「まだ続きがあることを示す発話」ではあるが、「ストーリー」が続くかどうかはわからないということである。実際、3行目と5行目に続いているのはストーリーと言えるかどうか微妙である。

237

配置されることが予測できる。つまり、「あやちゃんがね：手紙来たんだきのお：.」という発話の非文法性はそれ自体、発話がまだ続くことを予告するリソースとしてIには利用される可能性があるということである。

　以上のような「発話がまだ続く」というデザイン上の工夫がなされた発話に対して、2行目でIは「お：ん」と続きを促しており、3行目および5行目でHはその続きを話している。Schegloff（2007）は、ベースとなる隣接ペアを提出するために、それよりも前に配置される連鎖のことを「前方拡張」（pre-expansion）と呼んでいる。前方拡張には「誘いの前に配置される連鎖」（pre-invitation）や「申し出の前に配置される連鎖」（pre-offer）などが含まれる。(7-1) は「報告の前に配置される連鎖」（pre-announcement）である。Schegloffによれば、前方拡張での隣接ペアの第二部分では、「続きを促す」（go-agead）、「続きを阻止する」（blocking）、「保留する」（hedging）のいずれかがなされる。(7-1) の2行目では「お：ん」と「続きを促す」振る舞いをしており、Iも1行目をこれで終わりではなく「まだ続く」ものとして捉えていることがわかる。

　以上ように、発話の非文法性はそれ自体何らかの相互行為のリソースとして用いられることがあるのである。このような視点は、伝統的な言語学や精神分析における非文の取り扱いとは異なるものであることが理解されるだろう。

2.2　リソースとしての発話冒頭要素

　多少の寄り道となってしまったが、本節で注目しているのは、「発話冒頭要素が通常の配置位置以外の場所でどのように利用されているのか」という点であった。通常の配置位置以外の場所で発話冒頭要素が用いられるとき、全てではないものの、しばしば「非文法的」と判断されるような発話となる。しかし、これまで述べてきたように、「非文法」であったとしても何らかの相互行為のリソースとして用いられることもある。発話冒頭

要素が通常の配置位置以外の場所で用いられる時も同様に、特定の行為がなされていることのリソースとなっていることを本節では見ていく。具体的には、「通常の配置位置以外での場所」で冒頭要素が用いられる際に「自己修復」、「引用」、「立ち遅れ反応」という三つの行為がなされていることを明らかにした上で、これらが冒頭要素の前後で依拠する統語構造が異なることを聞き手に示すことを述べる。そして、このことから冒頭要素の持つ「始まり」をマークするという性質が浮き彫りになるということを論じる。

2.2.1　自己修復

　まず、冒頭要素が通常の配置位置以外の場所で用いられることで、発話の自己修復（Schegloff, Jefferson & Sacks, 1977=1990）がなされている事例を見る。これまで様々なところ[8]で何度か既に触れてきていたことではあるが、冒頭要素が順序規則に反した位置で用いられることは、自己修復が開始されたことを聞き手に示すリソースとなる。Schegloff 達の議論によると、修復とは発話の産出トラブル、聞き取りのトラブル、理解のトラブルに対処するものである。修復は開始と操作という二つの局面があり、またトラブル源の話者（自己）がするものと他者がするものがある。これらの組み合わせで、自己開始自己修復、自己開始他者修復、他者開始自己修復、他者開始他者修復の 4 つに分類される。また修復がなされる位置は限定的であり、①トラブル源を含む発話と同じ順番内、②「ターンが替わってもよい場所」（transition–relevance place：TRP）、③次のターン、④トラブル源を含む発話の次の次のターン（第三ターンでの修復：third turn repair）のいずれかである[9]。ここで扱う自己修復は産出のトラブルに対処する自己開始自

　8）具体的には第 4 章の冒頭、第 4 章 2.3、第 5 章 1 等を念頭に置いている。詳しくは第 4 章 2.3 を参照されたい。
　9）この④と非常に似たものに⑤「第三位置での修復」（third position repair）がある（Schegloff, 1992b, 1997）。④は第三ターンで第一ターンのトラブル源を修復するものであるが、⑤は第二の

239

第 7 章　発話冒頭要素が担う働き

己修復のやり方の一つであり、位置としては①トラブル源を含む発話と同
じ順番内でなされるものである。

　下の事例では 7 行目に自己修復がなされている。

　　（7-2）〔japn6739　04:54-05:04〕
　　　直前までのやり取りは、U が T に隣の家の裏庭が見えるかどうか聞き、それ
　　　に対して T が、隣の家と自分の家の間に塀があるものの、自分の庭の木の手
　　　入れをするときによじ登るので、その時に見ると答えた。そして、隣の家の
　　　庭について「ま：ちゃんと芝生が植わっててね：」（01）と言っている。

　　　01 T：［ま：ちゃんと芝生が植わってて［ね：.
　　　02 U：　　　　　　　　　　　　　　　　　［あっそううちは↑ね：,
　　　03 T：う：［ん.
　　　04 U：　　　［あのう隣との間にあ r-あのう 2 メートルぐらいの塀が：
　　　05　　　　してあるのよ.
　　　06 T：う：：：ん.
　→07 U：**だからね,**でビシーとしてあるから全然見えない.
　　　08　　　（0.3）
　　　09 T：あっ＜ほん［：と：う.＞

ここでは、U が 2 行目から 5 行目で自分の家と隣の家の間に 2 メートル程
の塀がある旨を T に伝えている。T が「う：：：ん.」と情報を受け取っ
たことを示した後、U は更に 7 行目で「ビシーとしてあるから全然見えな
い」とそれまでの情報提供の続きを述べている。ここで注目したいのは、

　位置で相手の反応から誤解が生じていることに気が付き、それに対処するため第一位置のトラブ
ル源（誤解の原因）を修復するものである。なお、日本語の発話冒頭に関しては、高木・細田・
森田（2016）が④および⑤の冒頭で「いや」などの否定を示す語や「あっ」などの気づきを示す
語が修復の開始にしばしば使用されることを指摘している。また、②では「ていうか」が多く見
られることにも言及している。

7 行目の冒頭である「だからね,で」という部分である。伊藤（2012a）で示しているように、「で」は他の接続詞より先行するという順序規則がある[10]。このことから、「だからね,で」というのは、「で」が一般的に配置される位置以外の場所で「で」が用いられていると言える。このような位置で「で」を使うことによって達成されているのは、「だからね」で始めた発話の組み立てを取りやめ、「で」で発話を組み立て直すという自己修復である[11]。つまり、冒頭要素の順序規則が参照されることによって、冒頭要素が自己修復のリソースとして用いられているということである。言い換えれば、自己修復がなされていることが他の参与者にわかるためのリソースとして、冒頭要素の順序規則が用いられているのである。

　同様の事例を見ておこう。

（7-3）［japn4222　03:09-03:28］
　Lは自作ビデオの広告を出して売り込もうとしており、そのことに詳しいMはLのビデオを自分のところに送るよう要求している（01）。なお、ライトハウスとはロサンゼルスおよびサンディエゴで発行されている現地情報誌であると思われる。また、2 行目の「いっちゃん」とはMのことである。
　01M：一本送ってよ.hh

---

10) 筆者は伊藤（2012a）で、「で」が相互行為においては「直前の単位との断絶をマークした上で「続き」を投射する」（p. 37）という指摘をしておいた。この直前の単位との断絶を示すという働きのため、「で」の前に別の要素を配置してしまうと、その要素が後続発話に対して及ぼす影響（投射）まで断ち切られてしまうため、「で」の前に別の要素が置けなくなってしまうのである。なお、伊藤（2012a）については、第 6 章 2.3 で多少詳しく説明している。

11) この事例ではなぜ「だから」を取りやめているのであろうか。「だから」で開始すると直前の発話を根拠として、そこから導かれる帰結が述べられることになるだろう。もし直前の根拠が曖昧なものであるならば「だから」は不適となる。7 行目のUの発話に「ビシーとしてあるから」とあえて「全然見えない」根拠になりうる描写をしていることから、4 行目および 5 行目で「2 メートルぐらいの塀がしてある」という描写では根拠として弱いということに「だから」を言い始めた段階でUが気がつき、自己修復を行なっているのではないかと思われる。「塀」という言葉では、意匠として隙間や穴があるものもあり、また、フェンスのようなものも含んでしまうかもしれない。「ビシーとしてある」という表現は、その隙間や穴、フェンスといった「向こうが見える塀」の可能性を低めていると言える。

241

第 7 章　発話冒頭要素が担う働き

　　　　02 L :（あ）あ，いっちゃんとこに？

　　　　03 M :うん.

　　　　04 L :.hh 今いっこサンプルある.

　　　　05 M :.hh ん－あの：新聞で：うまくすれば：ねえ？

　　　　06 L :ふん.＝

　　　　07 M :＝（り）ょうかいできるかもし［れ－］

→08 L :　　　　　　　　　　　　　　　［**だか**］**ら：そう**ライトハウスにどのく

　　　09　　　らいこう（くう）料_(0.9)アドバタイズメン載っけるとしたらどんくら

　　　10　　　いと－あ一ヶ月とられるんかな：と思って(.)それ聞こうか

　　　11　　　な：と思っていっちゃんに.

　この例では 8 行目で L が「だから」と開始した発話を「そう」と言うことによって、発話の組み立て直しを行なっている。そのような作業が行なわれているのが我々に（そしておそらく M にも）わかるのは、冒頭要素の順序規則を参照しているからである。つまり、「だから」という後続指向要素から「そう」という遡及指向要素という順番で使用されているのであるが、これは第 4 章で見た［遡及指向要素 → 後続指向要素］という冒頭要素の順序規則に反するものであり、「そう」が一般的な配置位置とは異なる場所で用いられているからである。そのため、「そう」を起点に自己修復が開始されていることが観察可能になるのである。

　ここまで、一般的な配置位置以外で冒頭要素が用いられることで、自己修復がなされたことのリソースとなっていることを見た。次節では、「引用」が開始されたことのリソースになっている事例を検討する。

2.2.2　引用

　自己修復の他に、引用の開始のリソースとして、発話冒頭要素の順序規則が用いられている事例もあった。ここで言う「引用」とは、「今の私」ではない発話者が発したものとしてデザインされている箇所のことであ

242

る。典型的には、過去に他の人物が言った発話を自分の発話の中で使うことであるが、過去に自分の言ったことも「引用」に含む。また、本書で扱う「引用」には、実際に言ったことであるかどうかは関係なく、「言ったかもしれない発話」や「言いそうな発話」というのも含む。引用元が存在しているかどうか、あるいは、引用が引用元と照らし合わせて正確であるかどうかは、その発話が引用であるかどうかに関して本質的な問題ではない。藤田（2000）が言うように、「そのようなコトバが本当にあろうとなかろうと、それを所与のものとする姿勢でとり上げて、再現したらしく見せる（また、解される）表現」（p. 17）であるかが重要であるからだ。この論点の発展として鎌田（2000）の引用句創造説も併せて参照されたい。

　以下では、引用されている箇所を指して「引用部分」、引用を含む発話全体を指して「引用発話」と述べる。仮に「さっき健太があーもう無理って言って帰ったよ」という発話があった場合、引用部分は「あーもう無理」を、引用発話は「さっき健太があーもう無理って言って帰ったよ」を指す。

　引用開始のリソースとして発話冒頭要素の順序規則が用いられている事例は次のようなものである。この例では、Jは話題にしている男がいかに嫌な人物であるかを、自分の経験を語ることでKに伝えている。なお、引用部分は網掛けにしている。

（7－4）〔japn4044　06:59－07:32〕
会話収録日にJは知人である長髪の男を大きなラウンジで見かけたようだ。飲酒運転を自慢げに話すその男のことをJは前から気に食わないと思っており、普段から無視しているようである。なお、15行目の「新顔」というのは長髪の男のことであり、このことからその長髪の男はJの後輩に当たる存在である可能性がある。

01 J ：［でそんなさ離れてるんだし：.h[h 人をね：そんな .hhh ＝
02 K ：　　　　　　　　　　　　　　［うん.
03 J ：＝いないからさ：大きな声で話さなくてもわかるじゃ：ん . ＝

第7章　発話冒頭要素が担う働き

```
  04K：＝うん．
→05J：だけどさ：な：んか.hいや：とっ捕まっちゃって：＞とか言っt-＜
  06　　で超長髪でだぼだぼのズボンとか¥履い［てて：,¥
  07K：　　　　　　　　　　　　　　　　　　［あ：あ：［よく（いる）.
  08J：　　　　　　　　　　　　　　　　　　　　　　　［.hh
  09J：¥＞それで＜なんか¥.h先週ずっと↑ね：（s-）エスケイプ
  10　　してたのねその人：.
  11K：うん．
  12　　（.）
  13J：だからみ-（0.2）見なかったの顔を：.
  14K：うん．
→15J：で：あっ新顔だ＞とか＜思って：,
  16K：うん．＝
→17J：＝そしたらなんかね：いや＜捕まっちゃって：＞とか言って［：,
  18K：　　　　　　　　　　　　　　　　　　　　　　　　　　　［h：
  19J：千ドルの罰金なっちゃってさ今日払いに行かなきゃいけないんだ：
  20　　とか言っ＃て［：,＃
  21K：　　　　　　　［あ：すばら（h）［しい．
  22J：　　　　　　　　　　　　　　　　［＜↓自慢げに＞はhなhすの
  23　　＜゜なﾟかﾟ：.＞　（（22と23は憎々しげな音調））
```

　ここで語られているのは、Jが常々悪く思っていた長髪の男を会話収録の日に見かけ、そこでその男がいかに嫌な発言をしていたかということである。注目したいのは、Jによって引用されている発話である、5行目の「いや：とっ捕まっちゃって：」、17行目の「いや＜捕まっちゃって：＞」という長髪の男の過去の発話、および15行目の「あっ新顔だ」というJ自身の過去の発話である。これらの行を下に抜き出しておく。

2. 発話冒頭要素の利用

（7-5）冒頭要素を引用部分に含む発話

05 J ：だけどさ：な：んか .h いや ：とっ捕まっちゃって：＞とか言っ t-＜

15 J ：で： あっ 新顔だ＞とか＜思って：,

17 J ：＝そしたらなんかね： いや ＜捕まっちゃって：＞とか言って[：,

　これらの引用部分は①発話の途中から開始されており、発話の内部に組み込まれる形（網掛け部）で聞き手に示されている。また、②冒頭には、いずれも「いや」や「あっ」という冒頭要素（上では □ で示している）が配置されている。

　ここで用いられている「いや」や「あっ」はいずれも遡及指向要素である。その前に配置されている「だけどさ：」「な：んか」（05）、「で：」（15）、「そしたら」「なんかね：」（17）はいずれも後続指向要素である。第4章および第5章で既に述べたように、遡及指向要素は後続指向要素に先行する。それゆえ、この引用部分で用いられている「いや」や「あっ」はいずれも一般的に配置される位置以外の場所で用いられていると言える。

　発話の途中に「冒頭」要素を配置することによって、発話の途中にも関わらず「発話の冒頭」がそこに配置される可能性が聞き手に示されることになるだろう。その可能性の一つが引用である。

　引用とは発話の内部に（典型的には他者の）発話を組み込むことであると言える[12]。林四朗（2013b）は「カギの中と外とで、構文の論理は絶縁されている」（p. 244）と重要な指摘をしているが、絶縁されているのは構文だ

---

12) 砂川（1987, 1988a, 1988b）はこのことを場の二重性として捉えている。「引用文は、もとの文の発言の場と当の引用文の発言の場という二つの場の、前者を後者の中に入れ子型に取り込むという形の二重性によって成り立っている文である」（砂川 1987；pp. 84-85）とするもので、地の文と引用内部とで文法や機能の点でそれぞれ異なる秩序（場）を形成していることを指摘するものである。

245

けではない。発話の中に発話が組み込まれているということは、引用部分自体が一つの行為を構成するのである。上の（7-4）の事例では、15行目の引用部分が［発見を知らせる］という行為を構成している。5行目、17行目、19行目は少し複雑で、5行目と17行目の引用部分は末尾に「て：」が利用されており、それぞれ引用内部が引用世界における TCU の完了可能点に達している言えるか微妙である。その微妙さを利用することで、複数の引用部分をつなげて一つの行為（［事情説明］）を構成しているものである（なお、正確には17行目の引用は5行目の引用のやり直しである）。この時重要なのは、引用世界内での TCU と「今ここ」の世界での TCU は異なるということである。つまり、引用部分の末尾は引用世界内では「ターンが替わってもよい場所」ではあるが、引用世界ではない「今ここ」の世界においては「ターンが替わってもよい場所」ではないということである。引用が含まれた発話の聞き手がターンを取ろうと思ったなら、引用世界内での「ターンが替わってもよい場所」ではなく、地の発話の「ターンが替わってもよい場所」を、発話が一音一音構築されているのを聞きながら分析する必要があるのである。言い換えるなら、聞き手は、①話し手の発話の中から引用部分の発話の開始地点と終了地点を分析し、②聞き手の参与しているやり取りにおいては、その引用部分の発話がターンの移行に実効的な発話ではないこと、つまり引用部分の末尾に「ターンが替わってもよい場所」が配置されないことを認識し、③引用部分の末尾ではターンを取るような振る舞いをしないようにするのである。ターンテイキングの観点から見ると、引用部分と地の発話部分を区別することは聞き手にとって重要なのである。

　内部に組み込まれる発話（引用部分）は、行為を構成する「発話」に見えるようなデザインとなっているだろう。「発話」に見えるようなデザインとして、例えば、引用部分で冒頭要素や終助詞が利用されるというデザインであったり、引用部分だけ声を真似るという音調的なデザインであったりと、いくつかの手段が考えられる[13]。その点から考えると、本書が焦

点に当てている冒頭要素は、それが配置された箇所が「発話」に見えるようなデザイン上の特徴の一つであると言える。このように、発話の途中で冒頭要素を用いることは、聞き手に「引用」の可能性を示し、その可能性を考慮しつつ後続発話を聞くよう促すことに繋がるのである。

　もし、単に引用元の発話の意味内容を伝達するだけであるなら、ここで見てきた冒頭要素は不要であるとも言える。「いや（：）」や「あっ」が引用元の発話の意味内容にさして大きな役割を担っていないため、引用部分に冒頭要素を置かない「だけどさ：な：んか .h とっ捕まっちゃって：＞とか言っ t -＜」、「で：新顔だ＞とか＜思って：,」、「＝そしたらなんかね：＜捕まっちゃって：＞とか言って［：,」とだけ述べても良いだろう。にも関わらず、それぞれの引用部分の冒頭には冒頭要素が利用されているのである。その理由として、どのような状況で当該の引用がなされたのかを伝えることで聞き手に理解しやすくするから[14]ということだけではなく、これまで見てきたように、引用が開始されたことを聞き手に示すことができるからということも挙げられる。実際、引用部分に冒頭要素を置かない上の三つの例はいずれも一音一音発話を聞いていく時に、かなり後になるまで引用が配置されたかどうかわかりにくいだろう。

　また、一般的に引用部分が終わるとすぐに「って言ってた」のような、地の発話の構造における述部に当たる言葉が配置されることから、引用内部の冒頭要素は引用が終わった直後に地の発話の述部が配置されることを

---

13) 筆者は伊藤（2016, 2017a, b）でこの手段について集中的に論じている。伊藤（2016）は発話の特定の箇所が引用だとわかるためのリソースが発話の様々な箇所にあることを指摘している。また、伊藤（2017a）は引用部分が始まる前の段階で、伊藤（2017b）は引用が始まった直後でどのようなリソースが用いられているのかについて分析している。その他、関連する研究として鎌田（2000）、山口（2009）も参照されたい。

14) 冒頭要素についてではないが、このことに関連して、加藤（2010）は、引用発話における引用部分について「日本語は、待遇表現による丁寧さのレベルや男言葉・女言葉など、言語表現化される位相差に富むため、一つの発話（「声」）から、それを発する場面・環境・発話者の意識、聞き手の性質なども経験を基にある程度想起できる。そうして、それがなされた状況や程度をイメージできるのである」（p. 111）と指摘している。

第7章　発話冒頭要素が担う働き

投射する。地の発話の述部は地の発話にとって統語的完了可能点であるため、引用部分の冒頭要素は地の発話の統語的完了可能点を投射すると言い換えることができるだろう。もちろん、（7-4）のように「とか思って」(15)や「とか言って」(17, 20)のように継続の形式が取られることによって、実際には統語的に完了しない可能性もある。しかし、この形式はその箇所が統語的完了可能点になりうるからこそ、聞き手にそのように理解されないための発話者の工夫なのである。つまり、実際にそこで統語的な完了がなされることと、そこが統語的完了可能点であることは区別する必要がある。その上で、引用部分の冒頭要素が地の発話の統語的完了可能点を投射することは、第2章2.4.2で見た「遅れた投射可能性」に対処する一つの方策であることは指摘しておくべきであろう。つまり、引用内部の冒頭要素が「引用が始まったこと」を示すため、その引用が終了した直後に地の発話の統語的完了可能点となる述部が配置されることを投射することとなり、このことは、発話全体から見た時に、発話のかなり早い段階で統語的完了可能点を投射する手立てとなっているのである。

　なお、ここで改めて注意しておきたいのは、発話の特定の部分が「引用」（あるいは発話に組み込まれた「発話」）であると聞き手に示すためのリソースは冒頭要素だけではないということである。発話の特定の部分が「引用」であると聞き手がわかるためのリソースは発話に分散されて配置される（伊藤 2016）ため、冒頭要素のみが「引用」の認識に決定的であるというわけではない(15)。リアルタイムの会話進行においては、発話が一音一音

---

15) 冒頭要素以外が「引用」のリソースとなっている実例を一つ挙げておこう。この例ではＵが録音の準備のために音声ガイドに従って何をしたのかについてＴに説明している。なお、1行目の「入れた」は、自分の電話番号を音声ガイドに従って入力したという意味である。

　(7-a) ［japn6739　00:45-00:49］
　　01Ｕ：[で入れたんですよ：．
　　02Ｔ：う：：ん．=
　　03Ｕ：=そし（て／>たら<）あなたの電話番号はこうですね って向こうが言うわけよ：．

2. 発話冒頭要素の利用

進んでいく中で、一つ一つそのリソースが立ち現れる。聞き手はそのリソースを分析することによって当該箇所が引用であることを認識するのである。本節で述べてきたのは、そのリソースの一つとして冒頭要素が用いられているということである。

2.2.3　立ち遅れ反応

　相手から質問などをされて、その反応を求められている状況にも関わらず、反応を求められた者がその反応以外の振る舞いをしてしまうことがある。そのような時に、反応を求められた者が先ほど求められた反応をしたいならば、どのようなやり方が可能であるのであろうか。その手段の一つとして、次のように冒頭要素が用いられている事例があった。

（7−6）［japn4549　01:20−01:27］
　ＰがＱに対し、前日にあるロックバンドのボーカルが死んだことを伝え、そのときのラジオの様子を詳しく説明した後。
　　01Ｐ：＞ほんとだよガラシア死んじゃったよ！＜
　　02　　（0.5）
　　03Ｑ：tch–
　　04　　（0.8）
　　05Ｐ：新聞も見なかった？＝今日.＝
　→06Ｑ：＝信じらんね：**おう**見てねん［だよ俺ぜ−］

この例で、3行目の「あなたの電話番号はこうですね」の部分が引用であると聞き手に示すために用いられているリソースは少なくとも四つある。一つ目は「あなた」である。「あなた」という語は一般に現場にいる相手のことを指す。しかし、Ｕだけしか経験していない出来事についてＴに説明している際に、この「あなた」がＴのことを指すとは考えられないだろう。そのため、「ここではない現場」で用いられたもの、つまり引用であると解釈できる。二つ目は「こう」という現場指示の表現である。これも上の「あなた」と同じ論理で、ここではない現場で用いられたものと解釈できるものである。三つ目は「ね」という終助詞が発話の途中に用いられていることである。最後に「って向こうが言う」という引用を明示するマーカーである。このように、話し手は様々な手段によって発話の特定部分が「引用」であることを聞き手に示しているのである。

249

第7章　発話冒頭要素が担う働き

07 P :　　　　　　　　　　　　　[今日のし]んぶん見れば絶対
08　　　トップで載ってる.

　ここでは5行目でPが「新聞も見なかった？＝今日.」と質問をしている。
これに対してQは6行目で「信じらんね：おう見てねんだよ」と述べてい
る。注目したいのはこの6行目で、5行目のPの質問に対してQは答えず
に、まず「信じらんね：」とアーティストの訃報に対する評価的なコメン
トをしている[16]。その後、Qは一般的に発話の終了を示す音調的な下降
や、発話と発話の区切りを示す間を配置することなく、「おう見てねんだ
よ」と5行目の質問に答えているのである。6行目は「信じらんね：」と
いう評価と「おう見てねんだよ」という応答という二つの行為から成り、
その点でこれは二つの発話で構成されている。しかし、この二つの発話を
下降という音調的な工夫や、間を配置するという工夫を用いることもしな
いことで、一塊の発話のような装いとなっている。この時、一つ目の発話
と二つ目の発話の区切れを明確にしているものが「おう」という冒頭要素
であろう。「おう」は会話の時間軸上で遡ったある時点の質問に対して肯
定していることを示す[17]。この事例の場合は5行目のPの質問が最も直近
の質問であり、Qはそれに答えていないという状況であるため、Pにとっ
て「おう」が5行目の質問に対する応答であると理解できるだろう。この
ように、二つの発話に音韻的な切れ目や間がなくとも「おう」があるため
に、どこから二つ目の発話なのかが明確に聞き手に伝わることとなる。
　では、このような二つの発話を一つの塊のようなデザインにすることで

---

16) この評価的なコメントは独り言であると言えるかもしれない。独り言は他の参与者に聞き取り
　可能であるがゆえに、そこから話題が展開する可能性がある（筒井 2012）。一方、この評価的な
　コメントは1行目の「＞ほんとだよガラシア死んじゃったよ！＜」というPのコメントに対する
　反応であるのかもしれない。独り言であれ、1行目に対する反応であれ、重要なのは5行目のP
　の質問の直後に位置しているということである。質問の直後であるがゆえに、この「信じらん
　ね：」は位置的に不適切な発話である。
17) 詳しくは5章を参照されたい。

250

何が達成できるのであろうか。少なくとも言えるのは、一つ目の発話が統語的に終わりうる位置で「すぐに」質問に答えることを開始できるということである。つまり、一方では①一つ目の発話を統語的に完了と見なしうる点まで進めることができ[18]、他方では②二つ目の発話である「要求されている反応」を一つ目の発話が終わり次第可能な限り早いタイミングで開始できるのである。

①の一つ目の発話である「信じらんね：」を統語的に完了と見なしうる点まで進めることによって、質問されているのにも関わらず、その応答ではない自身の評価を完了可能点まで進めることになるため、質問に答えられない理由を聞き手が見出す機会が生まれる。ここでの評価が「信じらんね：」であり、受け入れるのが難しいことを表明していることと相まって、この「質問に答えられない理由」が「あまりにショックであり呆然としていた」といった具合に聞き取られうるだろう。このように「あまりにショックであり呆然としていた」といった振る舞いは、質問されているにも関わらず、その応答ではなく「受け入れることが難しい」ことを意味する評価を提出することによって構成されているのである[19]。

②の二つ目の発話である「要求されている反応」を一つ目の発話が終わり次第可能な限り早いタイミングで開始することは、音調的な区切れや間を配置しないことで、相手が反応の追及を行う可能性を最小化[20]している

---

18) 別の手段としてQが6行目にできることは、一つ目の発話を完了可能点まで進めずに応答を開始するということもありうるだろう。

19) 当然のことではあるが、「あまりにショックであり呆然としていた」といったような振る舞い自体は、状況ごとに様々な手段によって達成されるだろう。このデータにおいては、ここに書かれている手段によって達成されているという意味である。さらに、そのような振る舞いは、そのロックバンド、あるいは、そのボーカルに対して特別な心情を持っていること（例えば「ファンである」等）を観察可能にさせるかもしれない。

20) ここで「最小化」という言葉を使っているのは、6行目の「信じらんね：」の直後にP側から何らかのアクションがなされる可能性があるからである。6行目の「信じらんね：」の末尾は音調的に完了しているか曖昧であるが、統語的には完了しうる位置であると言える。仮にP側から反応の追及があるのであれば、その直後に発話を開始する可能性がある。その可能性はQが「信じらんね：」を下降音調で発することや、間を置くことによってさらに高まっていくだろう。そ

251

第 7 章　発話冒頭要素が担う働き

とも言える。質問などをした時に、相手から適切な反応が得られない場合、適切な反応を得るために我々はしばしば反応の追及をする（Pomerantz 1984b）。最初の質問をされた側にとっては、もしその質問に答えるつもりがあるのであれば、その追求よりも先に答えるべきであろう。上の事例で、一つ目の発話と二つ目の発話の間に音調的な区切れや間を配置しないことにより、ＢはＡが反応の追及をするよりも早く二つ目の発話である「要求されている反応」を行なうことができるのである。

　上とは性質の異なる立ち遅れ反応の事例を見ておこう。上の例は、評価によって応答が遅れている事例であった。下の事例は、確認要求と説明の開始が同じタイミングで行なわれたため、確認要求に対する確認が説明を開始した後になってなされているものである。

（7-7）［japn6739　02:29-02:41］
　ＵとＴは自分達の家の庭について話している。直前では、Ｔが庭でスイカを作ったことがあるとＵに伝えており、Ｕは驚いている (01)。なお、2 行目の「う：ん」は 1 行目の「ほんと：：」に対する反応である。
　　01Ｕ：す(h) ご(h)：(h)い .h[h ￥ ほんと]：[：. ￥
→02Ｔ　　　　　　　　　 [**それでね：,**][**う：ん一年のその夏の**
　　03　　　終わりに：あの：：う笑っちゃったんだけど：.hh 結局：買った方が
　　04　　　ウォーターメロンの場合なんか安いの.

Ｔが庭でスイカを作ったことがあるという話に対して、Ｕは 1 行目で「す(h)ご(h)：(h)い」と評価している。Ｔは 2 行目で「それでね：,」と先ほどのスイカの話に続ける形で説明を開始している。しかし、この説明の開始は、Ｕの確認求め「ほんと：：」(01)と重なってしまう。そのため、Ｔ

───────────────

のような意味で、区切れなく発話することでＰ側からの反応の追及の可能性を最小化していると言える。

252

は「それでね：，」と開始した発話を一旦ストップし、「う：ん」と求められていた反応である確認を与え、ストップしていた説明をすぐに開始しているのである。ここでは、「う：ん」の後に「それでね」と言って再び説明をやり直すことができるが、Ｔはそうせず、発話を継続させる手段を取ることで確認要求と確認の連鎖を「やり過ごしている」（串田 2005b）[21]。

　Ｔの発話だけ見ると、「それでね：，う：ん一年の…」と、一つ目の発話（それでね：／一年の…）の間に二つ目の発話（う：ん）が挿入される形となっている。このような理解が可能であるのは「それでね：」という後続指向要素から「う：ん」という遡及指向要素という順序（つまり、［遡及指向要素 → 後続指向要素］という順序規則に反する順序）で使用されていることによるのである。ただし、このような配置は、反応が遅れているというわけではなく、むしろ反応に遅れないためになされているものであるので、最初に見た事例とは少し性質が異なる。最初の事例は、相手が反応を求めているにも関わらず、その求められている反応とは異なる振る舞いをしてしまったために、反応が遅れているものである。ここでの例は、相手が反応を求めているにも関わらず、同じタイミングで次の段階に話を進めてしまったため、反応が遅れないようにこのような冒頭要素の配置になっているのである。

　いずれにせよ、求められた反応をする際の位置的な不適切さに対処するための手段として冒頭要素が用いられているのである。前者は別のことをしてしまい答えていなかった質問に答えるという位置的な不適切さであり、後者は話の続きを始めてしまった後で、前の話に対する反応求めに応じるという位置的な不適切さである。どちらも冒頭要素を「通常の配置位

21）串田（2005b）では、相手の発話と自身の発話が重なった場合に、重なりが解消された時点で重なった部分を再びやり直す「再生」と、重なった部分の続きを行なう「継続」とがあることを指摘している。前者は、相手が開始している行為を制止する働きが、後者は相手の発話をやり過ごす働きがあるとしている。ただし、ここでの例では相手の確認要求に対して「う：ん」と反応した後で継続しているものであるため、串田が分析した対象と完全に一致しているわけではないが、串田の記述はこのケースにおいても当てはまるものと思われる。

第 7 章　発話冒頭要素が担う働き

置以外の場所」で用いることによって、既に行なった不適切な行動に対処
しているのである。特に、本書の関心から見れば、後者の事例は冒頭要素
の順序規則を利用している点で特徴的であると言える。

　次節では、これまでの記述をまとめる意味でも、冒頭要素が一般的に
持っている性質について考えてみたい。

2.3　「始まり」をマークすること

　これまで見てきたのは冒頭要素が一般的な配置位置以外の場所で用いら
れる事例であった。このような位置においては、自己修復、引用、立ち遅
れ反応といった行為が開始されたことを示すという働きが冒頭要素には
あった。では、なぜこのような行為のリソースとして冒頭要素が用いられ
るのであろうか。そのことについて考えてみたい。

　冒頭要素は、その名の通り、発話の「冒頭」に配置される要素である[22]。
したがって、冒頭要素は発話の「始まり」をマークする。これまで見てき
た事例は、通常の配置位置以外の場所で冒頭要素が配置されており、発話
の「始まり」ではない場所で「始まり」を行なっていることになる。この
ことは、冒頭要素の直前と直後とで、統語上のずれが生じていることを聞
き手に示すことになるだろう。ここで言う「統語上のずれ」とは、冒頭要
素の前後で、依拠する統語構造が異なることである。その一つの例が自己
修復である。自己修復は発話の組み立てを一旦止めて、修復対象に替わる
新しい項目を提出するという流れがあるが、そこで起きていたのは冒頭要
素が配置されるまでの統語構造と、冒頭要素が配置されてからの統語構造
との間にずれを生む作業である。また、別の例として引用がある。引用と

22）もちろん、冒頭以外でも用いられる言語要素もある。例えば、言葉探しの「あのー」や「ほら」
　は発話内の様々な位置で用いられる。ここでは、一般的に冒頭に配置されることが普通であるよ
　うな要素を想定している。

254

は発話の内部に別の発話を組み込むことである。それゆえ、組み込まれる発話（引用部分）自体は「地」の発話の内部に、「地」の発話とは別の統語構造を持つこととなる（砂川 1987, 1988a, 1988b、林四朗 2013b）。これもまた統語上のずれが会話において生じていることを意味するだろう。最後の立ち遅れ反応は、一つ目の発話と二つ目の発話が異なる統語構造をしており、二つの発話を音調的な区切れもなく続けた際には、一つ目の発話と二つ目の発話の間に統語上のずれが生じることになる。

　以上のことをまとめると、「始まり」ではない場所で冒頭要素が用いられたならば、そのことは、後続発話に直前までの発話との統語上のずれが生じていることを他の参与者に示すということになる。このことによって冒頭要素が個別の働きとは別に、「始まり」をマークするという、まさに「冒頭である」ということを示す仕事も行なうことになる。冒頭要素が発話の冒頭にある限り、冒頭要素がマークする発話の「始まり」は、あまりに自明であるがゆえに発話者や受け手にはあまり意識されないかもしれない。しかし、通常の配置位置以外の場所で用いられると、「始まり」ではない箇所で「始まり」をマークすることとなり、受け手に後続発話を特定の注意を払いながら聞くよう促すこととなる。その特定の注意とは、自己修復や引用、立ち遅れ反応の可能性であることは本章 2.2 で見てきた通りである。高木・細田・森田（2016）が述べているように「規範的な語順を逸脱的に用いることが、その場の問題に対処するための資源として利用できる」（p. 305）のである。

　もちろん、通常の配置位置で冒頭要素が用いられる場合でも、この「始まり」をマークするという働きが全く利用されないというわけではない。例えば、既に第 2 章 4.1.1 でみた well や but、and、so などの付加表現（Sacks, Schegloff & Jefferson, 1974）が発話の重なりうる位置でしばしば利用されるという Sacks らの指摘は、冒頭要素が「始まり」をマークすることと密接に関わる。これらの要素によって「始まり」を示しておけば、仮に発話が重なってしまっても、発話を開始してターンを取ろうとしているこ

第 7 章　発話冒頭要素が担う働き

とが相手に伝わるからである[23]。いずれの状況にせよ、冒頭要素が個別にもつ働きとは別に「始まり」をマークするという仕事のために利用可能であるのである。

3. 使われる規則

　本書で見てきたような規則（様々な順序規則、あるいは先ほど触れた「冒頭要素は発話の冒頭に配置する」という配置位置に関わるような規則）はどのような性質の規則なのであろうか。

　もし仮に、これらの規則が言語に内在するような、相互行為から独立した文法的な規則であるなら、例えば［後続指向要素 → 遡及指向要素］という逆の順番での使用することや、遡及指向要素を連続で用いること、あるいは前節で見てきたような通常の配置位置以外の場所で冒頭要素を使うこと、これらは単に非文とだけ理解されるはずである。しかし、本章で見てきたように、こういった規則に反した事例であっても、自己修復、引用、立ち遅れ反応という行為が開始されたことを示すリソースとなっているのである。つまり、本書で見てきた規則とは、「違反であること」自体が特定の行為を理解可能にするリソースとして働くのである。

　遡及指向のものから後続指向のものへという順序は、人間の指向の癖のようなものを反映している規則であると言えるかもしれない。つまり、「直前に起こったこと」と「これから起こること」を同時に扱わなければ

---

23) Sacks らの論点は、発話の重なりによって付加表現が相手に聞きとられなかった場合のことを念頭に置いているので同じ指摘をしているというわけではない。ただ、発話が重なったからと言って、完全に相手の発話が聞き取れなくなることはあまり考えにくいようにも思われる。Sacks らの議論と本書の主張との共通項としては、発話の重なりうるところで、ひとまず発話の「始まり」を冒頭要素でマークすることによって、ターンを取得しようとしていることを伝えているということが挙げられる。

ならない場合、「直前に起こったこと」から「これから起こること」へという流れで扱うという指向の傾向を反映していると言ってみても良いだろう。だが、この規則は個人内に閉ざされた主観的なものではない。この規則の違反が聞き手にも分析者にもわかることから、公的な性質も帯びていると言える。その意味で、人と人とが会話する上で利用可能な社会的な規則である。言い換えるなら、「相互行為の秩序を維持し、社会行為を促進するために利用できる、社会的な協働作業の実践を可能にするシステム」（高木・細田・森田 2016, p. 296）なのである。

　公的な規則であるからと言って、その違反が理解の阻害を生むものである（非文）というわけではなく、むしろその違反自体が「特殊なこと（自己修復、引用、立ち遅れ反応）が起きている」と認識可能にさせる資源となることは既に述べた通りである。つまり、この規則は非文かどうかを判断するような「発話を縛る規則」というよりは、人と人とが相互行為を達成するために「使われる規則」なのである。

4. 檻としての語順から塀として語順へ

　我々は言葉を通じて社会を作り上げている。その言葉は、発声器官を震わせることや両唇や舌等による狭めの度合いを駆使することで生み出されている。当たり前のことではあるが、我々は身体を使って言葉を生み出している。つまり、身体の震えや狭めを利用することで我々は非常に多種多様なバリエーションのある音を生み出しているのである。しかし、この豊かな音声をもってしても、世界の数限りない物質や概念を表現するのには、一定の音の組み合わせを作らなければならない。それらの音の組み合わせと順序によって我々は語彙というものを持つ。

　語彙と語彙の関係についても同じことが言える。今、この原稿をコー

ヒーを飲みながら書いている。コーヒーを飲んでいるという状況を言葉にしようと思ったなら、ごくごく単純に考えて「コーヒー」という語彙と「飲んでいる」という語彙が関係するのであるが、この二つを我々は同時に発声することはできない。これは、我々が身体によって言葉を生み出しているというあり方から生じている身体的制約と言えるだろう。もちろん、この身体的制約を生み出しているのは、時間である。身体的な震えや狭めの一つ一つには時間がかかるためである。この身体的制約がある以上、関連する語彙が二つあるなら、どちらかを先に、どちらかを後にというように、順序が必要となる。さらに、その順序には他者とのコミュニケーションのために、共通の公的な規則が織り込まれることとなる。

　語順に関わる研究とは、人間の身体的制約を大前提とし、その制約の上で、どのように我々がコミュニケーションをしているのかを見ることに他ならない。本書による発話冒頭要素の順序規則の探求も、この系に連なるものである。

　しかし、この身体的制約が要求する順序規則が、単に我々の話し方を縛り付けるだけのものとして考えてはならない。確かに、我々の普通の話し方は順序規則に則っており、まるで檻のように、そこから逃れられないものであるかのように見える。しかし、本章で詳しく見てきたように、この順序規則から逸脱すること自体が、特定の行為の資源として利用されているのである。身体的制約から生じた制限である順序規則それ自体を、我々はコミュニケーションに活用しているのである。発話冒頭の順序規則というのは、それに則ってコミュニケーションでき、また、それから逸脱することもやり取りとして機能する、そういう規則なのである。

　本書のデータの中で、ある人物が塀の話をする場面がある。隣の家の庭と自分の家の庭を比べると、隣の家の庭はとてもきれいだという話の中で、その話し手は隣の家と話し手の家の間には塀があり、「よじ登って」隣の家の庭を見たと言うのである。その突拍子の無さに話の聞き手は思わず笑ってしまうという流れである（実際は、後になって「よじ登る」の対象が

4. 檻としての語順から塀として語順へ

庭の木であることがわかるのではあるが）。さて、この話に出てくる「塀」は、一般的に最も基本的な利用手段は自分の領域と相手の領域を分離するというものである。ところが、我々は何か別の目的があるならば、塀に「よじ登る」ことができる（だからこそ、聞き手はそう理解でき、笑ったのである）。その他、絵を描くことによって表現の場として扱うこともできれば、棚を取り付けたりくり抜いたりすることで収納スペースとして扱うこともできる。そのように使われている塀を見る人は、そこで何が行なわれているのか全くわからないということは無いだろう。塀とは、（AとBとを分離するというような）基本的な働きを持つものであるが、しかし一方で、何か別の目的のために基本的な働きとは逸脱して利用可能なのであり、かつ、その利用は観察可能なのである。本書で見てきた順序規則はまさにこのような規則である。基本的な働きとして我々は配置順序を順序規則に則って決定するのではあるが、その逸脱も特定の行為に利用可能であり、また、そのように観察可能なのである。

　そして、このような規則は、我々の振る舞いと独立して存在するものではない。西阪（1997）が「規則にしたがうとき、その規則に志向し[24]、その規則を相互行為のなかで、相互行為のためにもちいている…（中略）…わたしたちの規則の知識は、まさしく規則にしたがってふるまうということのうちにある知識であり、あるいはそのようにふるまう「能力」としての知識である」（pp. 61-62：傍点は西阪、中略は筆者による）と指摘するように、あくまでも相互行為に振る舞いとして現れる規則であり、指向され「使われる」ものなのである。会話分析は会話参与者たちの指向を立脚点とする記述を行なう試みであることは第2章2.2で既に述べた通りであり、その限りにおいて、会話分析が導き出す知見としての規則は上で見てきたような、指向される規則・使われる規則として考える必要がある。

24）西阪（1997）では、一貫して「志向」という語が用いられているが、本書での「指向」と同一のものである。

259

第 7 章　発話冒頭要素が担う働き

　これまでの語順研究は、語の順番をあまりに静的に捉えてしまいがちで
ある。言葉の使い方に対してまるで檻に囲むように、固定的な記述を施す
事によって、見えてくることが全くないとは言わない。しかし、規則をそ
のように捉えることで、その規則が当てはまらないような事例に遭遇した
ときに、それらを規則的ではないノイズとして分析から除外してしまう可
能性が高まるだろう。そのようなノイズに対しても、その場の状況に参与
者がどのように対処して、ある特定の順序になったのかということを問う
ことによって、指向され使われる動的な規則が明らかにできる。本書はま
さにこのような試みである。それは、言葉を使われている状況から隔離し
て檻に閉じ込めてしまった上で分析するのではなく、データの中での「塀」
のように、現実世界でどのように参与者達に指向され、利用されているの
かを明らかにする研究なのである[25]。

　本章では、通常の配置位置以外の場所で冒頭要素が用いられる事例を検
討した。通常の配置位置以外の場所とは「1：冒頭要素の順序規則に反す
る位置」と「2：発話の冒頭ではなく、発話の途中」のことである。この
分析から、このような場所で冒頭要素が用いられることで、「自己修復」、
「引用」、そして「立ち遅れ反応」という特定の行為がなされていることの
リソースとなっていることを示した。これは、冒頭要素が、その名の通り
「冒頭」、つまり発話の「始まり」をマークしており、それらが通常の配置
位置以外の場所で用いられることによって「始まり」ではない場所で「始
まり」を示すためである。その結果、冒頭要素の直前と直後で依拠する統

25）蛇足ではあるが、現実世界において「檻」が隔離にしか使えないわけではない。ストレッチに
　　使えるだろうし、叩いて楽器のように使えるかもしれない。あくまで、イメージとしての「檻」
　　と、現実世界における様々な利用が視野に入った「塀」との比較である。このように、物（言葉）
　　の性質でありながら、行為によって初めて立ち現れてくる性質という点で、ギブソン（2011）の
　　提唱する「アフォーダンス」とも接点が見い出せるかもしれない。残念ながら、アフォーダンス
　　と会話分析の関係を論じる準備はないのだが、会話分析におけるリソースの考え方とアフォーダ
　　ンスの考え方は非常に親和性が高いように思う。

語構造にずれが生じることを示すのである。冒頭要素の持つ「始まり」を示すという働きは、通常の配置位置で用いられている事例を検討するだけでは気づきにくいだろう。しかし、通常の配置位置以外の場所で使用される際には、この「始まり」をマークする働きが「今何がなされているのか」を理解するために非常に重要となるのである。

　「冒頭要素の順序規則」と記すことで、守らなければならない規則かのように受け取られてしまうかもしれないが、本章で示してきたことは、この規則自体、何らかの行為のリソースになりうるものであるということである。本章では、規則が破られることが会話における特定の仕事（「自己修復」、「引用」、「立ち遅れ反応」）を担っているということを見てきた。そのような意味で、この冒頭要素の順序規則は守らなければならない規則、我々を縛る規則というよりも、むしろ、使われる規則なのである。

第8章　時間の進行と発話の組み立て

これまでの締めくくりとして、時間の進行と発話の組み立ての関係について本書がどのようなことを明らかにしたのかについて論じたい。既に折に触れて述べてきたように、発話を一音一音リアルタイムに組み立てていくことにとって、時間の進行は切っても切り離せないものである。本書で明らかにした発話冒頭要素の順序規則から、時間の進行をどのように捉えれば良いのか考察する。また、そもそも発言するということは発話冒頭要素の順序規則から見ると、どのようなことなのかについても論じる。その事を通じて、話し手の意図や発話の命題を軸に分析や理論の構築を行なうことがボタンの掛け違いの始まりであることが指摘できるだろう。最後に、本書の知見がどのような発展的研究へと繋がるのかについて示した上で、我々の生活にどのように役に立つのかという実践的意義について述べ、本書を終えたい。

1. 行為を示す道具としての順序規則

本書がこれまでの章で明らかにしてきたことを簡単に言うならば、次の二つのことに他ならない。一つ目は、発話冒頭要素が複数使用される際には順序規則があるということ、そして二つ目は、その順序規則は会話参与者によって使われるものであるということである。以下、それぞれについて振り返っておく。

一つ目の順序規則に関しては、第4章から第6章で見てきた。

冒頭要素は、①前に起きた事態に対して自身の認識の変化や判断などを示す「遡及指向要素」と、②直後に自分の発話が続くことを予期させる「後続指向要素」の二つに分類でき、冒頭要素が複数使用される際には［遡及指向要素 → 後続指向要素］という順序になる。これは話し手の隣接性への指向が具体化した規則である。また、発話の冒頭においては、遡及指向

265

要素は基本的には一つまでしか用いられないが、後続指向要素は複数使用できる。以上が第4章で論じてきたことである。

第5章では、遡及指向要素について検討した。遡及指向要素の「基本的には一つまで」という性質に反している事例、つまり、遡及指向要素が複数使用されている事例では、発話者が当該の発話で複数の対処をしなければならない状況にある。一つは、特定の発話に対する双方の「不一致への対処」であり、もう一つは、先行発話から「求められた反応」をするという対処である。この二つを担う冒頭要素は、そのまま［不一致への対処 → 求められた反応］という順序で使用される。

第6章では、後続指向要素について見た。発話の冒頭では後続指向要素は複数使用できるが、「断絶をマークする要素」が「断絶をマークしない要素」に先行する。「断絶」とは、簡単に言えば「直前の連鎖との境界を作る」ことであり、もし仮に、他の後続指向要素が「断絶をマークする要素」に先行してしまえば、その先行した後続指向要素との間に境界を作ってしまうことになる。そのため、「断絶をマークする要素」が先行することになるのである。

以上が、順序規則に関して本書が明らかにしたことである。発話の冒頭では様々な言語要素が用いられる。それらは一見ランダムに配置されているように思えるかもしれないが、実は配置順番に関する順序規則があり、その順序規則は、隣接性への指向や、相互行為上の要請から生まれているのである。

二つ目である「順序規則が会話参与者によって使われるものである」ということについては、第7章の中で見た。

第7章では、通常の配置位置以外の場所で冒頭要素が用いられる事例を検討した。通常の配置位置以外の場所とは、「1：冒頭要素の順序規則に反する位置」あるいは「2：発話の冒頭ではなく、途中」のことである。このような場所で冒頭要素が用いられると、特定の行為がなされていることを相手に知らせる働きが生じる。その特定の行為とは、「自己修復」、「引

用」、「立ち遅れ反応」の三つである。

　通常、冒頭要素は発話の冒頭に用いられるものであり、発話の「始まり」を示す。そして、冒頭要素を通常の配置位置以外の場所で使用することは、発話の「始まり」ではない場所で「始まり」を示すことに繋がる。そのことによって、通常の配置位置以外の場所で使用された冒頭要素は、冒頭要素の直前と直後とで依拠する統語構造にずれが生じていることを聞き手に伝え、そこで「自己修復」、「引用」、あるいは「立ち遅れ反応」という特定の行為がなされていることを示すのである。

　以上のことは、冒頭要素の順序規則（そして、冒頭要素の順序規則だけでなく、「冒頭要素は発話の冒頭に使う」というような規則）が、発話者が守らなければならない、あるいは、守らなければ理解不能になってしまうというような規則ではなく、むしろ、上に書いてきたような特定の行為がなされていることを示す道具としても利用されているということを意味する。

2. 言葉を発するには時間がかかるということ

　リアルタイムに言葉を発する際には、発話を一音一音組み立てていかなければならない。そのため、その組み立てをどのように行っていくかに関しては様々な秩序立った方法が必要となる。なぜなら、各人がそれぞれ自由に一音一音発話を組み立てていけば、それはお互いに理解不能なものになってしまうからである。では、時間が進行している中での発話はどのように組み立てられているのか。この問いこそが本書が明らかにしようとしていたことであり、1 で要約した内容はその答えの一つとなる。

　この問いは、発話を一音一音組み立てていく時間を、我々がどのように管理しているのかということについて考えることでもあるだろう。言葉を発するには時間がかかるということは、その時間を管理する方法が必然的

に必要となるからである。そして、その管理の方法は、他者とコミュニケーションをする際に使われるものであるため、他者と共有可能な公的なものであるはずである。第2章2.4で述べたように、会話分析は、時間の経過とその管理方法について非常に厚い蓄積を持つ。なぜなら、会話を分析することにおいて、時間の経過は見過ごすことができない性質であるからである。そのため、例えば、会話分析の「隣接ペア」「ターンテイキング」「投射」「修復」といった基本的な概念は何らかの形で時間の経過を組み込むものとなっている。本書で見てきた順序規則も、このような時間管理の方法についての記述であると言えるだろう。例えば、本書で見てきた［遡及指向要素→後続指向要素］という順序は、自分が話し始めるときに直前と関わっていることを先に、直後と関わっていることを後にという具合に発話組み立てていくことを意味しているのであるが、そのような順序で話すことは、一音一音組み立てていくその時間を秩序立ったものとして管理することに他ならない。

　基本的にはその管理する方法に沿って会話は進行するのであるが、時には管理方法から外れてしまうこともある。今、外れ「てしまう」と書いたのではあるが、実際はその外れるあり方も管理方法の一部であることは前節で示した要約の通りである。つまり、管理方法から外れるあり方も、秩序立った方法によって外れているのであり、それゆえ、「自己修復」、「引用」、あるいは「立ち遅れ反応」という特定の相互行為上の仕事を担っているのである。このことから、時間の管理という概念は、分析者の概念であるというよりは、むしろ参与者に利用されている概念であると言えるだろう。

　発話を一音一音組み立てていくことを分析するということは、発話中も時間が進行しているということを分析の前提としており、その時間の進行をどのように管理するのかという問いと直結することになる。本書で見てきたことは、一方では発話の組み立ての規則ではあるが、他方では、発話冒頭における時間進行の管理方法でもあるのである。そのような意味で、

発話の組み立てを分析することは、発話の時間を管理する方法を考えることに等しいと言えるだろう。また、その管理は個人内だけでなされるわけではなく、相互行為の結果として、その都度達成されるのである。

3. 発言するということ

　発話の冒頭で遡及指向要素と後続指向要素の両方が用いられうるということは、発言するということとどう関わるのであろうか。概略的に言ってしまえば、遡及指向要素は前に起きたことに対処することを仕事としており、後続指向要素はこれから起きることに対処することを主務としている。これらが一つの発話の冒頭に同時に利用可能であるということは、前とこれからの双方に同時に対処するということである。つまり、発言するには、前の状況に対処することと、これからの発話に対処することの二つをする必要があると言えるだろう。

　そして、前の発話に最も近く、また、これからの発話の組み立てで最も早い場所、それが発話の冒頭なのである。遡及指向要素がまず用いられ、その後で後続指向要素が利用されるという順序規則は、まず前の状況に対処し、その上でこれから起きることへ対処するという順序関係があることを意味する。このことから、発言をするということは、まず前の状況に対処し、その上で発言をしていくことへの対処をすることであると言える。高木・細田・森田 (2016) が正しく指摘しているように「発話というものは、はじめに「命題」があって、話し手の脳内で組み立てられ、どのような長さにするか予め話し手が決められるようなものではない。発話の組み立ての出発点は、その前に何が起こっているか」(p. 300、傍点は伊藤による) なのである。

　何かを発言するということは、話したいこと、話すべきことを中心に考

えられるように思われる。しかし、それが全てではないし、それが発話の組み立ての細部までを決定するわけではない。現実世界で発言をするということは、ある特定の状況で発言をするということである。その特定の状況を把握し（表示し）、そしてやり取りに参入することで、状況に変化を与えるのである[1]。その時、特定の状況をいかに把握したのかを示す要素が遡及指向要素であり、やり取りに参入するために（事前には明確であろうとなかろうと）「話したいこと」や「話すべきこと」に関わって生み出されるのが後続指向要素と考えることができるだろう。もちろん、その後続指向要素も、それが配置される特定の状況に適したものを利用しなければならないことは言うまでもない。

　ゴフマン（1967=2002）は相互行為を研究する上で重要なのは、個人とその心理ではなく、個々人相互間に生じる様々な行為であるとし、その行為は「交わりから生まれてくるいっときの相互行為的な営為」（p.2：傍点は筆者による）であると述べている。この「交わり」は、上で述べてきた「特定の状況」と読み替えても問題ないだろう。つまり、行為はまず「特定の状況」から生まれてくるものであり、出発点はいつもその「特定の状況」なのである。多くの伝統的な言語学的研究は、書き手や話し手が「書きたいこと（話したいこと）」、「書くべきこと（話すべきこと）」を第一の軸に据えて、言い換えるならば、「命題」や書き手（話し手）の意図を出発点として、分析や理論の構築を行なってきたと言える。しかし、本書で見てきたように、遡及指向要素は後続指向要素に先行する。このことは、まずやり取りにおいて対処しなければならないことは、直前までに繰り広げられてきた「特定の状況」であることを意味する。まさに「交わりから生まれて

1）ここで書いたことは、プラグマティズムを代表するアメリカの哲学者デューイの次のような経験観と緩やかに繋がっているように思われる。「経験の連続性の原理というものは、以前の過ぎ去った経験からなんらかのものを受け取り、その後にやってくる経験の質をなんらかの仕方で修正するという両方の経験すべてを意味するものである。」（デューイ 2004, p. 47）この「経験」を「相互行為」と、「以前の過ぎ去った経験」を「特定の環境」と読み替えれば、本章3で述べようとしていることを概ねなぞるものであると言えるかもしれない。

くる」ものが発言であり、そのことに我々が指向しているということが最もクリアに現れる場所こそ発話の冒頭なのである。

　前への対処とこれからへの対処は、言ってみれば全く異なる次元のものである。本書はこの二つの対処を順序と言う観点から同列に扱っており、異なる次元のものを無理やり同じ次元のものとして記述しているように見えるかもしれない。この点については二つの事が言えるだろう。一つは、異なる次元の二つの対処であっても、その対処がなされるのは同じ位置なのである。つまり、前への対処も、これからへの対処も、どちらも発話の冒頭でなされるのである。前への対処とこれからへの対処が同時に求められる位置と言い換えても良い。ある特定の状況で発言するためには、たとえ性質から見て異なる次元のことであっても、同時に対処しなければならないのである。もう一つ言えることは、前への対処とこれからへの対処を全く異なる次元のものだと言ったとき、その「次元」という観点は果たして誰の視点からなのかということである。少なくとも話者の視点ではない。なぜなら話者にとってどちらも発話の冒頭で対処しなければならないことであるからだ。そのような意味で、話者の視点に立てば、どちらも並列の関係であると言えるだろう。前への対処とこれからへの対処を異なる次元として捉えるのは話者の視点ではなく、話者の視点を切り離した観察者の視点である。そのように捉えることは、話者の指向を切り離した形で現象を記述する態度であり、本書が折に触れて批判してきた態度と言えるだろう。

4．発展的研究の可能性

　以上を踏まえて、本書が行なってきた研究の今後の発展の方向性を四つ示しておこう。

第8章　時間の進行と発話の組み立て

　まず、本書が分析の対象外にしていたものが順序規則にどのように影響してくるのかを探求する道である。本書が分析の対象の外に置いていたものは次の二つである。一つ目は、身体的な動作や物・人の配置などの視覚的な情報である。本書では、電話会話を分析の対象にしていたが、対面会話においては、このような視覚的な情報は発話の組み立てにおいても非常に重要な情報となるものと思われる。二つ目は、冒頭要素よりも更に前に配置される要素についてであり、冒頭要素研究とどのように両立させるか考える必要がある。具体的には、吸気や呼気、咳、表情の変化、うなずき等がしばしば冒頭要素に先行して配置されることは非常に多く観察されることである。このような要素のことを Schegloff（1996a）は「開始に先立つ要素」(pre–beginning elements) と呼び、その性質として、発話（あるいはターン）が「開始された」とは認識されないが、発話（あるいはターン）が後続することを投射すると述べている。このような発話冒頭よりも前に配置される要素については本書ではあえて分析の対象に入れていない。しかし、このような要素が冒頭要素の使用に影響を及ぼすことは十分に考えられる。以上のような、本書が分析の外に置いていた「視覚的な情報」と「開始に先立つ要素」は、冒頭要素の全体像をよりトータルに掴むためには避けては通れない。この点は近年盛んな相互行為のマルチモーダル分析と親和性が高いだろう。

　二つ目の発展の方向性は、後続指向要素の順序規則を明らかにするというものである。後続指向要素は「断絶」をキーワードに順序規則について見た。しかし、「断絶」だけで全ての順序が説明できるわけではないので、順序規則はそれ以外にもあるだろう。「断絶」を示すという行為以外にどのような相互行為上の要請が順序規則に関わるかについて明らかにすることは、研究の発展のためには必要である。これには、「相互行為と文法」との関係を明らかにする領域からの知見が非常に役に立つだろう。また、順序規則を明らかにしていくことが「相互行為と文法」に関わる研究への貢献ともなるはずである。

272

4. 発展的研究の可能性

　三つ目は、「発話の冒頭」と「ターンの冒頭」との違いを検討していくということである。「発話の冒頭」はしばしば「ターンの冒頭」であることから、「ターンの冒頭ではない発話の冒頭」と「ターンの冒頭」でどのような違いが生じるのかについて更なる分析が必要である。「ターンの冒頭」ではターンを取得する必要があり、その仕事の幾分かを冒頭要素が担っているだろう。「ターンの冒頭ではない発話の冒頭」ではそのような仕事をする必要がなく、ターンを維持する仕事について検討していくこととなるだろう。このような違いがまだ他にもあり、発話冒頭要素の使用順序に何らかの影響を与えている可能性も考えられる。本書では「ターンの冒頭ではない発話の冒頭」も分析に加えるために、あえて両者を混ぜて分析したのであるが、より正確な分析のためにはこれらを別々に論じるべきであろう。この発展は、ターンはどのように組み立てられるのかという、会話分析にとっては古くて新しい主題と関わっていく方向となる。

　最後の研究発展の方向性は、発話冒頭要素のない発話との比較研究である。そもそも、全ての発話の冒頭に発話冒頭要素が利用されているわけではない。発話冒頭要素がある時とない時というのは一体どのような状況の違いによって生み出されているのであろうか。あるいは、冒頭要素が担う仕事を他の箇所でどのように達成しているのだろうか。8.3 で見たように、発言するということは、特定の状況を把握し（表示し）、そしてやり取りに参入することで、状況に変化を与えることである。その特定の状況を把握したことを表示するということが冒頭要素以外でなされている場合、その表示方法には一定の秩序立ったやり方があることが予想される。そのような方法を、発話の冒頭の研究と比較することで、より見通しの良い記述ができるようになると思われる。

　以上が、本書が明らかにしてきた知見を更に展開していくときの道筋として、筆者が考えた方向性である。このような豊かな研究領域を支える基礎的な研究として、本書を位置付けることができるだろう。

273

5. 学術的意義と実践的意義

　本書で明らかにしてきたことは、冒頭要素の規則と仕事についてである。これまでの冒頭要素に関わる研究では、しばしば特定の言語要素に着目して、その連鎖的位置や相互行為上の仕事を記述するものであったのであるが、本書は複数の冒頭要素が使用されている状況についての分析を行なってきた。複数の冒頭要素が用いられることは、そこまで珍しいことではない。そのことを考えると、現実の言語使用をトータルに扱う際にはどうしても複数の冒頭要素の使用を焦点においた研究が必要であるだろう。複数の冒頭要素の使用ということに着目するなら、個々の冒頭要素が当該の文脈でどのような関係にあるのかを明らかにすることが一つの道筋となるだろう。本書の学術的な意義は、複数の冒頭要素を扱うことの重要性を指摘したこと、そして、個々の冒頭要素の「順序」という関係に着目し、規則を導き出したことであると考えている。また、これまで関連研究領域で談話標識、感動詞、フィラー、応答詞といった具合に個別に取り扱われてきた言語要素を、発話冒頭という「位置」で再構成し検討することで、様々な言語的要素を包括的に扱う際の方法論的示唆を示している点も挙げられるだろう。これらの意義により、冒頭要素の研究のみならず、外国語の言語使用と比較する対照研究や、本書では描き切れなかった更なる順序規則の発見（語順研究）へと繋がっていくことが期待できる。

　では、本書が何に役に立つのか、つまり実践的意義についてはどうであろうか。本来、実践的意義は、読者が読んだときに気が付いたこと、考えたこと、発見したことを軸にして、読者の生活圏内に何らかのプラスが生じることであり、その意義を生み出すのは決定的に読者の創造性に起因するものであると考えている。役に立つか、立たないかは、現在の社会情勢

や思想情勢、生活環境の特徴にどのくらい貢献するかということである。そのため、これらの状況が変われば、当然役に立つものと立たないものは変わっていくことになる。これは、読み手が特定の社会情勢や思想情勢、生活環境の中に生活しているからに他ならない。そのような意味でも、実践的意義は読み手が生み出していくものである。とはいうものの、筆者が考えるところの実践的意義を示しておいても問題はないだろう。なぜなら、筆者の考える実践的意義の記述も読者の創造性に影響を与えうるからである。ただ、読者の自由な創造性を一定の方向のみへと誘導しないように、あえて意義に関する記述は本書の最後に持ってきた。

　筆者の考える、本書の実践的意義はいくつかある。我々が当たり前のようにできていることがある時、その規則を明らかにする知見は、その規則を知らない者や不慣れな者への手引きになり得ることが指摘されている（Garfinkel, 1996）。このことから、本書の知見は言語学領域や社会学領域への寄与のみならず様々な領域に援用可能であり、特に日本語学習者への日本語教育、障がい者支援、人工知能などの領域への貢献が実践的な意義として考えられる。例えば、日本語教育では「発話の開始」を念頭においた会話教育や聴解教育への指導項目に援用されることが予想される。どのような状況の時にどのように話し始めるのか、話し始めるときに人はどんなことを言っているのか等の基礎資料として活用できるだろう。障がい者支援については、本書で集中的に見た発話の冒頭は、話し相手との関係や相手の発話との関係が色濃く反映される位置であり、社会性の低さが問題となるタイプの障がい者は冒頭要素を誤って使用することや使用頻度が低下すること等が予想される。そのような人への支援者の基礎的知識としても活用されうるだろう。人工知能領域では言語処理の際のタグ付けに本書の知見は利用可能であろう。筆者が考える実践的意義は以上のものである。先ほど述べたように、これはあくまで筆者の考えるものであり、読み手の創造性によってまだまだ実践的な意義が見いだされるかもしれない。書き手と読み手は社会情勢や思想情勢、生活環境が異なるが故に、読み手がど

のような実践的意義を見出すのか前もって指摘することには当然限界がある。もし、（書き手である私が縛られている）その限界の外側に何らかの実践的意義を読者がわずかでも見出してくれるなら、書き手としてはまさに望外の幸せである。

　本書は、発話冒頭に現れる言語要素のみを対象としているものである。そのため、本書が明らかにしたことも、発話冒頭について全貌を明らかにすることから見れば、小さな一歩に過ぎないかもしれない。しかし、本書で少なくとも明らかになったことは、冒頭要素はランダムに使用されているわけではなく、規則的に用いられているということである。これまでの発話冒頭要素の研究では特定の要素のみに注目するものが多く、複数の要素同士の関係に焦点を当てるものはほとんど無かったと言える。あるいは、感動詞や接続詞といった具合に、個別的に扱われてきたが故に、相互の交流が見いだせなかった。このような状況に対して、本書は順序という観点から複数の要素同士の関係を明らかにしたことで、新たな視点を提供できたのではないだろうか。たとえ本書が小さな一歩であっても、発話冒頭に関する研究の前進に貢献ができていることを願って、本書を終えたい。

参考文献

庵功雄（2001）『新しい日本語学入門　ことばのしくみを考える』スリーエーネットワーク

池田裕・池田智子（1996）「日本人の対話構造」『言語』25(1)　大修館書店　48-55

石黒圭（2005）「接続詞の二重使用とその表現効果」『表現と文体』中村明・野村雅昭・佐久間まゆみ・小宮千鶴子［編］明治書院　160-169

石黒圭（2008）『文章は接続詞で決まる』光文社新書

石黒圭（2010）「講義の談話の接続表現」『講義の談話の表現と理解』佐久間まゆみ［編］くろしお出版　138-152

市川孝（1978）『国語教育のための文章論概説』教育出版

井出至（1973）「接続詞とは何か　—研究史・学説史の展望—」『品詞別 日本文法講座 接続詞・感動詞』鈴木一彦・林巨樹［編］明治書院　45-88

伊藤翼斗（2011a）「日本語の TCU 冒頭要素の順序性」『社会言語科学会第 28 回大会発表論文集』社会言語科学会　214-217

伊藤翼斗（2011b）「日本語の発話冒頭に用いられる要素の順序—電話会話の分析から—」『日本語・日本文化研究』21　大阪大学日本語日本文化教育センター　43-54

伊藤翼斗（2012a）「発話冒頭における接続に関わる要素の順序—「で」を中心に—」『間谷論集』6　日本語日本文化教育研究会　27-49

伊藤翼斗（2012b）「日本語における発話冒頭での遡及指向要素の分類」『日本語・日本文化研究』22　大阪大学大学院言語文化研究科日本語・日本文化専攻　45-58

伊藤翼斗（2013）「「始まり」のリソースとしての発話冒頭要素」『EX ORIENTE』20　大阪大学言語社会学会　67-90

伊藤翼斗（2014）「日本語の発話冒頭における言語要素の研究　—相互行為から見る冒頭要素の順序—」大阪大学大学院言語文化研究科　博士論文

伊藤翼斗（2015a）「時間のかかる言葉　—発話中の時間進行とその管理—」『社藝堂』第二号　社会芸術学会　77-96

伊藤翼斗（2015b）「発話の冒頭からその発話について何が予測可能か」『日本語・日本文化』第 42 号　大阪大学日本語日本文化教育センター　99-122

伊藤翼斗（2015c）「あいづち的表現の教育を目的とした形式の整理」『話しことば教育のシラバス作成に向けた日本語の雑談の類型化に関する研究　平成 24 年度〜26 年度科学研究費補助金基盤研究（C）課題番号：24520577　研究成果報告書（研究代表者：筒井佐代）』5-25

伊藤翼斗（2016）「会話の中の分散された資源　—会話中の引用を中心に—」『社藝堂』第三号　社会芸術学会　37-54

伊藤翼斗（2017a）「会話における引用開始前の手続き」『間谷論集』第 11 号　日本語日本文化教育研究会　59-83

伊藤翼斗（2017b）「会話における引用発話の引用開始標識とその働き」『社会言語科学会　第 40 回大会発表論文集』社会言語科学会　176-179

参考文献

岩崎勝一・大野剛（1999）「「文」再考　会話における「文」の特徴と日本語教育への提案」『言語学と日本語教育　実用的言語理論の構築を目指して』アラム佐々木幸子［編］くろしお出版　129-144

岩崎志真子（2008）「会話における発話単位の協調的構築　—「引き込み」現象からみる発話単位の多面性と聞き手性再考—」『「単位」としての文と発話』串田秀也・定延利之・伝康晴［編］　ひつじ書房　169-220

榎本美香・伝康晴（2003）「3人会話における参与役割の交替に関わる非言語行動の分析」『言語・音声理解と対話処理研究会』38　人工知能学会　25-30

遠藤智子・横森大輔・林誠（2017）「確認要求に用いられる感動詞的用法の「なに」—認識的スタンス標識の相互行為上の働き—」『社会言語科学』20(1)　社会言語科学会　100-114

大石初太郎（1971）「日常談話の中の接続詞」『話しことば論』秀英出版　322-333

大浜るい子（2001）「「えっ」の談話機能」『広島大学大学院教育学研究科紀要　第二部』50　広島大学　161-170

大浜るい子（2006）『日本語会話におけるターン交替と相づちに関する研究』渓水社

沖久雄（1993）「肯定応答詞と否定応答詞の体系」『日本語学』4(12)　明治書院　58-67

沖裕子（2008）「談話論からみた「文」と「発話」」『「単位」としての文と発話』串田秀也・定延利之・伝康晴［編］ひつじ書房　45-70

奥津敬一郎（1989）「応答詞「はい」と「いいえ」の機能」『日本語学』8(8)　明治書院　4-14

尾崎明人（1993）「接触場面の訂正ストラテジー「聞き返し」の発話交換をめぐって」『日本語教育』81　日本語教育学会　19-30

小野寺典子［編］（2017）『発話のはじめと終わり　語用論的調節のなされる場所』ひつじ書房

加藤陽子（2010）『話し言葉における引用表現』くろしお出版

金田純平（2008）「発話内における単位認定の問題点　—談話から見た文法単位の再検討—」『「単位」としての文と発話』串田秀也・定延利之・伝康晴［編］ひつじ書房　71-94

鎌田修（2000）『日本語の引用』ひつじ書房

川田拓也（2008）「ポスター会話におけるフィラーと視線の同期について」『京都大学言語学研究』27　京都大学大学院文学研究科言語学研究室　151-168

喜多壮太郎（1996）「あいづちとうなずきからみた日本人の対面コミュニケーション」『日本語学』15(1)　明治書院　58-66

北澤裕・西阪仰［訳］（1995）『日常性の解剖学』マルジュ社

北原保雄（1975）「修飾成分の種類」『国語学』103　国語学会　18-34

金志宣（2002）「Turn-taking研究の動向　—"turn"と"turn-taking"をめぐる議論を中心に—」『言語文化と日本語教育．増刊特集号，第二言語習得・教育の研究最前線：あすの日本語教育への道しるべ 2002』日本言語文化学研究会　205-221

ギブソン, J. J.（2011）『生態学的知覚システム　感性をとらえなおす』佐々木正人・古山宣洋・三嶋博之［監訳］　東京大学出版（Gibson, J. J., 1966. *The Senses Considered As Perceptual Systems*. Houghton Mifflin Company.）

金水敏（1983a）「接続詞」『研究資料日本古典文学　第十二巻 文法付辞書』大曽根章介・久保田淳・檜谷昭彦・堀内秀晃・三木紀人・山口明穂［編］明治書院　126-130

金水敏（1983b）「感動詞」『研究資料日本古典文学　第十二巻　文法付辞書』大曽根章介・久保田淳・檜谷昭彦・堀内秀晃・三木紀人・山口明穂［編］明治書院　131-134

串田秀也（1994）「日常生活と社会的相互行為」『モダンとポストモダン ―現代社会学からの接近―』千石好郎［編］法律文化社　31-55

串田秀也（1999）「助け舟とお節介　会話における参与とカテゴリー化に関する一考察」『会話分析への招待』好井裕明・山田富秋・西阪仰［編］世界思想社　124-147

串田秀也（2002）「会話の中の「うん」と「そう」 ―話者性の交渉との関わりで―」『「うん」と「そう」の言語学』定延利之［編］ひつじ書房　5-46

串田秀也（2005a）「「いや」のコミュニケーション学 ―会話分析の立場から」『月刊言語』34(11)　大修館書店　44-51

串田秀也（2005b）「参加の道具としての文　オーヴァーラップ発話の再生と継続」『シリーズ文と発話1　活動としての文と発話』串田秀也・定延利之・伝康晴［編］ひつじ書房　27-62

串田秀也（2006a）「会話分析の方法と論理　談話データの「質的」分析における妥当性と信頼性」『講座社会言語科学 第6巻 方法』伝康晴・田中ゆかり［編］ひつじ書房　188-206

串田秀也（2006b）『相互行為秩序と会話分析「話し手」と「共-成員性」をめぐる参加の組織化』世界思想社

串田秀也（2008）「指示者が開始する認識探索 ―認識と進行性のやりくり―」『社会言語科学』10(2)　社会言語科学会　96-108

串田秀也（2009a）「聴き手による語りの進行促進 ―継続支持・継続催促・継続試行―」『認知科学』16(1)　日本認知科学会　12-23

串田秀也（2009b）「理解の問題と発話産出の問題　―理解チェック連鎖における「うん」と「そう」―」『日本語科学』25　国立国語研究所　43-66

串田秀也（2010）「サックスと会話分析の展開」『エスノメソドロジーを学ぶ人のために』串田秀也・好井裕明［編］　世界思想社　205-224

串田秀也（2011）「診療場面の会話分析 ―精神科病院外来診療室の事例から―」『日本語学』30(2)　明治書院　42-53

串田秀也・定延利之・伝康晴［編］（2005）『活動としての文と発話』ひつじ書房

串田秀也・林誠（2015）「ＷＨ質問への抵抗　感動詞「いや」の相互行為上の働き」友定賢治［編］『感動詞の言語学』ひつじ書房　169-211

串田秀也・好井裕明 編（2010）『エスノメソドロジーを学ぶ人のために』世界思想社

クーン,トーマス（1971）『科学革命の構造』中山茂［訳］　みすず書房（Kuhn, Thomas S. 1962. *The Structure of Scientific Revolutions*. Chicago: The University of Chicago Press.）

小出慶一（1983）「言いよどみ」『話しことばの表現　講座 日本語の表現 3』水谷修［編］筑摩書房　81-88

小出慶一（2006）「フィラー「このー」「そのー」「あのー」について：その由来、機能、相互関係」『埼玉大学紀要 教養学部』42(2)　埼玉大学教養学部　15-27

小出慶一（2008）「発話行動における「で」の役割 ―「で」のフィラー化をめぐって―」『埼玉大学紀要 教養学部』44(2)　埼玉大学教養学部　27-40

小出慶一（2009a）「「えーと」再考 ―談話管理という観点から―」『埼玉大学紀要 教養学部』45(1)　埼玉大学教養学部　45-57

参考文献

小出慶一（2009b）「「えー」と談話の性質 —独話データを中心に—」『埼玉大学紀要 教養学部』
　　45(2)　埼玉大学教養学部　33-48

甲田直美（2001）『談話・テクストの展開のメカニズム —接続表現と談話標識の認知的考察』
　　風間書房

小宮友根（2007）「規範があるとは、どのようなことか」『エスノメソドロジー 人びとの実践
　　から学ぶ』前田泰樹・水川喜文・岡田光弘［編］新曜社　99-120

小矢野哲夫（1983）「副詞の呼応 —誘導副詞と誘導形の一例—」『副用語の研究』渡辺実［編］
　　明治書院

小矢野哲夫（1996）「評価のモダリティ副詞の文章における出現条件」『日本語・日本文化研究』
　　6　大阪外国語大学日本語講座

小矢野哲夫（1997）「疑似モダリティの副詞について —「まるで」を例として—」『国語論究』
　　6　明治書院

サーサス，G．（1998）『会話分析の手法』北澤裕・小松栄一［訳］マルジュ社

定延利之・田窪行則（1995）「談話における心的操作モニター機構 —心的操作標識「ええと」
　　と「あの（ー）」—」『言語研究』108　日本言語学会　74-93

澤田淳・小野寺典子・東泉裕子（2017）「周辺部研究の基礎知識」『発話のはじめと終わり
　　語用論的調節のなされる場所』小野寺典子［編］ひつじ書房

杉戸清樹（1989）「ことばのあいづちと身ぶりのあいづち —談話行動における非言語的表
　　現—」『日本語教育』67　日本語教育学会　48-59

シュッツ，アルフレッド（1980）『現象学的社会学』森川眞規雄・浜日出夫［訳］　紀伊國屋
　　書店（Schutz, Alfred. 1970. *On Phenomenology and Social Relations*. ed. by Helmut R. Wagne.
　　The University of Chicago Press.）

椙本総子（1994）「談話標識の機能について —ソレデ・デを中心として—」『日本語・日本文
　　化研究』2　京都外国語大学留学生別科　33-44

鈴木佳奈（2008）「「なにかが欠けている発話」に対する他者開始修復　会話の事例から「文
　　法項の省略」を再考する」『社会言語科学』10(2)　社会言語科学会　70-82

鈴木孝夫（1973）『ことばと文化』岩波書店

鈴木孝夫（1982）「自称詞と他称詞の比較」『日英語比較講座第5巻　文化と社会』國廣哲彌
　　［編］大修館書店　19-59

須藤潤（2001）「感動詞「あ」の音声的特徴と会話参与者間の社会的関係」『日本語・日本文
　　化研究』11　大阪外国語大学日本語講座　117-128

須藤潤（2005a）「感動詞の使用が及ぼす「丁寧さ」—「あ」の分析を中心に」『社会言語科学
　　会第15回大会発表論文集』社会言語科学会

須藤潤（2005b）「会話参与者間の社会的関係による感動詞の音声的特徴 —応答における「あ」
　　のバリエーション」『社会言語科学』8(1)　社会言語科学会　181-193

須藤潤（2008）『音声的特徴から見た日本語感動詞の機能』大阪大学言語社会研究科　博士論
　　文

須藤潤（2010）「否定の「うん系」感動詞の音調パターン」『音声研究』14(3)　日本音声学会
　　40-50

砂川有里子（1987）「引用文の構造と機能 —引用文の3つの類型について」『文藝言語研究
　　言語篇』13　筑波大学文芸・言語学系　73-91

砂川有里子（1988a）「引用文の構造と機能（その2）―引用句と名詞句をめぐって」『文藝言語研究　言語篇』14　筑波大学文芸・言語学系　75-91

砂川有里子（1988b）「引用文における場の二重性について」『日本語学』第七巻第9号　通巻第71号　明治書院　pp. 14-29

ソシュール（1972）『一般的言語学講義』岩波書房　（Ferdinand de Saussure, *COURS DE LINGUISTIQUE GENERALE*, publie par Charles Bally et Albert Sechehaya, 1949）

大工原勇人（2005）「間投詞「あの（―）」・「その（―）」の使い分けと指示詞の機能との連続性」『日本語学会2005年度秋季大会研究発表会発表要旨』日本語学会　174-175

大工原勇人（2008）「指示詞系フィラー「あの（―）」・「その（―）」の用法」『日本語教育』138　日本語教育学会　53-62

大工原勇人（2009a）「副詞『まあ』の2用法 ―但し書き的「まあ」と強調的「まぁー」―」『日本語学会2009年度春季大会研究発表会発表要旨』日本語学会　103

大工原勇人（2009b）「副詞「なんか」の意味と韻律」『日本語文法』9(1)　日本語文法学会 ［編］くろしお出版　37-53

大工原勇人（2015）「「まあ」の強調的用法の生起条件」友定賢治 ［編］『感動詞の言語学』ひつじ書房　97-113

高木智世（2008）「相互行為を整序する手続きとしての受け手の反応 ―治療的面接場面で用いられる「はい」をめぐって―」『社会言語科学』10(2)　社会言語科学会　55-69

高木智世・細田由利・森田笑（2016）『会話分析の基礎』ひつじ書房　（この書籍の各章は、高木、細田、森田がそれぞれ別の箇所を執筆しているが、その後様々なすり合わせをしたため、この書籍全体が「協働作業」である旨が記されている。そこで、この書籍を引用するときは、三者の連名で記載し、引用した箇所の章の執筆者を下線で示している）

高木智世・森田笑（2015）「「ええと」によって開始される応答」『社会言語科学』18　社会言語科学会　93-110

高橋淑郎（2001）「談話における接続詞「で」の機能」『国語学』52(3)　日本語学会　98-99

滝浦真人（2003）「「だって」の語用論」『言語』32(3)　大修館書店　33-39

滝浦真人（2007）「呼称のポライトネス ―"人を呼ぶこと"の語用論」『言語』36(12)　大修館書店　32-39

田窪行則（1992）「談話管理の標識について」『文化言語学 ―その提言と建設』三省堂　1097-1110

田窪行則（1997）「日本語の人称表現」『視点と言語行動』田窪行則 ［編］くろしお出版　13-44

田窪行則（2005）「感動詞の言語学的位置づけ」『言語』34(11)　14-21

田窪行則・金水敏（1996）「複数の心的領域による談話管理」『認知科学』3(3)　59-74

田窪行則・金水敏（1997）「応答詞・感動詞の談話的機能」『文法と音声』音声文法研究会 ［編］くろしお出版　257-279

田中敏（1982）「日本語発話における有声休止の2重機能」『心理学研究』53(1)　46-49

土屋菜穂子（2000）「感動詞の分類 ―対話コーパスを資料として―」『紀要』41　青山学院大学文学部　239-255

筒井佐代（2012）『雑談の構造分析』くろしお出版

デューイ，J.（2004）『経験と教育』市村尚久 ［訳］　講談社学術文庫（Dewey, J., 1938.

参考文献

Experience and Education, The Macmillan Campany）

寺村秀夫（1987）「聴き取りにおける予測能力と文法的知識」『日本語学』6（3） 明治書院
　56-68

伝康晴（1996）「話し言葉における非文法的現象とその機械的処理」『人工知能学会研究会資料』
　SIG-SLUD-9503 9-16

伝康晴・渡辺美知子（2009）「音声コミュニケーションにおける非流暢性の機能」『音声研究』
　13（1） 53-64

戸江哲理（2008）「糸口質問連鎖」『社会言語科学』10（2） 社会言語科学会 135-145

富樫純一（2001）「情報の獲得を示す談話標識について」『筑波日本語研究』6 筑波大学文芸・
　言語研究科日本語学研究室 19-41

富樫純一（2002a）「談話標識「ふーん」の機能」『日本語文法』2巻2号 日本語文法学会
　95-111

富樫純一（2002b）「談話標識「まあ」について」『筑波日本語研究』7 筑波大学文芸・言語
　研究科日本語学研究室 15-31

富樫純一（2002c）「「はい」と「うん」の関係をめぐって」『「うん」と「そう」の言語学』定
　延利之編 ひつじ書房 127-157

富樫純一（2002d）「あいづち表現形式に見る心内の情報処理操作について」『筑波大学「東西
　言語文化の類型論」特別プロジェクト研究成果報告書 平成13年度V』筑波大学 27-42

富樫純一（2005a）「驚きを伝えるということ ―感動詞「あっ」と「わっ」の分析を通じて―」
　『シリーズ文と発話1 活動としての文と発話』串田秀也・定延利之・伝康晴［編］ひつ
　じ書房 229-251

富樫純一（2005b）「「へえ」「ほう」「ふーん」の意味論」『言語』34（11） 22-29

富樫純一（2006）「否定応答表現「いえ」「いいえ」「いや」」『現代日本語文法 現象と理論の
　インタラクション』矢澤真人・橋本修［編］ひつじ書房 23-46

富樫純一（2015）「予想外と想定外 感動詞「げっ」の分析を中心に」友定賢治［編］『感動
　詞の言語学』ひつじ書房 85-95

中井陽子（2003）「言語・非言語行動によるターンの受け継ぎの表示」『早稲田大学日本語教
　育研究』3 早稲田大学 23-39

中島悦子（2011）『自然談話の文法 ―疑問表現・応答詞・あいづち・フィラー・無助詞―』
　おうふう

ナガノ-マドセン、ヤスコ・杉藤美代子（1999）「東京と大阪の談話におけるあいづちの種類と
　その運用」『日本語科学』5 国立国語研究所 26-45

西阪仰（1992）「エスノメソドロジストは、どういうわけで会話分析を行うようになったか」
　『エスノメソドロジーの現実』好井裕明［編］世界思想社 23-45

西阪仰（1996）「対話の社会組織」『言語』25（1） 大修館書店 40-47

西阪仰（1997a）『相互行為分析という視点 文化と心の社会学的記述』金子書房

西阪仰（1997b）「会話分析になにができるか ―「社会秩序の問題」をめぐって」『社会学に
　なにができるか』奥村隆［編］八千代出版 115-154

西阪仰（1999）「会話分析の練習 相互行為の資源としての言いよどみ」『会話分析への招待』
　好井裕明・山田富秋・西阪仰［編］世界思想社 71-100

西阪仰（2005a）「語句の配置と行為の連鎖：プラクティスとしての文法」『講座社会言語科学

第 5 巻 社会・行動システム』片桐恭弘・片岡邦好 [編] ひつじ書房　176-201

西阪仰（2005b）「分散する文 —相互行為としての文法」『言語』34(4)　大修館書店　40-47

西阪仰（2005c）「複数の発話順番にまたがる文の構築 —プラクティスとしての文法Ⅱ—」『シリーズ文と発話 1　活動としての文と発話』串田秀也・定延利之・伝康晴 [編] ひつじ書房　63-89

西阪仰（2006）「反応機会場と連続子：文のなかの行為連鎖」『研究所年報』36　明示学院大学社会学部付属研究所　57-71

西阪仰（2008a）「発話順番内において分散する文 —相互行為の焦点としての反応機会場—」『社会言語科学』10(2)　社会言語科学会　85-95

西阪仰（2008b）『分散する身体 —エスノメソドロジー的相互行為分析の展開—』勁草書房

西阪仰（2010a）「道具を使うこと　—身体・環境・相互行為—」『エスノメソドロジーを学ぶ人のために』串田秀也・好井裕明 [編]　世界思想社　36-57

西阪仰[訳]（2010b）『会話分析基本論集 順番交替と修復の組織』世界思想社

西阪仰（2013）「飛び越えの技法　—「でも」とともに導入される共感的反応」『共感の技法 福島県における足湯ボランティアの会話分析』西阪仰・早野薫・須永将史・黒嶋智美・岩田夏穂 [著]　勁草書房　113-126

西阪仰・串田秀也・熊谷智子（2008）「特集『相互行為における言語使用 —会話データを用いた研究』について」『社会言語科学』10(2)　社会言語科学会　13-15

西阪仰・小宮友根・早野薫（2013）「山形 119 番通報に関する会話分析の視点からの所見 その 2　通信員による問題の分析」西阪仰氏の HP　山形大生死亡事件 119 番通報に関する会話分析の視点からの所見

http://www.augnishizaka.com/119_rep.html よりダウンロード（2017 年 10 月 16 日アクセス）

西阪仰・高木智世・川島理恵（2008）『女性医療の会話分析』文化書房博文社

西野容子（1993）「会話分析について —ディスコースマーカーを中心として—」『日本語学』12(5)　明治書院　89-96

仁田義雄（1991）『日本語のモダリティと人称』ひつじ書房

仁田義雄（1997）『日本語文法研究序説 日本語の記述文法を目指して』くろしお出版

仁田義雄（2002）『副詞的表現の諸相』くろしお出版

仁田義雄・益岡隆志 [編]（1989）『日本語のモダリティ』くろしお出版

日本語記述文法研究会 [編]（2003）『現代日本語文法 4 第 8 部 モダリティ』くろしお出版

日本語記述文法研究会 [編]（2009）『現代日本語文法 7 第 12 部 談話 第 13 部 待遇表現』くろしお出版

野田尚史（2000）「語順を決める要素」『言語』29(9)　大修館書店　22-27

野村美穂子（1996）「大学の講義における文科系の日本語と理科系の日本語 —「フィラー」に注目して—」『教育研究所紀要第 5 号』文教大学付属教育研究所

（http://www.bunkyo.ac.jp/faculty/kyouken/nomura/nomura.html よりダウンロード可）

初鹿野阿れ（1998）「発話ターン交代のテクニック—相手の発話中に自発的にターンを始める場合—」『東京外国語大学留学生日本語教育センター論集』24　東京外国語大学　147-162

畠弘巳（1991）「外国人のための日本語会話ストラテジーとその教育」『日本語学』7(3)　明治書院　100-117

馬場俊臣（2003）「接続詞の二重使用の分析 —用例と各接続類型の特徴—」『北海道教育大学

紀要（人文科学・社会科学編）』53(2)　北海道教育大学　1-18

馬場俊臣（2006）『日本語の文連接表現 —指示・接続・反復—』おうふう

馬場俊臣（2011）「接続詞の二重使用に関わる研究について」『語学文学』49　北海道教育大学語学文学会　1-10

林宅男［編著］（2008）『談話分析のアプローチ 理論と実践』研究社

林四朗（2013a）『基本文型の研究』ひつじ書房（明治図書出版 1960）

林四朗（2013b）『文の姿勢の研究』ひつじ書房（明治図書出版 1973）

林誠（2005）「「文」内におけるインターアクション：日本語助詞の相互行為上の役割をめぐって」『活動としての文と発話』串田秀也・定延利之・伝康晴［編］ひつじ書房　1-26

林誠（2008a）「相互行為の資源としての投射と文法 —指示詞『あれ』の行為投射的用法をめぐって」『社会言語科学』10(2)　16-28.

林誠（2008b）「会話における「指示」と発話の文法構造」『言葉と認知のメカニズム —山梨正明教授還暦記念論文集』ひつじ書房　603-619.

稗田三枝（2003）「談話標識「それで」による話題展開」『STUDIUM』31　大阪外国語大学大学院研究室　140-151

稗田三枝（2003）「会話の展開と談話標識：談話標識「でも」に焦点を当てて」『日本語・日本文化研究』13　大阪外国語大学日本語講座　193-202

平本毅（2011a）「発話ターン開始部に置かれる「なんか」の話者性の「弱さ」について」『社会言語科学』14(1)　社会言語科学会　198-209

平本毅（2011b）「話題アイテムの掴み出し」『現代社会学理論研究』5　日本社会学理論学会　101-119

藤田保幸（2000）『国語引用構文の研究』和泉書院

フロイト（1977a）『精神分析 上』高橋義孝・下坂幸三［訳］　新潮文庫

フロイト（1977b）『精神分析 下』高橋義孝・下坂幸三［訳］　新潮文庫

坊農真弓（2011）「手話会話に対するマルチモーダル分析 —手話三人会話の二つの事例分析から—」『社会言語科学』13(2)　社会言語科学会　20-31

細馬宏通（2005）「発話における応答詞「あ」の機能：発し手にとっての「新規情報」は相互行為にどう利用されるか？」『社会言語科学会第 16 回大会発表論文集』社会言語科学会

堀口純子（1991）「あいづち研究の現段階と課題」『日本語学』10(10)　明治書院　31-41

堀口純子（1997）『日本語教育と会話分析』くろしお出版

益岡隆志（1991）『モダリティの文法』くろしお出版

丸山直子（1996）「話しことばにおける文」『日本語学』15(9)　明治書院　50-59

水川喜文（1992）「エスノメソドロジーの歴史的展開」『エスノメソドロジーの現実』好井裕明［編］世界思想社　203-225

水川喜文（2010）「会話分析による談話単位の革新とその課題」『北星論集』47　北星学園大学　53-65

水谷信子（1983）「あいづちと応答」『講座日本語の表現 3 話しことばの表現』筑摩書房　37-44

水谷信子（1988a）「あいづち論」『日本語学』7(12)　明治書院　4-11

水谷信子（1988b）「話しことばの比較対照」『話しことばのコミュニケーション』国立国語研究所［監修］　凡人社

水谷信子（1993）「「共話」から「対話」へ」『日本語学』12(4)　明治書院　4-10

水谷信子（1995）「日本人とディベート　―「共話」と対話」『日本語学』14(6)　明治書院　4-12

水谷信子（2000）「日英語の談話の展開の分析　―話しことばにおける接続表現を中心として―」『明海大学大学院応用言語学研究』2　明海大学大学院応用言語学研究科

水谷信子（2002）「日英語の談話の展開の分析　―話しことばにおける接続表現「し」を中心として」『明海大学大学院応用言語学研究』4　明海大学大学院応用言語学研究科　79-90

水谷信子（2004）「日英語の談話の展開の分析　―話しことばにおける接続表現「のに」を中心として」『明海大学大学院応用言語学研究』6　明海大学大学院応用言語学研究科　197-209

水谷信子（2005）「日英語の談話の展開の分析　―動詞句の用法の比較」『明海大学大学院応用言語学研究』7　明海大学大学院応用言語学研究科　135-146

水谷信子（2006）「日英語の談話の展開の分析　―日本語の文末の伝聞表現と英語の comment clause を中心として―」『明海大学大学院応用言語学研究』8　明海大学大学院応用言語学研究科　135-145

水谷信子（2008）「談話の展開とあいづちを誘導する語句　―「共話」の底にあるもの―」『明海大学大学院応用言語学研究』10　明海大学大学院応用言語学研究科　143-154

水谷信子（2009）「日英語の談話の展開の分析　―受け身表現を中心として―」『明海大学大学院応用言語学研究』11　明海大学大学院応用言語学研究科　121-131

水谷信子（2010）「日英語の談話の展開の分析　―例示表現を中心に―」『明海大学大学院応用言語学研究』12　明海大学大学院応用言語学研究科　125-138

南不二男（1974）『現代日本語の構造』大修館書店

宮永愛子・大浜るい子（2011）「道教え談話におけるフィラーの働き　―「あの」に注目して―」『日本語教育』149　日本語教育学会　31-38

村田純一（1985）「人称の成立　―子供における相互主観性の成立―」『世界と意味』岩波書店　69-95

メイナード，泉子　K．（1993）『会話分析』くろしお出版

森岡健二（1973）「文章展開と接続詞・感動詞」『品詞別　日本文法講座　接続詞・感動詞』鈴木一彦・林巨樹［編］明治書院　7-44

森田良行（1958）「文章論と文章法」『国語学』32　武蔵野書院　91-105

森本郁代（2008）「会話の中で相手の名前を呼ぶこと　―名前による呼びかけからみた「文」単位の検討―」『「単位」としての文と発話』串田秀也・定延利之・伝康晴［編］ひつじ書房　221-255

森本順子（1994）『話し手の主観を表す副詞について』くろしお出版

森山卓郎（1989）「応答と談話管理システム」『阪大日本語研究』1　大阪大学文学部日本学科（言語系）　63-88

森山卓郎（1996）「情動的感動詞考」『語文』65　大阪大学国語国文学会 51-62

森山卓郎（2015）「感動詞と応答　新情報との遭遇を中心に」友定賢治［編］『感動詞の言語学』ひつじ書房　53-81

山口治彦（2009）『明晰な引用、しなやかな引用　話法の日英対照研究』くろしお出版

山崎敬一・川島理恵・葛岡英明（2006）「エスノメソドロジー的研究をいかに行うか」『ヒュー

マンインターフェース学会誌』8(4) ヒューマンインターフェイス学会 223-228

山田富秋（1999）「会話分析を始めよう」『会話分析への招待』好井裕明・山田富秋・西阪仰［編］世界思想社 1-35

山田富秋（2004）「エスノメソドロジー・会話分析におけるメッセージ分析の方法」『マス・コミュニケーション研究』64 日本マス・コミュニケーション学会 70-86

山本綾・楊虹・佐々木泰子（2008）「談話標識「だから」から見た説得方略の発達 —少人数の話し合い談話を資料として—」『社会言語科学会 第22回大会発表論文集』社会言語科学会 16-19

山根知恵（2002）『日本語の談話におけるフィラー』くろしお出版

吉田則夫（1987）「国語教科書の接続語」『日本語学』6(9) 明治書院 95-103

李廷玉（2003）「接続詞に準じる形式について」『STUDIUM』31 大阪外国語大学大学院研究室 40-51

劉礫岩・細馬宏通（2016）「カーレースにおける実況活動の相互行為分析 —出来事マーカーとしての間投詞と実況発話の構成—」『社会言語科学』18(2) 社会言語科学会 37-52

劉礫岩・細馬宏通（2017）「スポーツ実況における発話による出来事の指し示し —「こ」系指示表現と間投詞「ほら」の相互行為上の働き」『質的心理学研究』16 日本質的心理学会 新曜社 46-62

渡辺克典（2015）「ゴフマネスク・エスノグラフィー」『触発するゴフマン やりとりの秩序の社会学』中河伸俊・渡辺克典［編］ 新曜社 26-45

渡辺実（1971）『国語構文論』塙書房

Beeching, Kate, and Ulrich Detges. (eds.). 2014. *Discourse Functions at the Left and Right Periphery: Crosslinguistic Investigations of Language Use and Language Change.* Leiden: Brill.

Beeching, Kate, and Ulrich Detges. 2014. Introduction. In Beeching, Kate, and Ulrich Detges. (eds.). *Discourse Functions at the Left and Right Periphery: Crosslinguistic Investigations of Language Use and Language Change.* Leiden: Brill. 1-23.

Bolden, Galina B. 2009. Implementing incipient actions: The discourse marker 'so' in English conversation. *Journal of Pragmatics* 41: 974-998.

Brown, R. and M. Ford, 1961. Address in American English, *Journal of Abnormal and Social Psychology*, 62: 375-385.

Clayman, S. and J. Heritage. 2002. *The News Interview: Journalists and Public Figures on the Air*, Cambridge: Cambridge University Press.

Drew, Paul. 1997. "Open" class repair initiators in response to sequential sources of troubles in conversation. *Journal of Pragmatics* 28: 68-101.

Drew, P. and S. Heritage (eds.) 1992. *Talk at Work: Interation in Institutional Settings*, Cambridge: Cambridge University Press.

Ford, C. E., B. A. Fox and S. A. Thompson (eds.) 2002. *The Language of Turn and Sequence.* Oxford: Oxford University Press.

Ford, C. E. and Thompson, S. A. 1996. "Interaction Units in Conversation: Syntactic, intonational, and pragmatic resources for the management of turns". In Ochs, Schegloff, and Thompson (eds), *Interaction and Grammar.* Cambridge: Cambridge University Press, 134-184.

Fox, Barbara, Makoto Hayashi, and Robert Jesperson. 1996. Resource and Repair: A Cross–Linguistic

Study of Syntax and Repair. In Elinor Ochs, Emanuel A. Schegloff and Sandra A. Thompson (eds.). *Interaction and Grammar*. Cambridge: Cambridge University Press. 185-237.

Garfinkel, Harold (1964) Studies of the routine grounds of everyday activities, *Social Problems* 11(3) 225-250 (北澤裕・西阪仰訳 (1995)「日常活動の基盤 —当たり前を見る」『日常性の解剖学』G. サーサス・H. ガーフィンケル・H. サックス・E. シェグロフ著 マルジュ社 31-92)

Garfinkel, H., 1967. *Studies in Ethnomethodology*, New Jersey: Prentice-Hall

Garfinkel, H. 1996. Ethnomethodology's Program. *Social Psychology Quarterly*, 59(1): 5-21.

Goffman, Erving. 1964. The neglected situation. *American Anthropologist* 66(6): Part 2: 133-136.

Goffman, Erving. 1967. *Interaction Ritual: An Essays on Face-to-Face Behavior.* Doubleday Anchor. (広瀬・安江 [訳] (1986)『儀礼としての相互行為』法政大学出版局)

Goffman, Erving. 1981. *Forms of Talk*. Philadelphia: University of Pennsylvania Press.

Goodwin, C. 1979. The Interactive Construction of a Sentence in Natural Conversation. In G. Psathas (ed.), *Everyday Language: Studies in Ethnomethodology*. New York: Irvington, 97-121.

Goodwin, C. 1981. *Conversational Organization: Interaction Between Speakers and Hearers*, New York: Academic Press.

Goodwin, C. 1987. Forgetfulness as an In teractive Resource, *Social Psychology Quarterly* 50(2), 117-131.

Goodwin, C. 1996. Transparent vision. In Ochs, E., Schegloff, E. A., Thompson, S. A. (eds.), *Interaction and Grammar*. Cambridge: Cambridge University Press. 370-404.

Goodwin, C. 2006. Retrospective and prospective orientation in the construction of argumentative moves, *Text & Talk,* 26 (4/5): Walter de Gruyter 443-461.

Goodwin, M. H. 1983. Searching for a word as an interactive activity. In J. N. Deely & M. D. Lenhart (eds.), *Semiotics 1981*. New York: Plenum 129-138.

Goodwin, M. H., & Goodwin, C. 1986. Gesture and coparticipation in the activity of searching for a word. *Semiotica*, 62, 51-75.

Hayashi, M. 1999. Where grammar and interaction meet: A study of co-participant completion in Japanese conversation. *Human Studies* 22: 475-499.

Hayashi, M. 2003. Joint Utterance Construction in Japanese Conversation. Amsterdam/Philadelphia: John Benjamins

Hayashi, M. 2004. Projection and grammar: Notes on the 'action-projecting' use of the distal demonstrative are in Japanese. *Journal of Pragmatics* 36(8), 1337-1374. [Reprinted in P. Drew and J. Heritage, (eds.) 2006, *Conversation Analysis, Volume 3: Turn Design and Action Formation*, 189-232. London: Sage.]

Hayashi, M. 2009. Marking a 'noticing of departure' in talk: Eh-prefaced turns in Japanese conversation. *Journal of Pragmatics* 41(10), 2100-2129.

Heritage, J. 1984. A Change-of-State Token and Aspects of Its Sequential Placement. In J. M. Atkinson and J. Heritage (eds.) *Structures of Social Action*. Cambridge: Cambridge University Press, 299-345.

Heritage, J. 1998. *Oh*-prefaced to inquiry. *Language in society*. 27. 291-334.

Heritage, J. 2002. *Oh*-prefaced responses to assessment: a method of modifying agreement/disagreement. In Ford, C. E., Fox, B. A., Thompson, S. A. (eds), *The Language of Turn and Sequence*. New York: Oxford University Press. 196-224.

Heritage, J. 2007. Intersubjectivity and progressivity in references to persons (and places). In Tanya Stivers and N. J. Enfield (eds.), *Person Reference in Interaction: Linguistic, Cultural and Social Perspectives*, Cambridge: Cambridge University Press, 255-280.

Heritage, J. and D. W. Maynard (eds.). 2006. *Communication in Medical Care: Interaction Between Primary Care Physicians and Patients*, Cambridge: Cambridge University Press.

Heritage, J. and Marja-Leena Sorjonen, 1994. Constituting and maintaining activities across sequences: *And*-prefacing as a feature of question design. *Language in Society*, 1994, 23: 1-29.

Jefferson, G. 1972. Side sequences. In D. Sudnow (ed.), *Studies in Social Interaction.* New York: The Free Press. 294-338.

Jefferson, G. 1978. Sequential Aspects of Storytelling in Conversation, in J. Schenkein (ed.). *Studies in the Organization of Conversational Interaction.* Academic Press.

Jefferson, G. 1983. On a Failed Hypothesis: 'Conjunctionals' as Overlap-Vulnerable. *Tilburg Papers in Language and Literature*, No. 28, Tilburg: Tilburg University. 1-33.

Jefferson, G., 2004, "Glossary of Transcript Symbols with an Introduction," G. H. Lerner ed., *Conversation Analysis: Studies from the First Generation*, Amsterdam: John Benjamins, 13-31.

Lerner, G. H. 1991. On the syntax of sentense-in-progress. Language in Society 20: 441-458.

Lerner, G. H. 1992. Assisted storytelling: Deploying shared knowledge as a practical matter. *Qualitative Sociology* 15(3): 247-271.

Lerner, G. H. 1995. Turn design and the organization of participation in instructional activities, *Discourse Processes* 19: 111-31.

Lerner, G. H. 1996. On the "semi-permeable" character of grammatical units in conversation: Conditional entry into the turn space of another speaker. In E. Ochs, E. A. Schegloff, & S. A. Thompson (eds.), *Interaction and grammar*, Cambridge, England: Cambridge University Press. 225-256.

Lerner, G. H. 2003. Selecting next speaker: the context-sensitive operations of a context-free organization. *Language in Society*, 32: 177-201.

Lerner, G. H. 2004. On the place of linguistic resources in the organization of talk-in-interaction: Grammar as action in prompting a speaker to elaborate. *Research on Language and Social Interaction*, 37(2) 151-184.

Lynch, Michael, 1993. *Scientific Practice and Ordinary Action.* Cambridge: Cambridge University Press. (水川喜文・中村和生 [監訳] (2012)『エスノメソドロジーと科学実験の社会学』)

MacWhinney, B. 2007. The TalkBank Project. In J. C. Beal, K. P. Corrigan & H. L. Moisl (eds), *Creating and Digitizing Language Corpora: Synchronic Databases*, Vol. 1. Houndmills: PalgraveMacmillan

Mehan, H. 1979. *Learning Lessons: Social Organization in the Classroom*, Cambridge, MA: Harvard University Press.

Mori, J., 2006. The workings of the Japanese token *hee* in informing sequences: An analysis of sequential context, turn shape, and prosody. *Journal of Pragmatics* 38; 1175-1205.

Och, E., E. A. Schegloff and S. A. Thompson. (eds.) 1996. *Interaction and Grammar*, Cambridge:

Cambridge University Press.

Pomerantz, A. 1984a. Agreeing and disagreeing with assessments: some features of preferred/dispreferred turn shape, In J. M. Atkinson & J. Heritage (eds.), *Structures of Social Action: Studies in Conversation Analysis*. Cambridge: Cambridge University Press. 57-101.

Pomeranz, A. 1984b. Pursuing a response. In J. M. Atkinson & J. Heritage (eds.), *Structures of Social Action: Studies in Conversation Analysis*, Cambridge: Cambridge University Press. 152-164.

Raymond, Geoffrey. 2003. Grammar and social organization: yes/no interrogatives and the structure of responding. *American Sociological Review* 68: 939-67.

Sacks, H. 1972. An initial investigation of the usability of conversational data for doing sociology, David Sudnow (eds), *Studies in Social Interaction,* The Free Press 31-73, note 430-431 （北澤裕・西阪仰訳 (1995)「会話データの利用法 ―会話分析事始め」『日常性の解剖学』G. サーサス・H. ガーフィンケル・H. サックス・E. シェグロフ著　マルジュ社　93-174)

Sacks, H. 1987. On the Preference for Agreement and Contiguity in Sequences in Conversation. in G. Button and J. R. E. Lee (eds.) *Talk and Social Organizasion*. Clevedon: Multilingual Matters, 54-69.

Sacks, H. 1992. *Lectures on Conversation,* 2 vols. Oxford: Blackwell.

Sacks, H. and Emanuel. Schegloff. 1979. Two preferences in the organization of reference to persons in conversation and their interaction. In G. Psathas (ed) *Everyday Language: Studies in Ethnomethodology*. Irvington, 15-21.

Sacks, H., E. Schegloff, and G. Jefferson. 1974. A simplest systematics for the organization of turn-taking for conversation. *Language* 50(4): 696-735.

Schegloff, E. 1968. Sequencing in conversational openings. *American Anthropologist* 70: 1075-1095.

Schegloff, E. 1979a. The relevance of repair to syntax-for-conversation. In T. Givon(ed.), *Syntax and Semantics vol.12: Discourse and Syntax*, New York: Academic Press. 261-286.

Schegloff, E. 1979b. Identification and Recognition in Telephone Conversation Openings. In Psathas, G. (eds.) *Everyday Language: Studies in Ethnomethodology*. New York: Irvington. 23-78.

Schegloff, E. 1982. Discourse as an interactional achievement: some uses of "uh huh" and other things that come between sentences. *Georgetown University Round Table on Languages and Linguistics 1981: Analyzing Discourses: Text and Talk*, ed. D. Tannen, 71-93.

Schegloff, E. 1984. On questions and ambiguities in conversation. In J. M. Atkinson & J. Heritage (eds.), *Structures of Social Action: Studies in Conversation Analysis*. Cambridge: Cambridge University Press. 28-52.

Schegloff, E. 1986. The routine as achievement. *Human Studies* 9: 111-151.

Schegloff, E. 1987a. Recycled turn beginnings: A precise repair mechanism in conversation's turn-taking organization. In Button, Graham, & Lee, John R. (eds). *Talk and social organization*. Cleavedon/ Philadelphia: Multilingual Matters. 70-85.

Schegloff, E. 1987b. Between macro and micro: contexts and other connections. In J. Alexander et al. (eds.), *The Micro-Macro Link*. Berkeley: University of California Press. 207-234.

Schegloff, E. 1988. Description in the Social Sciences I: Talk-in-Interaction, *IPrA Papers in Pragmatics*, 2(1/2): 1-24.

Schegloff, E. 1991. Reflection on Talk and Social Structure. In Deirder Boden and Don H. Zimmerman

〔eds.〕 *Talk and Social Structure*. Cambridge: Polity Press. 44-70.

Schegloff, E. 1992a. In another context. In A. Duranti & C. Goodwin 〔eds.〕, *Rethinking Context: Language as an Interactive Phenomenon*. Cambridge: Cambridge University Press. 191-227.

Schegloff, E. 1992b. Repair after next turn: The last structurally provided defense of Intersubjectivity in conversation. *American Journal of Sociology*, 97〔5〕. 1295-1345.

Schegloff, E. 1996a. Turn Organization: one intersection of grammar and interaction. *Interaction and Grammar*, ed. E. Ochs, S. Tompson, and E. Schegloff. Cambridge: Cambridge University Press, 52-133.

Schegloff, E. 1996b. Issues of Relevance for Discourse Analysis: Contingency in Action, Interaction and Co-participant Context. In Edward H. Hovy and Donia R. Scott 〔eds.〕 *Computational and Conversational Discourse*: Springer. 3-35.

Schegloff, E. 1997. Third Turn Repair. In Gregory R. Guy, Ontario C. Feagin, Deborah Schiffrin and John Baugh 〔eds.〕 *Towards a Social Science of Language 2*, Amsterdam: John Benjamins. 31-41.

Schegloff, E. 2002〔1970〕. Opening Sequencing.*Perpetual Contact: Mobile Communication, Private Talk, Public Performance.* in J. E. Katz and M. Aakhus 〔eds.〕. Cambridge: Cambridge University Press, 321-385.

Schegloff, E. 2007. *Sequence Organization in Interaction: A Primer in Conversation Analysis 1*, Cambridge: Cambridge University Press.

Schegloff, E. 2009. 'A Practice for 〔Re-〕 Exiting a Sequence: And/But/So + Uh〔m〕 + Silence', in B. Fraser and K. Turner 〔eds〕 *Language in Life, and a Life in Language: Jacob Mey – A Festschrift*, Bingley: Emerald Group Publishing Limited, 365-74.

Schegloff, E. and Sacks, H. 1973. Opening Up Closing. *Semiotica* 8: 289-327.

Schegloff, E., Jefferson, G. & Sacks, H. 1977=1990. The preference for self-correction in the organization of repair in conversation, In G. Psathas〔ed.〕, *Interaction Competence*, Washington, D. C.: University Press of America. 31-61.

Schegloff, E. & Lerner, G. H. 2009. Beginning to Respond: Well-Prefaced Responses to Wh-Questions. *Research On Language And Social Interaction*, 42〔2〕, 91-115.

Schiffrin, D. 1988. *Discourse Markers*. Cambridge: Cambridge University Press.

Sidnell, J. 2007. 'Look'-prefaced turns in first and second position: launching, interceding and redirecting action. *Discourse studies* 9〔3〕, 387-408.

Sidnell, J. 2010. *Conversation Analysis: An Introduction*: Wiley-Blackwell

Tanaka, H. 1999. *Turn-taking in Japanese Conversation: A Study in Grammar and Interaction*. Amsterdam/Philadelphia: John Benjamins.

Tanaka, H. 2000. 'The particle *ne* as a turn-management device in Japanese conversation', *Journal of Pragmatics* 32: 1135-1176.

Tanaka, H. 2000. Turn-projection in Japanese talk-in-interaction. *Research on Language and Social Interaction* 33: 1-38.

Tanaka, H. 2004 'Prosody for marking transition-relevance places in Japanese conversation: The case of turns unmarked by utterance-final objects'. In Couper-Kuhlen, Elizabeth & Cecilia E. Ford 〔eds.〕 *Sound Patterns in Interaction: Cross-linguistic Studies from Conversation*. Amsterdam: Benjamins, 63-96.

Traugott, E. C. 2014. On the Function of the Epistemic Adverbs *Surely* and *No Doubt* at the Left and Right Peripheries of the Clause. In Kate Beeching and Ulrich Detges. (eds.). 2014. *Discourse Functions at the Left and Right Periphery: Crosslinguistic Investigations of Language Use and Language Change*, Leiden: Brill. 72‑93.

Yasui,. 2011. *Negotiating story entry: A micro‑analytic study of storytelling projection in English and Japanese*, Unpublished doctoral dissertation, the University of Texas at Austin.

あとがき

　　え、と言う癖は今でも直らない　どんな雪でもあなたはこわい

　学生のころからわたしは短歌がすきでした。わらったり、感動したり、暗いきもちになったりと、短い文字数でこころの揺れうごきがダイレクトにやってくる短歌にすっかり夢中になっていました。上にあげた短歌は、本書のもととなった博士論文を書きはじめるすこし前に出会ったものです。そして、この歌が博士論文を書きあげるまで何度も何度もあたまの中にぽわっと浮かんできては、この歌の魅力についてああでもないこうでもないと考えていたことを今もありありと思いだせます。この歌は、歌人の東直子さんの作品で、『春原さんのリコーダー』という歌集の中の一首です。わたしが論文などで遡及指向要素ということばを使うようになってからは、この歌の「え」に目がいくようになっていました。「え」がさかのぼって描きだす彩りゆたかな文脈の可能性が、この歌の魅力のひとつであることはたしかなことだと思います。博士論文を書いているあいだ、隣でこの歌がしっかりと伴走してくれていた感覚が、書きつづけるエネルギーとなりました。

　その博士論文とくらべると、いろいろなところを直して、増やして、組みこんで、気がついてみると本文だけでも 50 ページくらい書きたしたことになりました。博士論文はとにかく淡々と述べることに徹していたので、読む人に忍耐をしいるものとなっていたように思います。本書のために書きたしたり、言葉尻をかえてみたりしたことが、果たしてどのくらい読みやすさに繋がっているかはわかりません。淡々としたものを本用に書

きなおしていくことは予想していたよりもはるかに難しく、骨の折れるものでした。多少なりとも改善していればいいのですが。

　最近、わたしは引用の研究をしています。これは発話冒頭要素の研究からアイディアを得たものなのですが、発話冒頭要素の研究自体からは少しはなれているように感じていました。本を出版するにあたって、久しぶりに発話冒頭要素の研究にしっかりと目を向けなおしたのですが、ほんと発話の頭からいろんなことがわかるもんだなあ、という素朴な感動がよみがえってきました。この感動は、もちろん博士論文を書いていたときにも何度もくりかえし出会ったものですが、本に新たに書きたしたことの中には、当時気がついていなかった「こんなこともわかるんだ」という新しい発見もいくつか盛りこんでみました。ほんの少しでもこの感動を読者の方と分かち持つことができれば、とてもうれしいです。

　今回、本として出版するということで、日本語の冒頭要素の索引を巻末につけました。使われ方や実際の事例、先行研究などが辞書のようにさっと引けるといいだろうなと思ってのことです。発話冒頭要素とはいえないけれど関連するものも、その目的のために含めています。ご活用いただければ幸いです。

　おわりに、本書を書きあげるのにお世話になった方々にお礼をいいたいと思います。本書のもととなった博士論文を書き上げるのに様々な刺激やアドバイス、コメントをくださった会話分析の研究者の方々には、ひとりひとりお名前をあげることはしませんが、本当に感謝しております。とりわけ、博士論文を指導していただいた大阪大学の筒井佐代先生には、学部の頃からずいぶんお世話になりました。先生のおかげで会話の細部を丹念に見ていくことの楽しさを知ることができました。また、「しつけん」の皆さん、なかでも神戸学院大学の香月裕介さん、立命館大学の大河内瞳さんとの質的研究における会話分析の立ち位置にかかわる議論は大変刺激的で、本書にもあちこちその結果がにじみ出ています。また、わたしの勤める京都工芸繊維大学の澤田美恵子先生には本を出版することに対してとて

あとがき

もつよく後押しをしていただきました。その後押しがあったからこそ、本を出版することに動きだせました。それから、大阪大学出版会の川上展代さんには大変お世話になりました。本を書くことについて右も左もわからないわたしを励ましつつサポートしてくださいました。装丁を引き受けていただいた森綾花さん、ありがとうございました。本当に素敵なものに仕上げていただけたので、とてもうれしいです。そして、さいごに遠い島根からいつもあたたかいエールを送ってくれる母、そして祖母には、厚く深く大きな感謝をささげたいと思います。

2017 年 12 月

伊藤翼斗

索　引

語句

action–formation　17
adjacency pair　24
appositionals　43
change–of–state（token）　94, 127
contiguity　100
delayed projectability　34
disjunction marker　185
exit　189
insert expansion　25, 189
intersubjectivity　13, 122
misplacement marker　185, 221, 224
orient　20
overall structural organization　18
post–expansion　25
pre–beginning elements　272
pre–expantion　25, 238
progressivity　13, 100, 218
project　29, 32
projectability　32
prospective orientation　90–92
recipient design　13
repair　105, 127, 236
response cry　131–132
retro–sequence　91, 92, 116
retrospective orientation　90–92
seqence organization　17
sequence–closing third　25
sequential marker　37
side sequence　169
summon　165
TCU　6, 79–82, 246
third position repair　239
third turn repair　239

transition–relevance place（TRP）　29–31, 79–81, 239
trouble　18
turn–taking　17, 60
turn–taking system　79
word search　45, 175
word selection　18

あ行

あいづち　58–59, 211, 235, 236
言い淀み　56, 177, 217–218, 235
引用　242–249, 254–257, 268
受け手に適した言葉　13
応答詞　116, 128–131, 274
遅れた投射可能性　34–35, 39, 248
起こし文型　26, 28, 120

か行

開始に先立つ要素　272
書き言葉　13, 61, 233–234
語り　141, 169, 185, 186, 236–237
間主観性　13, 122–123, 150
感動詞　28, 54–57, 60, 120, 175, 274
気づき　91, 109, 142, 161–164, 179, 240
近況　191–192, 209–211, 237
継続→発話の継続
言語学　13–15, 19, 25–26, 32, 59–61, 233–235, 270
言表態度→モダリティ
行為の構成　17, 51
後続指向　90–92
後続指向要素（認定基準）　93
後方拡張　25
コーパス　67–76

295

索　引

誤置標識　185, 221, 224
言葉探し　38, 45, 175-178
言葉の選択　18, 47-48
語の選択→言葉の選択

さ行

サーチ　57, 98, 102, 175-180
ジェスチャー　178
時間　3-4, 12-14, 25-35, 57, 116,
　132-133, 173, 195, 258, 265, 267-269
時間管理　268
指向　19-22, 61-63, 74-76, 234, 256-257,
　259, 271
自己修復　134, 239-242, 254-257
指示詞　40, 121, 166
修復　236
修復の他者開始　91, 92, 116, 127, 136, 138
周辺部　59-62
順番交替システム
　　　→ターンテイキングシステム
情報受理　132, 140, 152
次話者　30-31, 37, 48-53, 80, 166, 177, 189
進行性　13, 100, 190, 218
接続詞　166-170, 241
接続詞の二重使用　167-168
全域的構造　18, 215-222
線条性　25
前方拡張　24, 238
相互行為と文法　18-19, 272
想定外　140-150
挿入拡張　25
遡及指向　90-92
遡及指向要素（認定基準）　92
属性　20-21, 70-74

た行

ターンが替わってもよい場所　29-31,
　79-82, 236, 239, 246
ターンテイキング　17, 31, 32, 47, 48, 246,

268
ターンテイキングシステム　29, 31, 32, 48,
　59, 79, 204
ターンの構成　36-37
ターンの交替→ターンテイキング
ターンの冒頭　43, 81, 100, 180-181, 273
第三位置での修復　239
第三ターンでの修復　239
退出　189-205
態度表明　170-175, 180, 182
他者開始修復→修復の他者開始
立ち遅れ反応　139, 249, 257, 267, 268
断絶　96-97, 185-225, 230-231, 241
断絶マーカー　185
談話標識　54-56, 60, 126, 170
知識状態の変化　94, 116, 130
でＸは：　211
統語構造　17, 32, 39, 254-255
投射　29, 32-35, 39-54, 103, 131, 142,
　144-145, 175, 178, 194, 207, 212, 214, 241,
　248, 268, 272
投射可能性　32, 145
トラブル　18, 48-51, 92, 98, 102, 120, 122,
　124, 127, 131, 134-140, 144, 148-150,
　176-177, 235, 239-240

な行

ニュース　53-54, 124, 130, 206

は行

「始まり」をマーク　254-256
発始信号　120
発話（定義）　81
発話の継続　42-44, 169, 248, 253
発話の先頭　151, 223-224
発話冒頭要素（認定基準）　83
発話末　34, 170-171, 180, 237
発話を聞く動機　204
バリエーション　121, 125

反応の追及　251-252
非文法　233-238
フィラー　57, 60, 177, 198
付加表現　43, 181, 255
副詞　55, 171-173, 180

ま行

前置き　24, 165, 197, 203, 214, 237
マルチモーダル　18, 19, 272
命題　26, 28, 59, 151, 160, 171-172, 175, 232,
　269, 270
モダリティ　26, 170-175
モダリティの階層的構造　171-172

や行

用件　215-218, 222
呼びかけ　24, 28, 120, 164-166, 179-180,
　182, 200

ら行

リソース　17, 33, 34, 39-40, 160, 216, 218,
　234-238, 241-243, 247-249, 254, 256
隣接性　97, 100-105, 151
隣接ペア　24-25, 29, 91, 101-102, 165, 198,
　199, 206-207, 238, 268
連鎖上削除　188, 197
連鎖組織　17, 22-25, 29, 34
連鎖マーカー　37
連鎖を閉じる第三部分　25
連続子　188

わ行

脇道連鎖　169
話者交替→ターンテイキング
話題　59, 170, 174, 185-186, 205, 209-211,
　219-222, 250

索　引

日本語の発話冒頭要素
および関連言語要素

※一部の項目では、発話の途中や末尾で用いられ
　ているものも関連言語要素としてピックアップ
　している。

あ行

あ　38, 39, 49, 50, 55, 56, 71, 72, 93, 94, 96,
　106, 108, 109, 116, 119, 120, 125-127, 130,
　132, 135, 136, 138-140, 143, 145-147, 152,
　161-163, 184, 185, 196, 202, 212-214,
　217-218, 220, 222-224, 231, 240, 244
あっ→あ
あー　38, 45, 50, 55, 71, 80, 84, 106, 108, 118,
　125-127, 135-138, 143-147, 152, 162, 163,
　176, 184, 193, 206, 213, 242, 244
ああ→あー
あーあー　244
相手の名前　93, 121, 164-165, 180, 196, 202
あと　167
あなた　33, 72, 164, 199-200
あの　55, 94, 98, 101-103, 157, 167, 177, 213,
　220
あのー　37, 38, 44-46, 57, 71, 82, 93, 106,
　107, 119, 139, 143, 174, 176, 177, 184, 191,
　193, 206, 208, 209, 213, 216, 240, 242, 252
あのう→あのー
あのさ　115, 164
あのね　164
あら？　122
あらあら　125, 127
あるいは　167
ある日　121
あれ　93, 174, 193
あれ？　122, 124
あんた　164
いいえ　56, 129

一方　167
いや　39, 40, 93, 128-131, 135-137, 141-143,
　152, 196, 202, 208, 240, 244
ううん　128-129
うーん　33, 47, 84, 118, 177, 213
うん　38, 39, 47, 49-50, 52, 55, 82, 93, 99,
　104, 121, 128-130, 139, 143, 152, 159, 162,
　184, 193, 199, 213, 252
え　39, 40, 44, 50, 53, 55, 89, 93, 98, 101-103,
　116, 120, 122-124, 126, 132, 136-138, 152,
　159, 166, 176
えっ→え
ええ（肯定）　129
えー　47, 49, 83, 91, 92, 115, 116, 119,
　122-124, 139-143, 152
えーと　40, 43, 56, 57, 83, 93, 108, 173, 176,
　177,180, 217-218
えーとー→えーと
えーとね→えーと
えっと→えーと
おい　93, 120, 164, 171
おー　93, 99, 103, 125, 128, 132, 193
おう　249-250
おっ　55, 126, 163
お前　93, 164

か行

かつて　172
かならずしも　171
けっきょく　71, 93, 130, 139, 143, 175, 208,
　252
けっして　172
こうして　167
コ系指示詞　40, 121
こんどは　121

さ行

さー　28, 55, 120, 121
さて　167

しかし　121, 167
じゃあ　40, 84, 89, 93, 99, 103, 108, 118, 119,
　　135, 159, 173, 217
すなわち　167
すると　55, 167
ぜひ　171
そう　39, 49, 56, 71-72, 93, 106, 119,
　　128-130, 141, 161, 163, 176-177, 186, 191,
　　240, 242
そうそう→そう
そうだ　28, 121, 163
そうですか　56
そうですね　56
そしたら　244, 248
そして　167, 248
その　55, 173, 177
その後に　206
その一→その
その上　167
そのさ　166
それから　193
それで　55, 71, 107, 121, 139, 143, 169, 200,
　　205, 206, 213, 244, 252
それでね→それで
それでは　121
それなのに　167
それなら　55
それも　193
そんな　243
そんなわけで　193-195

た行

第一　175
大体　116, 174
だから　39, 55, 71, 72, 82, 93, 106, 159, 162,
　　167, 180, 184, 193, 212, 213, 240-242, 244
だけど　207, 210, 244
ただし　167
だって　157
たとえば　167

たぶん　52, 171
近々　108, 173
ちょ　219-223
ちょっと　119, 164, 196, 202
次に　121, 167
で　55, 93, 138, 167, 169, 179, 191-192,
　　203-212, 240-241, 243, 244, 248
ていうか　141, 240
てか　199
でね　94, 236
でも　38, 39, 47, 49, 55, 80, 93, 99, 104, 123,
　　124, 170, 196, 199, 202
どうせ　175
ところが　121, 167
ところで　167
とにかく　71, 175
とりあえず　93, 108, 173
とりわけ　167

な行

なあに　121
なお　167
なぜなら　167
なに　40, 158, 175, 191, 221
なるほど　130, 139, 143, 206, 220
なんか　40, 52, 56, 84, 93, 94, 97, 118, 125,
　　141, 158, 159, 175, 177, 206, 209, 210, 244
なーんか→なんか
なんだっけ　107, 191
なんだったっけ　177
ねえ（肯定）　128-129
ねえ（呼びかけ）　93, 106, 120, 121, 159,
　　164, 196-205
ね→ねえ

は行

はあ　55
はあ？　122
はーん　55

索　引

はい　45, 55, 56, 120, 129, 208
ふーん　53, 55, 56, 93, 125-128, 132, 206, 209
ふうん→ふーん
へー　40, 53, 55, 82, 93, 125, 128, 130, 132
へえ→へー
ほう　55, 126
ほら　38, 56, 71, 80, 94, 119, 128, 159, 175,
　　178, 191, 208, 210
ほらほら　178

ま行

ま→まあ
まあ　44, 52, 53, 54, 55, 93, 160, 167, 175,
　　193-196, 199, 200, 202, 204, 240
まあね　128-129, 138
また　108, 119, 173, 220
または　121
まっ→まあ
みんな　94, 121, 164
むしろ　167
もう　50, 52-53, 72, 98, 143, 175, 180, 200,
　　213

や行

やあ　164
やがて　167
やっぱり　71, 174, 207

わ行

わー　37-38
わーい　121
ん？　50, 93, 122-124
んで　169
んー　104, 191

著者略歴

伊藤翼斗（いとう　よくと）

京都工芸繊維大学 基盤科学系 准教授
島根県生まれ。韓国の大邱観光高等学校で日本語教育に携わる。後に
大阪大学大学院博士後期課程を修了し、京都工芸繊維大学の講師を経
て現職。博士（日本語・日本文化）（大阪大学）。研究領域は会話分析、
日本語教育、質的研究。主著として「韓国の高等学校における自律学
習を目指した個別学習授業の取り組み」（2008）『日語教育』第 46 号，
韓国日本語教育学会 pp. 125-143、「「始まり」のリソースとしての発話
冒頭要素」（2013）『EX ORIENTE』第 20 号，大阪大学言語社会学会，
pp. 67-90. 等

発話冒頭における言語要素の語順と相互行為

2018 年 2 月 28 日　初版第 1 刷発行	［検印廃止］

　著　者　　伊藤翼斗

　発行所　　大阪大学出版会
　　　　　　代表者　三成　賢次

　　　　　　〒565-0871　大阪府吹田市山田丘 2-7
　　　　　　　　　　　　大阪大学ウエストフロント
　　　　　　TEL　06-6877-1614
　　　　　　FAX　06-6877-1617
　　　　　　URL：http://www.osaka-up.or.jp

　印刷・製本　　尼崎印刷株式会社

ⓒ Y. Ito 2018

Printed in Japan

ISBN 978-4-87259-583-3 C3081

JCOPY〈出版者著作権管理機構　委託出版物〉

本書の無断複製は著作権法上での例外を除き禁じられています。複製
される場合は、その都度事前に、出版者著作権管理機構（電話
03-3513-6969、FAX 03-3513-6979、e-mail：info@jcopy.or.jp）の許諾
を得てください。